원칙중심 K-IFRS 교육
: 개념체계 기반 접근법
(부채)

원칙중심 K-IFRS 교육
: 개념체계 기반 접근법
(부채)

한국회계기준원
Korea Accounting Institute
KAI

한국회계기준원 FBT 교육전문위원회

서 문

한국회계기준원은 원칙중심 IFRS를 적용함에 있어 회계담당자들이 원칙중심 회계마인드를 갖추고 스스로 적용이슈를 해결하는 능력을 함양할 수 있는 교육의 기초가 되는 교재를 시리즈로 발간하기로 하였습니다. 이에 따라 2014년 말 'FBT(Framework-based Teaching) 교육전문위원회'를 발족하여 2015년 말에 자산을 중심으로 한 FBT 교재 제1권 '원칙중심 K-IFRS 교육: 개념체계 기반 접근법'을 개발하여 출간한 바 있습니다.

이 시리즈의 일환으로 2016년에는 FBT 교재 제2권 '원칙중심 K-IFRS 교육: 개념체계 기반 접근법(부채)'와 제3권 '원칙중심 K-IFRS 교육: 개념체계 기반 접근법(회계윤리와 종합사례)'를 개발하여 출간합니다.

우리나라 경영자와 회계 관련자들은 그동안 규칙중심 회계기준에 오랫동안 훈련되어 왔기 때문에 원칙중심의 IFRS에 따른 판단과 해석에 많은 어려움을 겪고 있습니다. 이는 우리나라뿐만 아니라 과거 규칙중심 회계기준을 사용해 온 많은 국가들이 공통적으로 겪는 어려움으로, IFRS가 효과적으로 운영되기 위해서는 단순히 제도의 변화뿐만 아니라 작성자, 감사인, 이용자 및 회계감독당국의 행태도 변화되어야 합니다.

이러한 변화는 원칙중심 회계기준에 대한 교육을 통해 사고의 패러다임을 전환하고 역량을 배양함으로써 가능할 것으로 보이며,

이 교재가 회계교육 현장이나 실무에서 원칙중심 K-IFRS의 올바른 이해와 판단 능력을 키우는 데 도움이 되길 기대합니다.

이 교재를 발간함과 아울러 한국회계기준원 FBT 교육전문위원회에서는 지속적으로 교재발간사업을 진행하여 매년 새로운 교육자료를 출간할 예정입니다.

마지막으로 본 교육교재는 회계기준위원회나 한국회계기준원의 공식 입장이 아닌 집필진의 견해를 반영한 교육자료입니다. 아울러 이 교재를 집필함에 있어 전체 집필과정을 총괄하고 검토하시느라 수고하신 송인만 위원장님과 본 교재의 집필에 열정적으로 참여하신 한종수 교수, 김태성 교수, 삼정회계법인의 서지희 전무와 윤현택 이사, 한국회계기준원의 최현덕 팀장과 이웅희 책임연구원의 노고에 감사를 드립니다.

2016년 12월

한국회계기준원 원장 장 지 인

'원칙중심 K-IFRS 교육(부채)'의 발간에 부쳐…

우리나라는 2011년 국제회계기준(IFRS)을 도입하였습니다. 그 당시 회계주권을 포기하는 것이라는 등 많은 비판적 시각이 있었음에도 불구하고 더욱 투명한 회계를 위하여 많은 비용을 치르면서 IFRS를 도입하였습니다. 그러나 최근 국제기구들이 발표하는 우리나라의 회계투명성 및 금융선진화 지수는 최하위권입니다.

이에는 많은 이유가 있을 것입니다. 하지만 가장 큰 이유는 원칙중심의 IFRS를 올바르게 적용하는 데 필요한 사고의 전환이 이루어지지 않았기 때문일 것입니다. 재무제표를 만드는 기업뿐 아니라, 감사인, 재무제표 이용자 그리고 감독기관까지 원칙중심의 회계기준이 요구하는 사고체계로 바뀌었어야 했는데 그렇지 못했습니다. 과거의 K-GAAP과 기준의 문구는 유사하지만, 그 문구를 이해하고 적용하는 방법이 달라졌어야 했는데 그렇지 못했습니다.

사고의 전환은 적절한 교육을 통해서만 해결될 수 있습니다. 그러나 IFRS가 요구하는 원칙중심의 회계를 이해하고 적용할 수 있는 교재조차 개발하려는 노력이 미진하였습니다. 우리나라가 2011년 IFRS를 받아들인 지 벌써 6년이나 되었는데 이런 말을 해야 하는 것이 부끄럽기도 하지만, 가장 늦은 때가 가장 빠른 때라는 격언이 생각납니다. 지금부터라도 한 걸음씩 나아가면, 우리의 회계학적 사고방식도 바뀌어 IFRS의 도입효과를 극대화시킬 수 있을 것입니다.

한국회계기준원에서는 지난해에 이어 원칙중심 K-IFRS 교육을 위한 교재개발 작업의 일환으로 본 교재인 제2권 '원칙중심 K-IFRS 교육: 개념체계 기반 접근법(부채)'를 개발하여 출간하게 되었습니다.

이 교재는 개념체계에 기반한 접근법을 통해 원칙중심의 회계가 요구하는 회계현상에 대한 판단이나 추정능력을 제고할 수 있도록 구성되었습니다. 지난해에 출간한 교재는 '유형자산'이 중심이었다면, 이 교재는 '부채'를 주제로 다루었습니다. 다만, 금융부채에 대한 구체적 내용 및 금융부채와 자본의 분류에 대해서는 향후 개발될 별도의 '금융상품'에서 다룰 예정입니다.

이 교재는 교육의 효과를 증진하기 위하여 전문가적 판단 프로세스(Professional judgment process)를 추가하고, 퍼실리테이션 기반 교육(Facilitation-based Teaching) 부분을 강화하였습니다. 전문가적 판단 프로세스는 중요한 의사결정을 위한 사고의 틀로서, 네 가지의 과정을 통해 이슈를 해결하는 과정을 체계화한 것입니다. 전문가적 판단 프로세스는 다양한 회계이슈를 해결하는 데 매우 효과적일 것이라 생각됩니다. 이 교재에서는 퍼실리테이션 기반 교육기법을 보다 구체적으로 기술하였습니다. 사례에 적용하여 다양한 적용 예와 함께 강의에 바로 사용할 수 있는 강의용 PPT를 제시하였습니다. 이 교재를 통하여 다양한 퍼실리테이션 기법을 어떻게 수업에 실제로 사용할 수 있을지에 대하여 체감할 수 있고, 우리나라 상황에 적합한 교육

자료가 될 것으로 기대합니다.

이 책자를 발간할 수 있게 되어서 매우 기쁩니다. 저희가 오류나 실수가 없도록, 그리고 가능한 한 많은 내용을 담으려고 노력했습니다. 그럼에도 많은 부족함이 있습니다. 이러한 부족함은 앞으로의 개정과 수정을 통해서 계속하여 향상시킬 것을 약속드립니다. 마지막으로 다양한 사례를 개발하고 퍼실리테이션 기반 교육기법을 접목할 수 있었던 것은 삼정회계법인의 윤현택 회계사, 인천대학교 김태성 교수(교육학)가 참여하였기에 가능하였습니다. 깊은 감사를 드립니다.

2016년 12월

한국회계기준원 FBT 교육전문위원회 소위원장 한 종 수

차 례

Chapter 1 개념체계 기반 회계교육과 전문가적 판단 프로세스

Chapter 2 FBT 구조의 적용(부채)

Chapter 3 FBT 단계별 사례

Chapter 4 퍼실리테이션 기반 교육

Chapter 5 강의노트

Chapter

1 개념체계 기반 회계교육과 전문가적 판단 프로세스

1.1 원칙중심의 국제회계기준

기업들은 국경을 초월하여 자본을 조달하고 투자자들은 자국의 자본시장뿐만 아니라 타국의 자본시장으로까지 투자의 폭을 넓히는 자본의 국제화시대가 도래하였다. 이처럼 자본시장이 빠르게 통합됨에 따라 전 세계적으로 적용될 수 있는 통일된 회계기준에 대한 요구가 작성자, 투자자, 감독기관, 자본시장 등으로부터 제기되었다. 이러한 단일회계기준에 대한 요구에 부응하여 탄생한 것이 국제회계기준(이하 'IFRS'라 한다)이라고 할 수 있다.

IFRS를 제정하는 국제회계기준위원회(이하 'IASB'라 한다)의 목적은 공공의 이익을 위해 국제적으로 통용될 수 있는 양질의 단일회계기준을 만드는 것이었다. IFRS에 대한 이러한 요구에도 불구하고 IASB는 가시적인 활동을 하지 못하다가 1990년대 중반 국제증권감독자기구(IOSCO)와 연합하여 IFRS의 품질을 높이기 위한 정비작업에 들어갔다. 이후 2000년대로 접어들어 IOSCO가 회원국들에게 IFRS의 사용을 권장하고, Basel 위원회와 G7 재무장관회의에서 IFRS에 대한 지지를 선언하면서 IFRS의 위상이 높아지게 되었다.

이러한 노력의 결과 IFRS의 수준은 큰 폭으로 향상되었으며, 2005년에는 EU, 호주, 뉴질랜드, 남아프리카공화국, 싱가포르, 홍콩 등이 IFRS를 전면 도입하였다. 2015년 현재 약 130개 국가들이 IFRS를 전면 도입하였거나 IFRS와 유사한 회계기준을 유지하고 있다.

우리나라의 경우 1997년에 발생한 금융위기를 극복하는 과정에서 회계투명성 제고를 위해 정부로부터 독립된 민간기구인 한국회계연구원(2006년 한국회계기준원으로 명칭 변경)이 1999년 설립되었다. 이후 한국회계연구원 내 한국회계기준위원회(이하 'KASB'라 한다)에서 IFRS를 벤치마킹하여 회계기준(이하 'K-GAAP'이라 한다)을 제정하기 시작하였다.

KASB가 제정한 회계기준은 내용 면에서는 IFRS와 거의 유사하였으나, 국제적으로는 IFRS로 인정받지 못하였다. 이로 인해 국제적으로 실시된 국가신인도 및 회계투명성 평가에서 우리나라는 매우 낮은 평가를 받았으며, 기업들은 상대적으로 높은 자본조달비용을 부담하였다.

이에 정부는 2007년 회계기준의 국제적 정합성을 확보하여 회계투명성과 국가신인도를 높이기 위해 IFRS를 전면 도입한다는 로드맵을 발표하였다. 이 로드맵에 따라 우리나라의 모든 상장기업은 2011 회계연도부터 한국채택국제회계기준(이하 'K-IFRS'라 한다)에 따라 재무제표를 작성하여 공시하고 있다.

한국형 국제회계기준 2011년 도입(파이낸셜뉴스, 2007.12.23)

오는 2011년부터 국제회계기준(IFRS) 도입으로 전세계 모든 상장사들의 회계언어가 통일된다.

IFRS가 전면 도입되는 오는 2011년에는 대차대조표란 명칭이 재무상태표로 바뀌는 등 재무제표 구성 명칭이 달라진다.

(중략)

금융감독위원회는 지난 21일 정례회의에서 이 같은 내용이 포함된 '한국채택 국제회계기준(K-IFRS)'을 제정, 확정했다고 23일 밝혔다. 한국회계기준원은 지난 21일 확정된 K-IFRS를 공표했다. K-IFRS는 기업회계기준서 37개와 기업 회계기준해석서 21개 등 총 58개로 구성됐다.

이번 K-IFRS는 2001년부터 모든 상장사들을 대상으로 적용되고 조기 도입을 희망하는 상장사는 2009년부터 적용할 수 있다.

(후략)

K-IFRS는 '규칙중심(rule-based) 회계기준'인 기존의 'K-GAAP'과는 달리 '원칙중심(principle-based) 회계기준'으로서, K-IFRS의 해석 및 적용에 있어 재무제표 작성자 및 감사인의 전문가적 판단을 필요로 한다. 원칙중심 회계기준은 개념체계에서 제시된 개념에 기초한 회계기준 또는 개념체계에서 파생된 원칙에 기초한 회계기준으로 정의되고 있다(Schipper 2003, Hodgdon et al. 2011, Wells 2011).

즉 원칙중심 회계기준에서는 개념체계에서 정하는 개념에 기초하여 구체적인 회계처리방법의 결정 근거가 되는 원칙을 제공한다. 반면, 규칙중심 회계기준은 회계처리방법을 결정하는 규칙을 제시하고 이러한 규칙의 해석이나 적용에 대한 구체적인 지침을 제공한다(Schipper 2003, Hodgdon et al. 2011). 이에 따라 규칙중심 회계기준은 회계기준의 적용범위나 회계처리에 예외를 허용하고, 회계처리방법간에 일관성이 결여될 수 있다. 원칙중심 회계기준과 규칙중심 회계기준이 적용되는 예를 살펴보면 다음과 같다.

규칙중심 회계기준인 K-GAAP에서는 P사가 S사 지분의 50% 이상 보유 또는 30% 이상 보유하면서 최대주주인 경우 P사의 연결재무제표에 S사를 종속기업으로 포함하도록 규정하였다. 즉, 지분율에 근거해서 연결재무제표에 포함되는 종속기업 여부를 파악하였다. 반면, 원칙중심 회계기준인 K-IFRS에서는 기업이 다른 기업에 대해 '지배력(control)'을 행사할 수 있으면 연결재무제표를 작성하도록 하고 있다. 따라서 P사의 S사에 대한 지분율이 50% 이하라 하더라도 실질적으로 지배력이 있다고 '판단'되면 연결재무제표를 작성해야 한다. 또는 지분율이 50% 이상이라고 하더라도 실질적으로 지배력이 없다고 '판단'되면 연결재무제표를 작성하지 않아도 된다. 따라서 원칙중심 회계기준이 기업의 경제적 실질을 보다 잘 반영할 수 있다.

IFRS 실질지배력 강조… 연결대상기업 18% 증가

(이데일리, 2013.10.15)

연결재무제표 작성시 실질지배력을 강조하면서 올해 들어 연결대상기업 수가 18%가량 증가한 것으로 나타났다.

15일 금융감독원에 따르면 자산규모 상위 상장기업 중 주요 업종에 속하는 50개 상장기업을 대상으로 연결대상기업 수를 조사한 결과 지난해 말 2,664개사에서 지난 6월말 3,137개사로 17.8% 증가했다. 기업별 평균 연결대상기업 수도 지난해 말 53개사에서 6월말 63개사로 늘어났다.

이는 올해부터 적용된 국제회계기준(K-IFRS) 연결재무제표 기준서 개정 내용에 '실질지배력 보유 사례' 등이 포함됐기 때문인 것으로 분석된다. 이는 지분율이 과반수 미만이더라도 실질지배력을 감안해 투자대상기업을 연결대상에 추가로 포함하는 것이다.

금감원 관계자는 "실질지배력 보유 사례가 제시되는 등 연결대상기업 판단 근거가 보다 명확해짐에 따라, 기업들의 연결대상 여부 판단의 편차가 줄어든 것으로 보인다"며 "연결재무제표의 기업간 비교 가능성이 향상되고, 투자자에 대한 정보유용성이 제고되는 긍정적 효과가 있을 것"으로 기대했다.

원칙중심 회계기준이 규칙중심 회계기준에 비해 기업의 경제적 실질을 보다 잘 반영할 수 있지만, 이는 작성자가 판단을 제대로 할 수 있다는 것을 전제로 한다. 규칙중심 회계기준에서는 그 해석 및 적용에 관한 구체적인 지침이 제시되므로 해당되는 기준에서 제시하는 지침에 따라 회계처리하면 된다. 즉, 규칙중심 회계기준에서는 작성자 및 감사인의 전문가적 판단이 개입될 여지가 크지 않다. 그러나 원칙중심 회계기준에서는 그 해석이나 적용에 대한 구체적인 지침이 없다. 따라서 거래나 사건을 K-IFRS에 따라 회계처리하기 위해서는 재무제표 요소의 식별, 인식, 측정, 보고 및 공시 등의 결정에 있어 작성자의 전문가적 판단이 요구된다. 또한 적용가능한 K-IFRS가 없는 새로운 유형의 거래가 발생하는 경우, 작성자는 개념체계에 기초하여 적절한 회계처리방법을 결정할 수 있는 의사결정능력이 요구된다.

원칙중심 회계기준에서는 감사인의 입장에서도 의사결정능력이 요구된다. 규칙중심 회계기준에서는 작성자가 회계기준에 따라 거래나 사건을 제대로 회계처리하였는지를 확인하는 것이 감사중점사항이다. 그러나 원칙중심 회계기준에서는 원칙에 기초하여 작성자가 결정한 구체적인 회계처리방법이 적정한지를 판단하는 것이 감사중점사항이므로 감사인의 전문가적 판단이 요구된다.

요약하면, 원칙중심 회계기준에서 재무제표 작성자와 감사인은 회계기준에서 제시하는 원칙에 근거해서 스스로 구체적인 회계처리방법을 결정해야 하는 사고의 전환과 판단의 능력을 필요로 한다. 원칙중심 회계기준과 규칙중심 회계기준의 차이를 요약하면 [그림 1-1]과 같다.

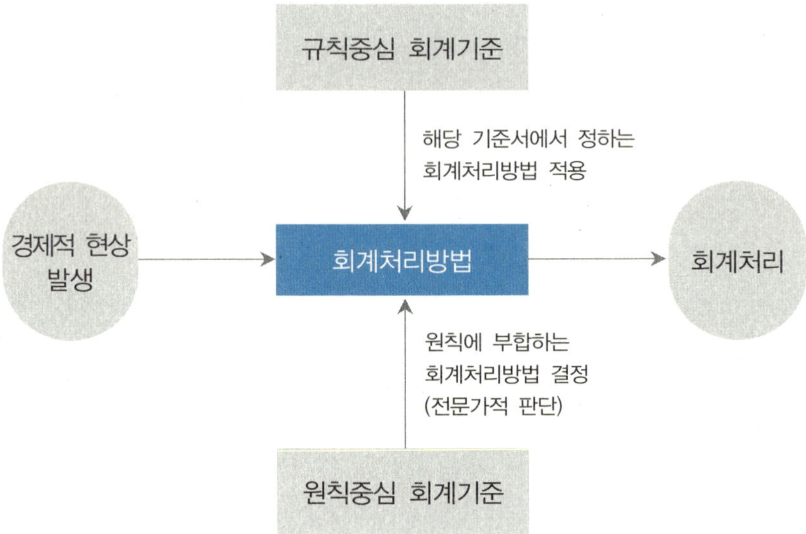

[그림 1-1] 원칙중심 회계기준과 규칙중심 회계기준의 차이

1.2 재무보고를 위한 개념체계(Conceptual Framework)

원칙중심의 회계기준인 K-IFRS에서는 재무제표 작성자와 감사인 모두에게 판단의 과정이 필요한데, 그 판단의 기준이 되는 것이 재무보고를 위한 개념체계(Conceptual Framework, 이하 '개념체계'라 한다)이다.

개념체계는 K-IFRS가 상호 일관성 있고 논리적으로 제정될 수 있도록 재무보고의 목적, 유용한 재무정보의 질적특성, 재무제표의 요소, 재무제표 요소의 인식 및 측정 등의 주요 개념을 제시하고 있다. 개념체계를 요약하면 [그림 1-2]와 같다.

후술하겠지만, 이 개념체계에서 정하고 있는 주요 개념을 특정 K-IFRS와 연관시키는 교육방법이 바로 FBT(Framework-based Teaching)이다. 개념체계의 주요 내용은 다음과 같다.

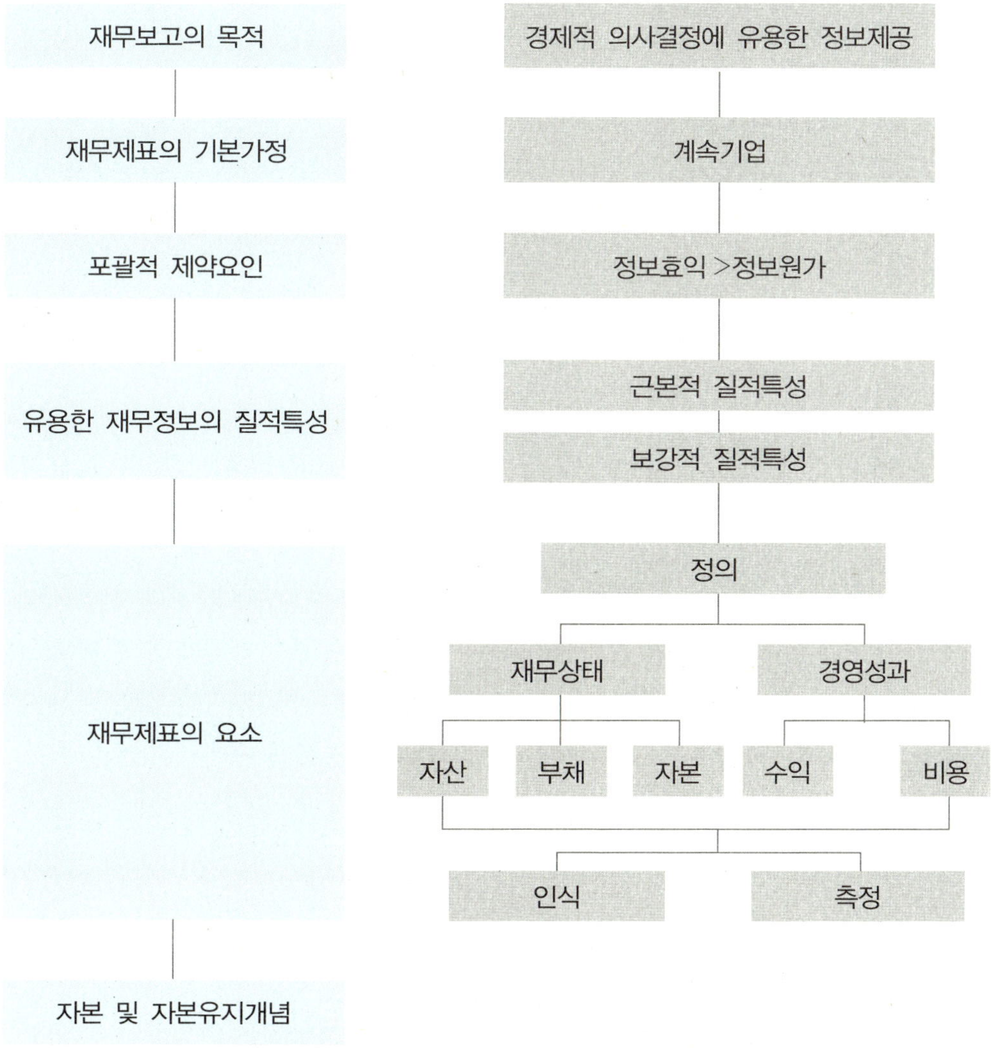

[그림 1-2] '재무보고를 위한 개념체계'의 요약

1.2.1 재무보고의 목적

재무보고의 목적은 개념체계의 기초를 형성하는 것으로, 개념체계에서 정하고 있는 다른 주요 개념들이 재무보고의 목적으로부터 논리적으로 전개된다.

개념체계

일반목적재무보고의 목적, 유용성 및 한계

OB2. 일반목적재무보고의 목적은 현재 및 잠재적 투자자, 대여자 및 기타 채권자가 기업에 자원을 제공하는 것에 대한 의사결정을 할 때 유용한 보고기업 재무정보를 제공하는 것이다. 그 의사결정은 지분상품 및 채무상품을 매수, 매도 또는 보유하는 것과 대여 및 기타 형태의 신용을 제공 또는 결제하는 것을 포함한다.

재무보고의 대상을 명시적으로 정하는 것은 매우 중요하다. 재무보고의 대상에 따라 제공해야 할 정보 및 정보의 범위나 특성이 달라질 수 있기 때문이다.

개념체계에서는 현재 및 잠재적 투자자, 대여자 및 기타 채권자를 재무보고의 대상으로 정하고 있는데, 그 이유는 이들 이용자는 기업에게 정보를 제공하도록 직접 요구할 수 없어 의사결정에 필요한 재무정보의 많은 부분을 기업이 제공하는 재무보고서에 의존해야 하기 때문이다.

한편 기업은 이들 다양한 재무보고의 대상에게 각자가 요구하는 특정 재무정보를 제공할 수는 없고, 대신 일반목적으로 사용될 수 있는 재무보고서(일반목적재무보고서 ; general purpose financial statements)를 제공하고 정보이용자는 각자의 목적에 따라 이를 이용하도록 하고 있다.

현재 및 잠재적 투자자, 대여자 및 기타 채권자의 주요 의사결정은 지분상품 및 채무상품을 매수, 매도 또는 보유할지 여부와 대여 및 기타 형태의 신용을 제공하거나 결제할지 여부 등의 의사결정이라고 할 수 있다. 이러한 의사결정은 기업에 유입될 미래 순현금유입의 금액, 시기 및 불확실성에 대한 평가와 밀접하게 관련되어 있다.

따라서 이들 이용자들은 기업의 미래 순현금유입의 금액, 시기 및 불확실성에 대한 평가를 위해 기업의 자원, 기업에 대한 청구권 및 기업이 그 자원을 얼마나 효율적이고 효과적으로 사용하였는지에 대한 정보를 필요로 한다. 이러한 정보수요를 충족시키기 위해 일반목적재무보고서는 보고기업의 경제적 자원 및 청구권에 관한 정보와 경제적 자원 및 청구권의 변동에 관한 정보를 제공한다.

1.2.2 유용한 재무정보의 질적특성

앞서 언급한 대로, 기업의 일반목적재무보고서는 현재 및 잠재적 투자자, 대여자 및 기타 채권자의 정보수요를 충족시키기 위해 경제적 자원과 청구권에 관한 정보 및 경제적 자원과 청구권의 변동에 대한 정보를 제공한다.

기업이 제공할 수 있는 다양한 정보 중에서 어떤 유형의 정보가 현재 및 잠재적 투자자, 대여자 및 기타 채권자의 의사결정에 유용한 정보인지를 식별할 필요가 있다. 이를 위해 개념체계는 정보가 유용하기 위해 갖추어야 할 질적특성을 제시한다.

개념체계는 유용한 정보의 질적특성을 근본적 질적특성과 보강적 질적특성으로 구분하고 있다.

근본적 질적특성은 정보가 유용하기 위해 반드시 갖추어야 할 질적특성을 의미한다. 정보가 유용하기 위해서는 의사결정 목적에 적합하여야 하고 충실하게 표현되어야 한다.

목적적합한 정보는 해당 정보가 제공되었을 때 그렇지 않은 경우와 비교하여 정보이용자의 의사결정이 달라질 수 있는 정보를 말한다. 정보가 목적적합하기 위해서는 미래를 예측하는 데 활용할 수 있는 예측가치가 있거나 과거 평가에 대한 피드백을 제공하는 확인가치가 있어야 한다. 정보가 나타내고자 하는 현상을 충실하게 표현하기 위해서는 그 서술이 완전하고, 중립적이며, 오류가 없어야 한다.

목적적합성과 충실한 표현 중 하나라도 부재한 정보는 유용한 정보라고 할 수 없다. 목적적합하지 않은 현상에 대한 충실한 표현과 목적적합한 현상에 대한 충실하지 못한 표현 모두 정보이용자의 의사결정에 도움이 되지 않을 것이기 때문이다. 그런데 목적적합성은 해당 정보가 중요하다는 것을 전제로 한다. 중요한 정보란 해당 정보가 누락되거나 잘못 기재된 경우 특정 보고기업의 재무정보에 근거한 정보이용자의 의사결정에 영향을 줄 수 있는 정보를 말한다.

보강적 질적특성은 그 자체가 정보를 유용하게 하지는 못하지만 이미 유용한 정보의 유용성을 보강시키는 질적특성이다. 따라서 목적적합하지 않거나 충실하게 표현되지 않은 정보가 보강적 질적특성을 갖추고 있다고 해서 유용한 정보가 되지는 않는다. 그러나 목적적합하고 충실하게 표현된 정보가 보강적 질적특성을 가지고 있으면 더욱 유용해진다. 보강적 질적특성에는 비교 가능성, 검증 가능성, 적시성 및 이해 가능성이 있다.

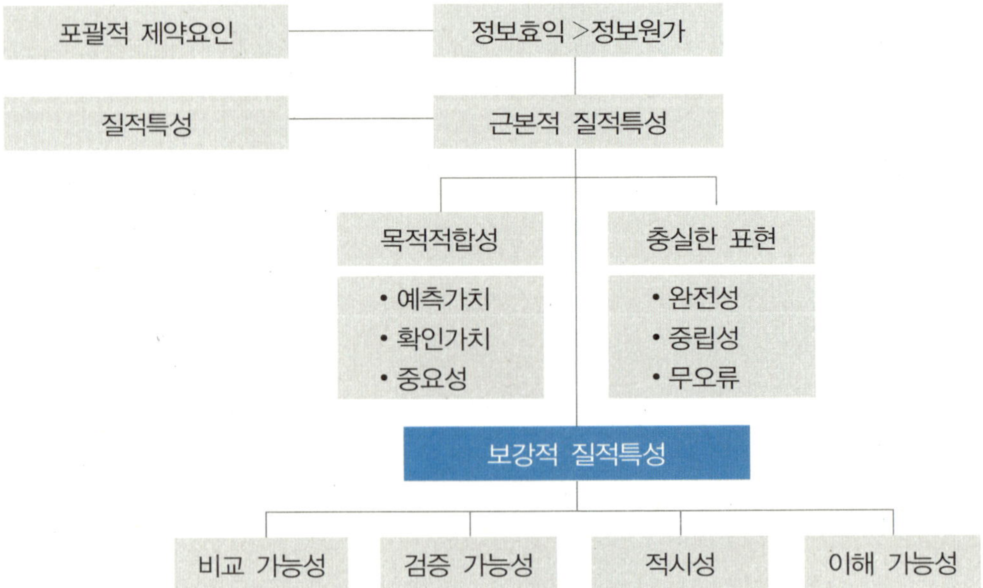

[그림 1-3] 유용한 재무정보의 질적특성

정보를 제공하기 위해서는 원가가 소요되며 해당 정보로부터의 효익이 그 원가를 정당화할 수 있을 때만 제공되어야 한다. 따라서 근본적 질적특성을 가진 정보의 보강적 질적특성을 극대화하면 가장 유용한 정보를 제공할 수 있겠지만, 원가제약요인으로 인해 보강적 질적특성을 극대화시키지 못할 수도 있다. 또한, 원가제약요건으로 인해 가장 목적적합한 정보보다 덜 목적적합한 정보가 제공될 수도 있다.

유용한 재무정보의 질적특성을 요약하면 [그림 1-3]과 같다.

1.2.3 재무제표의 요소의 정의

개념체계는 재무상태의 측정과 관련된 자산, 부채 및 자본과, 성과의 측정과 관련된 수익과 비용을 재무제표의 요소로 제시하고 있다.

개념체계

재무상태

4.4 재무상태의 측정에 직접 관련되는 요소는 자산, 부채 및 자본이다. 이러한 요소의 정의는 다음과 같다.

(1) 자산은 과거사건의 결과로 기업이 통제하고 있고 미래경제적효익이 기업에 유입될 것으로 기대되는 자원이다.

(2) 부채는 과거사건으로 생긴 현재의무로서, 기업이 가진 경제적효익이 있는 자원의 유출을 통해 그 이행이 예상되는 의무이다.

(3) 자본은 기업의 자산에서 모든 부채를 차감한 후의 잔여지분이다.

성과

4.25 수익과 비용은 다음과 같이 정의한다.

(1) 수익은 자산의 유입이나 증가 또는 부채의 감소에 따라 자본의 증가를 초래하는 특정 회계기간 동안에 발생한 경제적효익의 증가로서, 지분참여자에 의한 출연과 관련된 것은 제외한다.

(2) 비용은 자산의 유출이나 소멸 또는 부채의 증가에 따라 자본의 감소를 초래하는 특정 회계기간 동안에 발생한 경제적효익의 감소로서, 지분참여자에 대한 분배와 관련된 것은 제외한다.

개념체계는 자산과 부채를 정의하고, 다른 재무제표 요소들을 자산과 부채에 기초하여 정의하고 있다. 수익과 비용의 정의는 그 본질적 특성을 식별하기 위한 것이지, 포괄손익계산서상 수익과 비용으로 인식하기 위한 인식기준이나 표시방법을 정하는 것은 아니다. 경제적 의사결정에 목적적합한 정보를 제공하기 위하여 포괄손익계산서에 수익과 비용을 다양한 방법으로 표시할 수 있으며, 수익과 비용의 표시에 대한 회계원칙은 해당 K-IFRS에서 정하고 있다.

1.2.4 재무제표 요소의 인식

재무제표 요소는 발생주의에 따라 인식하는데, 개념체계는 그 인식기준을 다음과 같이 제시하고 있다.

개념체계

재무제표 요소의 인식

4.38 재무제표 요소의 정의에 부합하는 항목이 다음 기준을 모두 충족한다면 재무제표에 인식되어야 한다.

(1) 그 항목과 관련된 미래경제적효익이 기업에 유입되거나 기업으로부터 유출될 가능성이 높다.

(2) 그 항목의 원가 또는 가치를 신뢰성 있게 측정할 수 있다.

개념체계는 특정 항목과 관련된 미래경제적효익이 기업에 유입되거나 기업으로부터 유출될 가능성이 높아야 한다는 것을 인식기준의 하나로 제시하고 있다. 그러나 이는 선언적인 의미라고 할 수 있으며, 재무제표 요소 항목별 구체적인 인식기준은 개별 K-IFRS에서 정하고 있다. 따라서 개별 K-IFRS에서 정하는 구체적인 인식기준은 서로 일관되지 않을 수도 있다.

예를 들어, 충당부채 기준서는 부채의 정의를 충족하는 의무를 이행하기 위하여 미래경제적효익이 기업으로부터 유출될 가능성이 높으면(즉, 50%보다 높으면) 재무제표상 충당부채를 인식하도록 하고 있다. 반면, 자산의 공정가치 측정에 있어서는 공정가치와 관련된 미래경제적효익의 발생 가능성이 불확실하더라도 이를 인식하도록 하고 있다.

개념체계에서 제시하는 두 번째 인식기준은 대상 항목의 원가 또는 가치를 신뢰성 있게 측정할 수 있어야 한다는 것이다. 재무제표 요소를 인식하기 위해서는 많은 경우 원가나 가치의 추정이 개입되는데, 합리적 추정 자체가 신뢰성을 훼손하지는 않는다고 본다. 즉, 추정을 위한 가정 및 추정 과정이 합리적이면 신뢰성 있게 측정되었다고 할 수 있다. 그러나 합리적인 추정을 할 수 없는 경우에는 해당 항목을 재무상태표나 포괄손익계산서에 인식할 수 없다.

특정 항목에 대한 정보가 기업의 재무상태와 경영성과를 평가함에 있어 목적적합하지만 인식기준을 충족하지 못한다면, 해당 항목을 재무제표에 인식할 수 없다. 그러나 필요하다면 주석, 설명 자료 또는 부속명세서에 공시할 수 있다.

1.2.5 재무제표 요소의 측정

개념체계는 재무제표 요소의 측정기준을 다음과 같이 화폐금액을 결정하는 과정이라 정의하고, 그 측정기준을 다음과 같이 제시하고 있다. 많은 경우 재무제표 요소의 측정은 추정이나 판단 또는 추정모형에 기초하여 이루어지며 다수의 측정기준을 결합하여 사용할 수도 있다.

개념체계

재무제표 요소의 측정

4.54 측정은 재무상태표와 포괄손익계산서에 인식되고 평가되어야 할 재무제표 요소의 화폐금액을 결정하는 과정이다. 측정은 특정 측정기준의 선택과정을 포함한다.

4.55 재무제표를 작성하기 위해서는 다수의 측정기준이 다양한 방법으로 결합되어 사용된다. 그러한 측정기준의 예는 다음과 같다.

(1) 역사적 원가

(2) 현행원가

(3) 실현가능(이행)가치

(4) 현재가치

개념체계에서 제시하는 이러한 측정기준은 기업이 선택가능한 예시에 불과하며, 특정 재무제표 요소에 대한 측정기준은 각 개별 K-IFRS에서 정하고 있다.

1.2.6 개정중인 개념체계 공개초안

개념체계는 개별 K-IFRS가 일관성 있게 제·개정될 수 있도록 이론적 근간을 제공하는 것을 목적으로 한다. 따라서 개념체계는 모든 K-IFRS에 포괄적으로 적용될 수 있는 이론적 근거를 제시해야 하나, 현행 개념체계는 이러한 역할을 하기에는 부족한 점이 있다.

앞의 재무제표 요소의 인식에서 살펴본 바와 같이, 개별 K-IFRS에서 정하는 구체적인 인식기준은 서로 일관되지 않은 경우도 있다. 금융상품에 관한 K-IFRS는 기존에 인식된 자산의 제거에 관한 원칙을 정하고 있으나, 현행 개념체계는 자산·부채의 인식에 대한 개념만 정하고 있으며, 제거에 대한 개념을 제시하지 않고 있다. 또한, 재무제표 이용자의 의사결정에 유용한 정보를 충실하게 표현하기 위해서는 정보의 표시와 공시가 중요함에도 불구하고 개념체계는 이러한 개념을 제시하지 않고 있다.

국제회계기준위원회는 현행 개념체계의 미비점을 인지하고 이를 개선하기 위해 개념체계를 개정중에 있다. 현행 개념체계와 개정중인 개념체계 공개초안(ED)의 주요한 차이는 〈표 1-1〉에 요약된다.

〈표 1-1〉 현행 개념체계와 개정중인 개념체계 기초안의 차이

〈보고기업(reporting entity) : ED 2010.3〉

현행 개념체계	개정안
없음	• 보고기업 정의 : 하나의 경제활동 영역. 법적 실체일 필요는 없으며, 두 기업이나 한 기업의 일부로 구성 • 부문정보 : 부문(portion)이 구분되고 이 부문정보가 유용할 경우 보고기업으로서 재무정보 표시 • 표시 : 연결재무제표로 표시. 연결하지 않은 재무제표를 표시할 경우, 연결재무제표를 어떻게 이용자들이 접할 수 있는지 공시 • 재무제표 : 지배기업만의 재무제표, 결합재무제표 언급. 다만 결합재무제표 작성시 어떤 기업으로 구성되는지는 명시하지 않음

〈재무제표 요소의 정의, 인식, 측정 : DP 2013. 7, ED 2015. 5〉

분 류	현행 개념체계	개정안
자산의 정의	① 과거사건의 결과 ② 기업이 통제 ③ 미래경제적효익의 유입이 기대되는 자원	① 과거사건의 결과 ② 기업이 통제 ③ 현재의 경제적 자원
부채의 정의	① 과거사건에 의해 발생 ② 자원유출로 이행이 예상 ③ 현재의무	① 과거사건의 결과 ② 경제적 자원을 이전 ③ 현재의무
인식	① 미래경제적효익의 유입(유출) 가능성이 높고 ② 신뢰성 있는 측정	① 목적적합하고 ② 원가-효익 요건을 충족하고 ③ 충실하게 표현

제거	없음	인식기준을 충족하지 못할 때 제거, 일부 처분의 경우 추가 공시 등을 고려
측정	• 측정방법 : ① 역사적 원가 ② 현행원가 ③ 실현가능(이행)가치 ④ 현재가치	• 측정방법 : ① 역사적 원가 ② 현행가치 • 측정방법 선택원칙 제시 자산 : 미래현금흐름에 기여 방법 반영 부채 : 부채를 이행(결제)하는 방법 반영
당기순손익/ 기타포괄손익	없음	• 당기순손익은 합계 또는 소계로 표시 • 기타포괄손익과 당기순손익을 구별 • 기타포괄손익 중 일부 당기순손익으로 재분류하는 재순환 개념 소개
재무제표 표시/ 공시	없음	• 공시 규정의 의사소통 원칙 제시

현재 개정중인 개념체계는 아직 완성 목표기간이 제시되지 않은 상태이므로 당분간은 현행 개념체계가 적용될 것으로 예상된다. 따라서 이후 모든 논의는 현행 개념체계의 틀 안에서 이루어진다.

1.3 개념체계 기반 회계교육(FBT)

1.3.1 FBT의 의의

'Framework-based' 교육이란 'framework'라는 tool을 사용하여 논리적 사고를 통해 해답을 찾아가는 의사결정능력을 길러주는 교육방법이라 할 수 있다. 여기서 'framework'는 학습자들이 논리적인 사고를 할 수 있도록 도와주는 일종의 '사고의 체크리스트'이다.

예를 들어, 신시장에 진입할지 여부에 대한 의사결정은 경쟁우위, 핵심제품, 기존 시장과의 시너지, 기존 시장에서의 경쟁, 기회 및 위협요소 등 여러 요인에 의해 좌우된다. 다양한 요인들을 분석하고 결론을 도출하는 의사결정 과정에서 SWOT(Strength, Weakness, Opportunity, Threat)분석이라는 framework를 사용하면, 이를 사용하지 않았을 때보다 훨씬 논리적이고 체계적인 사고를 할 수 있게 된다.

이러한 framework-based 교육을 원칙중심 회계교육에 적용한 것이 개념체계 기반 회계교육(Framework-based Teaching, 이하 'FBT'라 한다)이다.

FBT란 특정 IFRS를 교육할 때 개념체계에서 정하는 주요 개념을 해당 IFRS의 요구사항과 관련시켜 교육하는 방법이다(IFRS 2014). 즉, 개념체계를 'framework'로 사용하여 특정 IFRS가 제시하는 회계원칙을 분석하고 이를 이해하도록 하는 교육이다.

FBT에서 개념체계를 'framework'로 사용하는 이유는 헌법이 모든 다른 법률의 근간이 되듯이 개념체계가 개별 IFRS의 뼈대 또는 근간이 되기 때문이다. 이는 개별 IFRS가 상호 일관성 있게 제정될 수 있도록 이론적 기초를 제공한다는 개념체계의 목적에 잘 반영되어 있다.

IFRS를 제정하는 IASB는 동일하더라도 위원회를 구성하는 위원은 바뀐다. 따라서 위원회의 위원이 바뀌더라도 개별 IFRS가 일관성 있게 제정되기 위해서는 IFRS 제정에 있어 준거할 이론적 지침이 필요하며 개념체계가 이러한 역할을 수행한다.

특정 IFRS가 개념체계에서 제시하는 이러한 개념과 일관성 있게 제·개정되면 IFRS를 제·개정하는 주체와 상관없이 개별 IFRS간에 일관성을 확보할 수 있다. 이처럼 특정 IFRS가 개념체계에서 제시하는 개념에 근거하여 제정되므로, 개념체계는 특정 IFRS가 요구하는 회계원칙을 해석하고 적용함에 있어서도 준거점이 될 수 있다. 아울러 개념체계는 특정 거래나 사건에 대한 IFRS가 부재한 경우 회계처리방법을 결정하는 데 이론적 근거를 제시할 수 있다.

[그림 1-4]는 개념체계에서 정하는 개념이 특정 IFRS가 정하는 회계원칙의 기초가 되는 구조를 제시하고 있다.

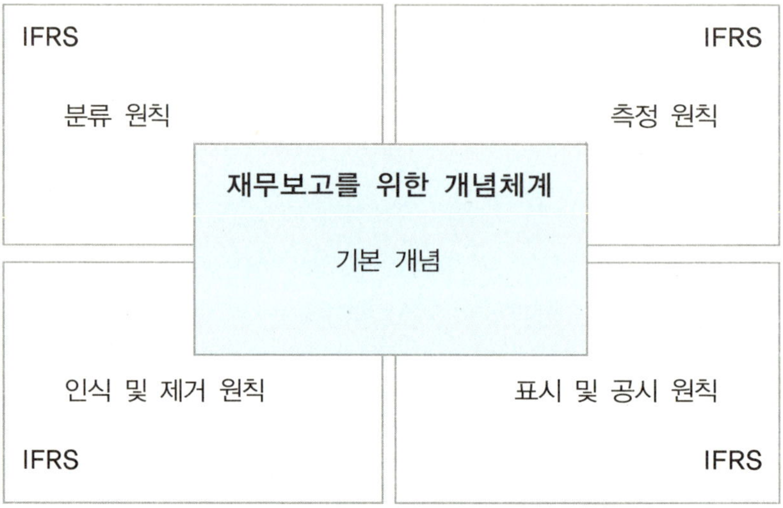

[그림 1-4] 재무보고를 위한 개념체계와 특정 IFRS의 관계

1.3.2 FBT의 구조

개념체계를 교육에 적용하기 위해서는 개념체계에 근거하면서도 더 자세하게 또한 더 쉽게 적용할 수 있는 기본적인 틀이 필요하다.

[그림 1-5]에 제시한 FBT 구조는 개념체계를 교육에 적용하는 하나의 틀로서, 개념체계의 중요한 기본적인 요소들로 구성되어 있어 대부분의 경우에 적용할 수 있을 것이다. 그러나 여기서 제시한 FBT의 구조가 모든 회계이슈나 기준에 적용될 수 있지는 않을 것이다. 필요에 따라서 일부분을 사용할 수 있을 것이며, 추가적인 요소가 필요할 수도 있다. 총 4그룹 8단계로 구성되어 있는데 각각에 대하여 아래에서 설명한다.

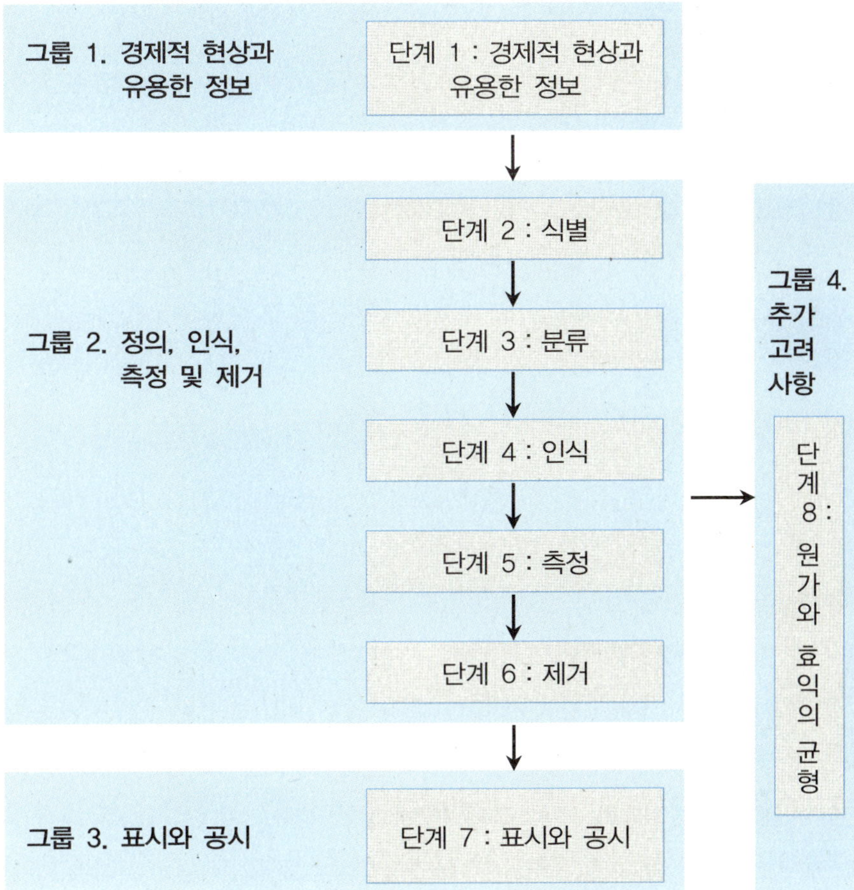

[그림 1-5] FBT 구조의 요약

그룹 1 : 경제적 현상과 유용한 정보

단계 1 : 경제적 현상(economic phenomenon)과 유용한 정보(useful information)

일반목적재무보고의 목적은 "현재 및 잠재적 투자자, 대여자 및 기타 채권자가 기업에 자원을 제공하는 것에 대한 의사결정을 할 때 유용한 보고기업 재무정보를 제공"하는 것이다. 따라서 일반목적재무보고의 목적을 달성하기 위해서는 유용한 정보가 무엇인지를 가장 우선적으로 파악해야 한다.

유용한 정보는 경제적 현상에 대한 정보이며, 거래나 사건에 대한 경제적 현상에 따라 제공해야 하는 유용한 정보는 다를 것이다. 따라서 경제적 현상을 파악하고 이에 대한 유용한 정보가 무엇인지를 도출한다.

유용한 정보가 무엇인가를 도출함에 있어서 두 가지 주요 이슈가 있다. 한 가지는 특정한 경제적 현상에 대한 유용한 정보가 무엇인가(What is useful information for a particular economic phenomenon?)하는 것이고, 다른 한 가지는 유용한 정보는 어떤 질적특성을 가지고 있는가(What qualitative characteristics should the information have?)하는 것이다.

첫 번째 질문인 '특정 경제적 현상에 대한 유용한 정보가 무엇인가?'에 대한 답을 파악하기 위해서는 정보의 범위에 대한 어느 정도의 합의가 필요하다. 왜냐하면 유용한 정보란 정보이용자가 필요로 하는 정보일 것인데, 정보이용자들의 정보 수요 및 욕구는 각각 다르고 때로는 서로의 이해가 상충될 수도 있기 때문이다. 개념체계에서는 일반목적재무보고란 '정보이용자들의 공통적인 정보 수요를 제공하는 것'이라고 정의하며 유용한 정보의 범위를 제한하고 있다. 이에 따라 개념체계는 아래와 같이 재무상태와 재무상태의 변동에 대한 정보를 유용한 정보라 하고 있다.

개념체계

보고기업의 경제적 자원, 청구권 그리고 자원 및 청구권의 변동에 관한 정보

OB12. 일반목적재무보고서는 보고기업의 재무상태에 관한 정보, 즉 기업의 경제적 자원과 보고기업에 대한 청구권에 관한 정보를 제공한다. 재무보고서는 보고기업의 경제적 자원과 청구권을 변동시키는 거래와 그 밖의 사건의 영향에 대한 정보도 제공한다. 이 두 유형의 정보는 기업에 대한 자원 제공 관련 의사결정에 유용한 투입요소를 제공한다.

따라서 FBT에서는 어떤 경제적 현상이 발생했을 때, 가장 먼저 그 경제적

현상이 기업의 경제적 자원이나 기업에 대한 청구권 그리고 이러한 자원이나 청구권의 변동에 어떻게 영향을 주는지를 학습자들이 생각할 수 있도록 유도한다.

또한 이러한 경제적 현상으로 인한 재무상태와 재무상태의 변동이 현재 및 잠재적 투자자, 대여자, 그 밖의 채권자가 기업의 미래 순현금흐름에 대한 전망을 평가하는 데 유용할지를 학습자들이 자연스럽게 고려할 수 있도록 유도한다. 이 경우, 비슷한 경제적 특성에 초점을 맞추고 차이점을 강조하는 방법을 사용할 수도 있다.

두 번째 질문은 '유용한 정보는 어떤 질적특성을 가지고 있는가'이다. 개념체계가 제시한 질적특성 중 이 단계에서 가장 많이 고려해야 하는 것은 목적적합성(relevance)이다. 목적적합한 정보는 해당 정보가 제공되었을 때 그렇지 않은 경우와 비교하여 정보이용자의 의사결정이 달라질 수 있는 정보를 말한다.

또한 정보가 목적적합하기 위해서는 예측가치가 있고 과거 평가에 대한 피드백을 제공하는 확인가치가 있어야 하며 중요한 정보이어야 한다. 목적적합성은 해당 정보가 중요하다는 것을 전제로 한다.

따라서 교수자는 특정 경제적 현상과 관련된 기업의 경제적 자원이나 기업에 대한 청구권 그리고 이러한 자원이나 청구권의 변동에 대한 정보가 예측가치와 확인가치를 가지고 있는지, 중요한 정보인지에 대하여 학습자들과 토론한다.

이를 위하여 개념체계의 목적과 각 관련 기준서의 목적을 비교하고 연결해 볼 수도 있다. 또한 여러 회계정책 또는 회계방법을 적용할 수 있다면, 어떤 정책 또는 방법이 정보이용자에게 더 또는 덜 유용한 정보를 제공하는지를 토론해 볼 수도 있다. 이때 어떤 근거에서 그 정보가 더 또는 덜 유용한 정보를 제공하는지를 생각하도록 유도한다.

❖ 일상에서의 목적적합성을 가진 정보

- 맛집어플에서 한식전문점인 삼시세끼의 음식사진 및 고객평가 정보가 예측가치, 확인가치 및 중요성이 있을 때 유용한 정보라 할 수 있다.
- 삼시세끼는 메뉴별로 모형이나 그림이 아닌 실제 삼시세끼의 음식사진을 업로드하여 고객의 예측가치를 높이고, 각 음식사진 밑에 메뉴별 고객의 후기와, '좋아요' 등의 후기를 기록할 수 있는 고객평가시스템을 만들어 과거 실제 이용했던 고객의 피드백을 어플에서 제공하고 있다. 이러한 고객의 피드백이 평점으로 누적되어 새로운 고객에게 중요한 정보를 제공하게 될 것이다.
- 만약 어플에서 실제 음식과 다른 사진이 업로드되어 있거나 일반고객이 아닌 자에 의한 홍보성 후기가 업로드된 경우 삼시세끼의 잠재적 고객이 잘못된 음식메뉴 선택을 할 가능성이 많기 때문에 이 사진 정보와 후기 정보는 중요한 정보라고 할 수 있다.

목적적합성과 함께 정보의 유용성을 결정짓는 또 다른 근본적 질적특성은 충실한 표현(faithful representation)이다. 충실한 표현이란 경제적 현상의 실질을 반영하도록 기업의 재무상태, 재무성과, 현금흐름을 중립적이고 완전하며 오류가 없도록 표현하는 것을 의미한다.

충실한 표현은 다음에서 설명하는 정의, 인식, 측정 및 제거와 표시와 공시 부분과도 많은 관련성을 가진다. 따라서 이 단계에서는 개략적인 개념을 적용하고, 자세한 적용은 다음 단계에서 할 수 있을 것이다.

❖ 일상에서의 표현의 충실성을 가진 정보

- 맛집어플에서 삼시세끼의 음식사진 및 고객평가 정보는 중립적이고, 완전하며, 오류가 없을 때 유용한 정보라 할 수 있다.
- 고객평가에 있어 삼시세끼로부터 대가를 받고 평가를 올리는 사람이 아니라 일반고객에 의한 평가였다는 사실(중립성)을 알려야 하고, 고객평가가 맛, 가격, 친절도

등 중요한 항목 모두에 대한 평가를 제공하여 중요한 항목의 누락이 없도록(완전성) 해야 한다.

- 또한, 고객평가가 잘못 입력되는 것을 방지하기 위한 어플 자체적으로 검증하는 기능(무오류)이 있을 때 삼시세끼의 음식사진 및 고객평가 정보는 충실히 표현된 정보라 할 수 있다.

그룹 2 : 정의, 인식, 측정 및 제거

특정 경제적 현상에 유용한 정보가 무엇인지를 파악했다면 이 유용한 정보가 재무제표에 인식될 수 있는지에 대하여 생각하도록 유도해야 한다. 개념체계는 정보를 인식하기 위한 요건으로 다음의 세 가지를 구체적으로 제시하고 있다.

(1) 재무제표 요소의 정의에 부합하는지
(2) 인식기준을 충족하는지
(3) 신뢰성이 있는 측정이 가능한지

(1)과 (2)는 정보를 재무제표에 인식할 수 있는가를 결정짓는 요소이다. 즉 재무제표 요소의 정의를 충족하지 못하거나 인식 조건이 충족되지 못한다면 아무리 유용한 정보라고 하여도 재무제표에 인식하지 않는다.

이에 더하여 회계는 재무정보를 전달하므로 정보를 금액으로 측정해야 한다. 따라서 (3)은 회계에서 가장 중요한 핵심 중의 하나이다. 그 이유는 어떻게 측정하는가에 따라 재무제표에 표시되는 금액이 달라질 수 있기 때문이다. 또한 인식해야 하는 거래라고 하여도 금액의 측정에 있어서 신뢰할 수 없다면 재무제표에 표시할 수 없기 때문이다.

단계 2 : 식별(Identification)

개념체계는 재무제표의 요소(elements of financial statements)로 자산, 부채, 자본, 수익 및 비용을 제시하고 있다. 즉 이 다섯 가지의 요소에 영향을 미치는 거래와 항목만이 재무제표에 표시가 된다. 식별이란 각 경제적 현상에 대한 경제적 자원의 유출과 유입이 개념체계에서 제시하고 있는 다섯 가지의 요소 중 어느 것에 해당하는지를 판단하는 것이다.

예를 들면, 어떤 기업이 시장에서 공모사채를 발행한 경우, 이 사채가 다섯 가지 재무제표 요소 중 어느 요소의 정의에 부합하는지를 판단한다. 이를 위해서는 개념체계의 부채에 대한 정의를 언급할 필요가 있다. 즉, 사채발행으로 인한 현금유입이 수익이 아니라 개념체계에서 제시하고 있는 부채의 정의에 부합하는지를 판단해야 한다.

개념체계

부채의 정의

4.4 (2) 부채는 과거사건으로 생긴 현재의무로서, 기업이 가진 경제적효익이 있는 자원의 유출을 통해 그 이행이 예상되는 의무이다.

이 중 개념체계상 부채의 정의를 보다 구체적으로 살펴보도록 하겠다.

① 부채는 과거의 거래나 그 밖의 사건에서 발생해야 한다.
예를 들어, 은행에서 대출을 받은 과거사건이 있어야 대출에 대한 상환의무가 발생하며, 상품을 구입하는 과거사건이 있어야 상품 대금에 대한 지급의무가 발생한다.

② 부채는 경제적효익이 있는 자원의 유출이 예상된다.
은행에서 대출을 받으면 현금지급이라는 미래경제적효익이 있는 자원의 유출이 예상되며, 상품구입시에도 상품구입대금 지급이라는 미래경

제적효익이 있는 자원의 유출이 예상된다.

③ 부채의 본질적 특성은 기업이 현재의무를 갖고 있다는 것이다. 은행대출이나 상품외상구입 등은 구속력 있는 계약이나 법규에 따른 법률적 강제력 또는 거래실무, 관행의 이유 등으로 현재의무를 갖게 된다.

부채의 정의에서 가장 중요한 부분은 현재의무가 있는지에 대한 판단이며, 현재의무에 대해서는 개념체계에서 다음과 같이 규정하고 있다.

개념체계

4.15 부채의 본질적 특성은 기업이 현재의무를 갖고 있다는 것이다. 의무란 특정 방법으로 실행하거나 수행할 책무 또는 책임을 말한다. 의무는 구속력 있는 계약이나 법규에 따라 법률적 강제력이 있을 수 있다. 제공받은 재화와 용역에 대한 미지급채무가 일반적인 예이다. 의무는 정상적인 거래실무, 관행 또는 원활한 거래관계를 유지하거나 공평한 거래를 하려는 의도에서 발생할 수도 있다. 만일 어떤 기업이 보증기간이 명백히 경과한 후에 발생하는 제품하자에 대해서도 수리해 주기로 방침을 정한 경우에 이미 판매된 제품과 관련하여 지출될 것으로 예상되는 금액은 부채이다.

4.16 현재의무와 미래의 약속은 구별되어야 한다. 미래에 특정 자산을 취득하겠다는 경영진의 의사결정 그 자체만으로는 현재의무가 발생하지 아니한다. 의무는 일반적으로 그 자산이 인도되는 때 또는 기업이 자산획득을 위한 취소불능약정을 체결하는 때 발생한다. 후자의 경우에 속하는 취소불능약정은 예를 들어, 의무불이행의 결과에 따른 상당한 위약금 때문에 거래상대방에 대한 자원의 유출을 회피할 여지가 거의 없는 약정을 말한다.

부채의 정의를 일상적인 사례를 통해 설명하면 다음과 같다.

❖ 일상에서의 부채의 정의

- 주원전자(주)의 회계팀장인 김행운 씨는 출근길 버스정류장에서 100만원을 주웠다. 김행운 씨가 주운 100만원이 개념체계상 부채의 정의를 충족하는지 생각해 보자.
- 부채의 정의 중 과거사건에 의한 발생이라는 요소는 100만원을 주운 과거사건으로 인해 충족된다. 김행운 씨가 습득한 100만원은 김행운 씨의 소유가 아니다. 타인 소유인 이 돈을 김행운 씨가 임의로 사용한다면 현행법상 '점유이탈물횡령죄'가 성립된다. 따라서 김행운 씨는 100만원을 원 주인에게 돌려주어야 할 법적 의무가 있다. 따라서 경제적효익을 갖는 자원이 유출될 것으로 예상된다는 두 번째 조건과 함께 현재의무의 존재라는 세 번째 조건이 충족된다. 세 가지 조건이 모두 충족되므로 이는 부채의 정의를 충족하게 된다.
- 만약 김행운 씨가 주운 돈이 100만원이 아니라 1천원이라면 부채의 정의 충족 여부가 달라지는지 생각해 보자. 금액의 기준이 달라진다고 부채의 정의 충족 여부에 영향을 미치지 않는다. 다만, 금액의 크기는 회계정보의 중요성에 영향을 미쳐 유용한 정보의 질적특성과 K-IFRS 제1008호 문단 8에서 규정하는 중요성 기준에 따른 회계정책의 적용에 영향을 미칠 것이다.

단계 3 : 분류(Classification)

개념체계에서는 재무제표의 요소는 재무제표의 대분류에 따른 것이며 재무제표의 요소가 재무상태표와 포괄손익계산서에 표시될 때 소분류의 과정을 거친다고 설명하고 있다. 이렇듯 재무제표는 대분류 이외에도 중분류와 소분류를 포함한다.[1)]

부채는 상환시기에 따라 유동부채와 비유동부채로 분류된다. 또한 지출시기와 금액의 불확실성 정도에 따라 확정부채와 비확정부채로 분류될 수 있다. 확정부채는 다시 비금융 확정부채와 금융부채로 분류될 수 있으며, 비확정부채는 다시 충당부채와 우발부채로 분류될 수 있다.

---

1) 개념체계에서는 분류에 대해서 별도로 언급하고 있지는 않다.

1) 유동부채와 비유동부채

부채를 분류할 때는 유동과 비유동의 구분을 고려해야 한다. 주로 정상영업주기 또는 12개월 이내에 결제할 것으로 예상되는 부채는 유동부채로, 그 외는 비유동부채로 분류한다.

K-IFRS 제1001호 재무제표 표시

유동부채

69. 부채는 다음의 경우에 유동부채로 분류한다.
    (1) 정상영업주기 내에 결제될 것으로 예상하고 있다.
    (2) 주로 단기매매 목적으로 보유하고 있다.
    (3) 보고기간 후 12개월 이내에 결제하기로 되어 있다.
    (4) 보고기간 후 12개월 이상 부채의 결제를 연기할 수 있는 무조건의 권리를 가지고 있지 않다. 계약 상대방의 선택에 따라, 지분상품의 발행으로 결제할 수 있는 부채의 조건은 그 분류에 영향을 미치지 아니한다.

    그 밖의 모든 부채는 비유동부채로 분류한다.

2) 확정부채와 비확정부채

부채는 지출시기와 금액의 불확실성 정도에 따라 확정부채와 비확정부채로 분류될 수 있다. 확정부채는 다시 비금융 확정부채와 금융부채로 분류될 수 있으며, 비확정부채는 다시 충당부채와 우발부채로 분류될 수 있다.

분류는 이 단계에서 적용할 기준서를 결정하면 이후 단계인 인식, 측정, 제거 등의 회계처리방법이 달라지기 때문에 매우 중요하다. 예를 들어, 금융부채로 분류한다면 K-IFRS 제1032호, 제1039호, 제1107호를 적용하고, 충당부채로 분류한다면 K-IFRS 제1037호를 적용한다.

이에 더해서 각 기준서는 적용범위를 정하고 있다. 예를 들어 충당부채에 관한 기준서 K-IFRS 제1037호 문단 1에서는 다른 K-IFRS에서 다루어지고 있는 경우에는 이 기준서를 적용하지 말도록 명시하고 있다. 따라서 부채의 분류를 판단할 때는 이 부채가 충당부채에 해당하는지를 먼저 판단하는 것이 아니라 금융부채나 다른 부채에 해당하는지를 우선 판단해야 한다.

한국 국가부채 902조, GDP 71% 수준… 국가채무는?

(세계일보, 2013.10.8)

지난해 우리나라 국가부채는 902조1,000억 원으로 나타났다. 이는 국내총생산액인 1,272조4,000억 원의 약 70%에 달하는 수준이다.

8일 국회 기획재정위원회가 기획재정부로부터 받은 자료에 따르면 우리나라의 국가부채는 GDP 대비 국가채무보다 훨씬 많다. 작년 우리나라 국가채무는 443조1,000억 원이었다.

먼저 국가부채와 국가채무를 확실히 구분할 필요가 있다. '국가부채(Liability)'는 국가회계법에서 규정하며, 지출 가능성이 높고 신뢰성 있는 금액 책정이 모두 가능한 경제적 부담을 뜻한다. 쉽게 말하면 국가가 앞으로 지급할 공무원연금은 발생 가능성이 높으므로 여기에 포함된다.

반면, '국가채무(Debt)'는 국가재정법상에 규정되며 정부가 직접 상환의무를 지는 확정된 채무를 뜻한다. 국가부채에 포함된 공무원연금은 아직 지급된 것이 아니므로 국가채무에는 들어가지 않는다.

즉, 국가부채의 범위가 국가채무보다 훨씬 넓다고 보면 된다. 우리나라 정부는 지난 2011년부터 국가부채를 계산하기 시작했으며, 공무원연금과 군인연금 그리고 공적연금 충당부채, 공공기관 관리기금 공채 등이 모두 통계에 잡힌다. 국제적으로도 국가채무보다 국가부채를 더 존중하는 분위기가 형성되고 있다.

(후략)

부채의 분류를 일상적인 사례를 통해 설명하면 다음과 같다.

❖ 일상에서의 부채의 분류

> 김행운 씨는 주택구입을 위하여 은행으로부터 주택담보대출을 받았다. 총 금액은 1억 원이며 만기는 10년이다. 주택담보대출이 부채로 식별된 이후, 어떤 부채로 분류할 것인가는 다음과 같이 정리될 수 있다.
>
> ① 확정부채인가 비확정부채인가?
> 일반적으로 은행으로부터의 대출은 대출금액, 이자율 및 지출시기가 확정되어 있으므로 확정부채이다.
>
> ② (확정)금융부채인가 비금융부채인가?
> 대출금은 거래상대방(은행)에게 현금 등 금융자산을 인도하기로 한 계약상 의무이므로 (K-IFRS 제1032호 문단 11의) 금융부채의 정의를 충족한다. 따라서 금융부채로 분류한다.
>
> ③ 유동부채인가 비유동부채인가?
> 10년 만기이므로 비유동부채일 것이다. 매년 분할상환하는 조건이라면 1년 이내에 상환해야 할 금액은 유동부채로 분류한다.

단계 4 : 인식(Recognition)

인식이란 매우 광범위한 개념이다. 인식은 (1) 재무제표 요소(예 : 부채)의 정의에 부합하고, (2) 인식기준을 충족하는 항목을 재무상태표나 포괄손익계산서에 포함하는 과정을 말한다. 이 과정은 해당 항목을 서술하는 (3) 계정명칭과 (4) 화폐금액으로 기술하고 그 금액을 재무상태표 또는 포괄손익계산서 총계에 산입하는 것을 포함한다. 이 중 (1)과 (3)은 단계 2(식별)와 단계 3(분류)에서 설명하였고, (4)는 단계 5(측정)에서 설명할 것이므로 여기서는 (2)에 집중하여 설명한다.

개념체계에서는 특정 항목이 재무제표 요소의 정의에 부합하고, 다음 기준을 모두 충족한다면 재무제표에 인식되어야 한다고 규정하고 있다. 따라서 단계 4(인식)는 아래의 두 인식기준의 적용을 학습자들에게 전달하는 단계이다.

개념체계

재무제표 요소의 인식

4.38 재무제표 요소의 정의에 부합하는 항목이 다음 기준을 모두 충족한다면 재무제표에 인식되어야 한다.

(1) 그 항목과 관련된 미래경제적효익이 기업에 유입되거나 기업으로부터 유출될 가능성이 높다.

(2) 그 항목의 원가 또는 가치를 신뢰성 있게 측정할 수 있다.

부채의 경우 현재의무의 이행에 따라 경제적효익이 있는 자원의 유출 가능성이 높고 결제될 금액을 신뢰성 있게 측정할 수 있을 때 재무제표에 인식한다.

인식과 관련된 것으로 회계단위(the unit of account)가 있다. 회계단위는 항목, 항목의 집단 또는 항목의 일부분의 인식에 대한 측정단위(unit of measure)이다. 예를 들어, 파생상품 계약은 기초자산 건별로 이루어진다. 그런데 계약 건별로 금액이 경미하다면, 여러 계약을 통합하여 그 전체를 하나의 회계단위로 보아 전체 가치에 대하여 인식기준을 적용하는 것이 적절할 수 있다. 따라서 회계단위에 따라서 인식기준의 적용이 이루어져야 함을 설명한다. 회계단위를 설명함에 있어서 유용한 정보의 질적특성 중 하나인 중요성(materiality)을 연결하여 설명할 필요가 있다.

한편, 단계 3(분류)에서 적용할 기준서를 정하고 나면 이후 단계인 단계 4(인식)부터는 개념체계의 내용에 기반하여 개별 기준서에서 정하고 있는 내용을 학습자들에게 전달해야 한다.

개별 기준서에서 제시하고 있는 주요 부채에 대한 인식기준의 예는 다음과 같다.

K-IFRS 제1037호 충당부채, 우발부채, 우발자산

14. 충당부채는 다음의 요건을 모두 충족하는 경우에 인식한다.
    (1) 과거사건의 결과로 현재의무(법적의무나 의제의무)가 존재한다.
    (2) 해당 의무를 이행하기 위하여 경제적효익이 있는 자원을 유출할 가능성이 높다.
    (3) 해당 의무를 이행하기 위하여 필요한 금액을 신뢰성 있게 추정할 수 있다.
    위의 요건을 충족하지 못할 경우에는 충당부채로 인식할 수 없다.

K-IFRS 제1039호 금융상품 : 인식과 측정

14. 금융자산이나 금융부채는 금융상품의 계약당사자가 되는 때에만 재무상태표에 인식한다.

K-IFRS 제1109호[2] 금융상품

3.1.1 금융자산이나 금융부채는 금융상품의 계약당사자가 되는 때에만 재무상태표에 인식한다.

이 외에도 당기법인세부채와 이연법인세부채의 인식기준은 K-IFRS 제1012호, 퇴직급여와 관련한 부채의 인식기준은 K-IFRS 제1019호, 사업결합으로 인수한 부채의 인식기준은 제1103호에서 구체적으로 제시하고 있다.

---

2) K-IFRS 제1109호(금융상품)는 기존 K-IFRS 제1039호(금융상품 : 인식과 측정)를 대체하며, 2015년 2월 25일자로 제정되었다. K-IFRS 제1109호는 2018년부터 적용대상이며, 조기적용이 가능하다.

부채의 인식을 일상적인 사례를 통해 설명하면 다음과 같다.

❖ 일상에서의 부채의 인식

- 김행운 씨는 주택구입을 위하여 은행으로부터 주택담보대출을 받았다. 총 금액은 1억 원이며 만기는 10년이다. 이 주택담보대출은 확정부채로 분류되며, 확정부채 중 금융부채로 분류될 수 있다.
- 김행운 씨의 주택담보대출의 부채 인식 여부는 개념체계의 인식기준에 비추어 다음의 요건을 모두 충족한다고 볼 수 있다.

  ① 경제적효익이 있는 자원의 유출 가능성이 높은가?
  김행운 씨는 금융부채의 계약당사자로서 10년 이내 은행에 1억 원을 갚아야 하므로 경제적효익이 있는 자원의 유출 가능성이 높다.

  ② 신뢰성 있게 측정할 수 있는가?
  1억 원이라는 갚아야 할 금액이 계약시점에 확정되므로 신뢰성 있는 측정이 되는 것이다.

- 한편, 김행운 씨의 주택담보대출의 부채 인식 여부가 금융상품 기준서의 인식기준을 충족하는지 여부를 검토하면 다음과 같다.

  ① 김행운 씨는 금융상품의 계약당사자인가?
  우선 주택담보대출이 거래당사자 한쪽(은행)에게 금융자산이 생기게 하고, 거래상대방(김행운 씨)에게 금융부채가 생기게 하는 계약이므로, 금융상품의 정의를 충족한다. 또한, 김행운 씨는 주택담보대출 계약을 통해 금융상품 거래의 계약당사자가 되었으므로 금융부채의 인식기준을 충족하게 된다.

단계 5 : 측정(Measurement)

측정은 재무상태표와 포괄손익계산서에 인식되고 평가되어야 할 재무제표 요소의 화폐금액을 결정하는 과정이다. 측정은 특정 측정기준의 선택과정을 포함한다. 어떤 측정방법을 선택할 것인가는 재무보고의 목적과 이에 따른 유용한 정보에 따라 달라질 수 있다.

개념체계

재무제표 요소의 측정

4.4 재무제표를 작성하기 위해서는 다수의 측정기준이 다양한 방법으로 결합되어 사용된다. 그러한 측정기준의 예는 다음과 같다.

(1) *역사적 원가.* 자산은 취득의 대가로 취득 당시에 지급한 현금 또는 현금성자산이나 그 밖의 대가의 공정가치로 기록한다. 부채는 부담하는 의무의 대가로 수취한 금액으로 기록한다. 어떤 경우(예 : 법인세)에는 정상적인 영업과정에서 그 부채를 이행하기 위해 지급할 것으로 기대되는 현금이나 현금성자산의 금액으로 기록할 수도 있다.

(2) *현행원가.* 자산은 동일하거나 또는 동등한 자산을 현재시점에서 취득할 경우에 그 대가로 지불하여야 할 현금이나 현금성자산의 금액으로 평가한다. 부채는 현재시점에서 그 의무를 이행하는 데 필요한 현금이나 현금성자산의 할인하지 아니한 금액으로 평가한다.

(3) *실현가능(이행)가치.* 자산은 정상적으로 처분하는 경우 수취할 것으로 예상되는 현금이나 현금성자산의 금액으로 평가한다. 부채는 이행가치로 평가하는데, 이는 정상적인 영업과정에서 부채를 상환하기 위해 지급될 것으로 예상되는 현금이나 현금성자산의 할인하지 아니한 금액으로 평가한다.

(4) *현재가치.* 자산은 정상적인 영업과정에서 그 자산이 창출할 것으로 기대되는 미래 순현금유입액의 현재할인가치로 평가한다. 부채는 정상적인 영업과정에서 그 부채를 상환할 때 필요할 것으로 예상되는 미래 순현금유출액의 현재할인가치로 평가한다.

위의 요건을 충족하지 못할 경우에는 충당부채로 인식할 수 없다.

이 외에도 개념체계에서 제시하고 있지 않지만, K-IFRS 제1113호에서는 공정가치를 측정기준의 방법으로 제시하고 있다.

K-IFRS 제1113호 공정가치 측정

측정–공정가치의 정의

9. 이 기준서에서는 공정가치를 측정일에 시장참여자 사이의 정상거래에서 자산을 매도하면서 받거나 부채를 이전하면서 지급하게 될 가격으로 정의한다.

부채의 측정기준을 일상적인 사례를 통해 설명하면 다음과 같다.

❖ 일상에서의 부채의 측정기준

> 농부인 김성실 씨는 친구인 최갑부 씨로부터 100만원을 빌려 배추농사를 하고 있다. 이 돈은 1년 후에 갚기로 하였다. 현재 시점에서 이 부채를 어떻게 측정하여 보고해야 하는지는 다음의 두 경우에 따라 달라질 것이다.
>
> • 만약 김성실 씨가 1년 후에 현금으로 100만원을 갚는다면, 이는 원가인 100만원으로 측정하여 부채로 기록해야 한다.
>
> • 반면, 1년 후에 직접 재배한 배추 100포기로 갚기로 하였다면 배추 100포기의 공정가치를 측정하여 부채로 기록하는 것이 적절할 것이다.

측정은 최초인식시점의 측정과 후속측정으로 구분된다. 각각의 측정에 대하여 많은 이슈가 포함될 수 있으며 개별 기준서에서는 해당 내용에 맞는 측정방법을 제시하고 있다.

충당부채는 지출의 시기 또는 금액이 불확실한 부채이므로, 단계 4(인식)에서 충당부채의 인식요건을 충족하게 되면 단계 5(측정)에서는 불확실한 지출의 시기 또는 금액에 대해 최선의 추정을 하여야 한다. 이 경우 추정의 불확실성이 존재한다고 해서 회계정보가 유용하지 않다는 것을 의미하는 것은 아니다.

금융부채는 최초인식시에는 공정가치로 측정하고, 후속측정시에는 당기손익인식금융부채 등의 경우를 제외하고는 상각후원가로 측정한다.

개별 기준서에서 제시하고 있는 주요 부채에 대한 측정방법의 예는 다음과 같다.

K-IFRS 제1037호 충당부채, 우발부채, 우발자산

최초측정

36. 충당부채로 인식하는 금액은 현재의무를 보고기간 말에 이행하기 위하여 필요한 지출에 대한 최선의 추정치이어야 한다.

42. 충당부채에 대한 최선의 추정치를 구할 때에는 관련된 여러 사건과 상황에 따르는 불가피한 위험과 불확실성을 고려한다.

45. 화폐의 시간가치 영향이 중요한 경우에 충당부채는 의무를 이행하기 위하여 예상되는 지출액의 현재가치로 평가한다.

48. 현재의무를 이행하기 위하여 필요한 지출 금액에 영향을 미치는 미래사건이 일어날 것이라는 충분하고 객관적인 증거가 있는 경우에는 그 미래사건을 고려하여 충당부채 금액을 추정한다.

후속측정

59. 보고기간 말마다 충당부채의 잔액을 검토하고, 보고기간 말 현재 최선의 추정치를 반영하여 조정한다. 의무를 이행하기 위하여 경제적효익이 있는 자원을 유출할 가능성이 높지 않게 된 경우에는 관련 충당부채를 환입한다.

60. 충당부채를 현재가치로 평가하여 표시하는 경우에는 장부금액을 기간 경과에 따라 증액하고 해당 증가 금액은 차입원가로 인식한다.

K-IFRS 제1039호 금융상품 : 인식과 측정

최초측정

43. 금융자산이나 금융부채는 최초인식시 공정가치로 측정한다. 다만, 당기손익인식금융자산(당기손익인식금융부채)이 아닌 경우 당해 금융자산(금융부채)의 취득(발행)과 직접 관련되는 거래원가는 최초인식하는 공정가치에 가산(차감)하여 측정한다.

후속측정

47. 최초인식 후 모든 금융부채는 유효이자율법을 사용하여 상각후원가로 측정한다. 다만, 다음의 금융부채는 제외한다.
    (1) 당기손익인식금융부채. 파생상품부채를 포함한 이러한 부채는 공정가치로 측정한다. 다만, 동일한 상품에 대한 활성시장의 공시가격(즉 수준 1 투입변수)이 없고 공정가치를 신뢰성 있게 측정할 수 없는 지분상품과 연계되어 있으며 그 지분상품의 인도로 결제되어야 하는 파생상품부채는 원가로 측정한다.
    (2) 금융자산의 양도가 제거 조건을 충족하지 못하거나 지속적 관여 접근법이 적용되는 경우에 발생하는 금융부채. 이러한 부채는 문단 29와 31을 적용하여 측정한다.
    (3) 문단 9에서 정의한 금융보증계약. 최초인식 후 이러한 계약(문단 47(1) 또는 (2)가 적용되는 계약 제외)의 발행자는 다음 중 큰 금액으로 측정한다.
        (가) 기업회계기준서 제1037호에 따라 결정된 금액
        (나) 최초인식금액(문단 43 참조)에서 기업회계기준서 제1018호에 따라 인식한 상각누계액을 차감한 금액
    (4) 시장이자율보다 낮은 이자율로 대출하기로 한 약정. 최초인식 후, 이러한 약정(문단 47(1)이 적용되는 약정 제외)의 발행자는 당해 약정을 다음 중 큰 금액으로 측정한다.
        (가) 기업회계기준서 제1037호에 따라 결정된 금액
        (나) 최초인식금액(문단 43 참조)에서 기업회계기준서 제1018호에 따라 인식한 상각누계액을 차감한 금액

    위험회피대상항목으로 지정된 금융부채는 문단 89~102의 위험회피회계에 따라 회계처리한다.

K-IFRS 제1109호 금융상품

최초측정

5.1.1 최초인식시점에 금융자산이나 금융부채를 공정가치로 측정하며, 당기손익–공정가치 측정 금융자산 또는 당기손익–공정가치 측정 금융부채가 아닌 경우에 해당 금융자산의 취득이나 해당 금융부채의 발행과 직접 관련되는 거래원가는 공정가치에 가감한다.

5.1.2 후속적으로 상각후원가로 측정하는 자산에 결제일 회계처리방법을 적용하는 경우에 해당 자산은 최초인식시점에 매매일의 공정가치로 인식한다.

후속측정

5.3.1 최초인식 후에는 금융부채를 문단 4.2.1～4.2.2에 따라 측정한다.

4.2.1 모든 금융부채는 다음을 제외하고는 후속적으로 상각후원가로 측정되도록 분류한다.

(1) 당기손익–공정가치 측정 금융부채. 파생상품부채를 포함한 이러한 부채는 후속적으로 공정가치로 측정한다.

(2) 금융자산의 양도가 제거 조건을 충족하지 못하거나 지속적 관여 접근법이 적용되는 경우에 생기는 금융부채. 이러한 금융부채는 문단 3.2.15와 3.2.17을 적용하여 측정한다.

(3) 금융보증계약. 최초인식 후에 이러한 계약(문단 4.2.1(1) 또는 (2)를 적용하는 계약 제외)의 발행자는 해당 계약을 후속적으로 다음 중 큰 금액으로 측정한다.

(가) 제5.5절에 따라 산정한 손실충당금

(나) 최초인식금액(문단 5.1.1 참조)에서 기업회계기준서 제1115호에 따라 인식한 이익누계액을 차감한 금액

(4) 시장이자율보다 낮은 이자율로 대출하기로 한 약정. 최초인식 후에 이러한 약정(문단 4.2.1(1)을 적용하는 약정 제외)의 발행자는 후속적으로 해당 약정을 다음 중 큰 금액으로 측정한다.

(가) 제5.5절에 따라 산정한 손실충당금

(나) 최초인식금액(문단 5.1.1 참조)에서 기업회계기준서 제1115호에 따라

인식한 이익누계액을 차감한 금액

(5) 기업회계기준서 제1103호를 적용하는 사업결합에서 취득자가 인식하는 조건부 대가. 이러한 조건부 대가는 후속적으로 당기손익-공정가치로 측정한다.

4.2.2 문단 4.3.5에서 허용하는 경우 또는 금융부채를 당기손익-공정가치 측정 항목으로 지정하는 것이 다음 중 하나 이상을 충족하여 정보를 더 목적적합하게 하는 경우에는 금융부채를 최초인식시점에 당기손익-공정가치 측정 항목으로 지정할 수 있다. 다만 한 번 지정하면 이를 취소할 수 없다.

5.3.2 위험회피대상항목으로 지정한 금융부채에는 문단 6.5.8~6.5.14(그리고 해당 사항이 있다면, 이자율위험의 포트폴리오 위험회피에 대한 공정가치위험회피 회계를 규정하는 기업회계기준서 제1039호 문단 89~94)의 위험회피회계 요구사항을 적용한다.

단계 6 : 제거(Derecognition)

제거는 재무상태표에 인식된 자산이나 부채의 일부 또는 전부를 재무제표에서 삭제하는 것을 말한다. 제거에 있어서는 해당 항목이 재무제표에서 언제 제거되어야 하는지, 제거된다면 어떤 금액을 제거해야 하는지를 결정해야 한다.

현행 개념체계에서는 기업의 재무상태표에 부채를 최초로 인식해야 할 때의 개념인 인식기준을 제공하지만, 관련 부채를 재무상태표에서 제거해야 할 때의 개념인 제거기준은 제공하지 않고 있다. 따라서 개별 기준서 수준에서 규정된 제거기준을 사용해야 한다.

기준서의 제거기준은 기준서별로 동일하지 않는 경우도 있으며, 명확한 제거기준이 없는 경우도 있고 제거의 시점이 분명하지 않은 경우도 있다. 개별 기준서에서 제시하고 있는 주요 부채에 대한 제거기준의 예는 다음과 같다.

K-IFRS 제1037호 충당부채, 우발부채, 우발자산

61. 충당부채는 최초인식과 관련 있는 지출에만 사용한다.

62. 본래의 충당부채와 관련된 지출에만 그 충당부채를 사용한다. 당초에 다른 목적으로 인식된 충당부채를 그 목적이 아닌 지출에 사용하면 서로 다른 두 사건의 영향이 적절하게 표시되지 않는다.

K-IFRS 제1039호 금융상품 : 인식과 측정

39. 금융부채(또는 금융부채의 일부)는 소멸한 경우(즉, 계약상 의무가 이행, 취소 또는 만료된 경우)에만 재무상태표에서 제거한다.

40. 기존 차입자와 대여자가 실질적으로 다른 조건으로 채무상품을 교환한 경우, 최초의 금융부채를 제거하고 새로운 금융부채를 인식한다. 이와 마찬가지로, 기존 금융부채(또는 금융부채의 일부)의 조건이 실질적으로 변경된 경우(채무자의 재무적 어려움으로 인한 경우와 그렇지 아니한 경우를 포함)에도 최초의 금융부채를 제거하고 새로운 금융부채를 인식한다.

41. 소멸하거나 제삼자에게 양도한 금융부채(또는 금융부채의 일부)의 장부금액과 지급한 대가(양도한 비현금자산이나 부담한 부채를 포함)의 차액은 당기손익으로 인식한다.

K-IFRS 제1109호 금융상품

3.3.1 금융부채(또는 금융부채의 일부)는 소멸한 경우(계약상 의무가 이행, 취소, 만료된 경우)에만 재무상태표에서 제거한다.

3.3.2 기존 차입자와 대여자가 실질적으로 다른 조건으로 채무상품을 교환한 경우에 최초의 금융부채를 제거하고 새로운 금융부채를 인식한다. 이와 마찬가지로, 기존 금융부채(또는 금융부채의 일부)의 조건이 실질적으로 변경된 경우(채무자의 재무적 어려움으로 인한 경우와 그렇지 아니한 경우를 포함)에도 최초의 금융부채를 제거하고 새로운 금융부채를 인식한다.

3.3.3 소멸하거나 제삼자에게 양도한 금융부채(또는 금융부채의 일부)의 장부금액과 지급한 대가(양도한 비현금자산이나 부담한 부채를 포함)의 차액은 당기손익으로 인식한다.

부채의 제거를 일상적인 사례를 통해 설명하면 다음과 같다.

❖ 일상에서의 부채의 제거

- 김행운 씨는 총금액 1억 원의 주택담보대출을 실행한 후, 10년 만기 시점에 은행에 대출금을 상환하였다.
- 금융부채 기준서 K-IFRS 제1039호 문단 39에 따라 김행운 씨는 대출금을 상환하는 시점에 계약상 의무를 이행하여 금융부채가 소멸되었기 때문에 본인의 재무제표에서 금융부채(차입금)를 제거한다.

그룹 3 : 표시와 공시

유용한 정보가 무엇인지를 파악하였고, 이 유용한 정보가 재무제표에 식별, 분류, 인식, 측정되어야 한다고 결론을 내렸다면, 다음 단계는 어떻게 표시하고 어떤 정보를 공시할 것인가 하는 것이다.

일반적으로 표시란 재무제표의 본문에 어떻게 보여줄 것인가를 의미하고 공시란 주석에 어떤 정보를 어떻게 포함시킬 것인가를 의미한다.

단계 7 : 표시와 공시(Presentation and Disclosure)

표시와 공시는 기업의 재무제표에 무엇이 어떻게 표시되고 공시되어야 하는가의 문제이다.

개념체계의 내용 중 표시 및 공시와 가장 관련이 있는 부분은 충실한 표현이라는 질적특성일 것이다.

한편, 질적특성 중 일부가 표시와 공시에 대한 개념을 보여주기는 하지만 현행 개념체계에는 표시와 공시에 대한 구체적 언급은 없다. 따라서 K-IFRS 제1001호와 단계 3(분류)에서 파악한 관련 기준서의 요구사항을 고려해야 한다. 개념체계에서 구체적으로 명시되어 있지 않더라도, 표시와 공시도 재무보고의 목적을 고려하여 유용한 정보를 제공한다는 재무보고의 목적을 성취하는 가장 적절한 형태로 표시와 공시가 이루어진다는 것을 강조해야 한다.

충당부채의 경우 K-IFRS 제1037호에서 다음과 같은 사항을 표시 및 공시하도록 요구하고 있다.

K-IFRS 제1037호 충당부채, 우발부채, 우발자산

11. 충당부채는 결제에 필요한 미래 지출의 시기 또는 금액에 불확실성이 있다는 점에서 매입채무와 미지급비용과 같은 그 밖의 부채와 구별된다.
    (1) 매입채무는 공급받은 재화나 제공받은 용역에 대하여, 청구서를 받았거나 공급자와 공식적으로 합의한 경우에 지급하여야 하는 부채이다.
    (2) 미지급비용은 공급받은 재화나 제공받은 용역에 대하여, 아직 그 대가를 지급하지 않았거나 청구서를 받지 않았거나 공급자와 공식적으로 합의하지 않은 경우에 지급하여야 하는 부채(미지급유급휴가비용처럼 종업원에게 지급할 의무가 있는 금액 포함)이다. 미지급비용도 지급하는 시기나 금액의 추정이 필요한 경우가 있지만 일반적으로 충당부채보다는 불확실성이 훨씬 작다.

    충당부채는 별도로 보고하지만 미지급비용은 흔히 매입채무와 그 밖의 부채의 일부로 보고한다.

공시

84. 충당부채의 유형별로 다음의 내용을 공시한다. 비교 표시 정보는 생략할 수 있다.
    (1) 기초 장부금액과 기말 장부금액

(2) 당기에 추가된 충당부채 금액(기존 충당부채의 증가금액 포함)
(3) 당기에 사용된 금액(지출하여 충당부채에서 차감한 금액)
(4) 당기에 환입된 금액
(5) 현재가치로 평가한 충당부채의 기간 경과에 따른 당기 증가금액과 할인율 변동에 따른 영향

85. 충당부채의 유형별로 다음의 내용을 공시한다.
(1) 충당부채의 특성과 경제적효익의 유출이 예상되는 시기
(2) 경제적효익의 유출 금액 또는 시기의 불확실성 정도(충분한 정보 제공이 필요한 경우에는 문단 48에서 규정하고 있는 바와 같이 미래사건과 관련된 주요 가정의 공시 포함)
(3) 제삼자의 변제예상금액과 이와 관련하여 인식한 자산 금액

86. 의무를 이행하기 위한 자원의 유출 가능성이 희박하지 않다면 보고기간 말에 우발부채의 분류별로 그 특성을 공시하고 실무적으로 적용할 수 있는 경우에는 다음의 내용을 공시한다.
(1) 문단 36~52에 따라 측정된 재무적 영향의 추정 금액
(2) 자원의 유출 금액 또는 시기와 관련된 불확실성의 정도
(3) 변제 가능성

금융부채의 경우 K-IFRS 제1032호(금융상품 : 표시) 및 K-IFRS 제1107호(금융상품 : 공시) 기준서에 따라 표시 및 공시하도록 요구하고 있다.

그룹 4 : 추가 고려사항

단계 8 : 유용한 재무보고에 대한 원가와 효익의 균형(The Cost Constraint on Useful Financial Reporting)

원가는 재무보고로 제공될 수 있는 정보에 대한 포괄적 제약요인이다. 재무정보의 보고에는 원가가 소요되고, 해당 정보 보고의 효익이 그 원가를 정

당화한다는 것이 중요하다.

정보를 제공하기 위해서는 원가가 소요되며 해당 정보로부터의 효익이 그 원가를 정당화할 수 있을 때만 제공되어야 한다. 따라서 근본적 질적특성(목적적합성, 충실한 표현)을 가진 정보의 보강적 질적특성(비교 가능성, 검증 가능성, 적시성, 이해 가능성)을 극대화하면 가장 유용한 정보를 제공할 수 있겠지만, 원가제약요인으로 인해 보강적 질적특성을 극대화시키지 못할 수도 있다. 또한, 원가제약요건으로 인해 가장 목적적합한 정보보다 덜 목적적합한 정보가 제공될 수도 있다.

재무정보의 특정 항목 보고의 원가 및 효익에 대한 평가는 개인 또는 보고기업마다 다를 수 있다. 그러나 일반적으로 원가와 효익의 균형을 고려할 때는 개별 보고기업에만 관련된 것보다는 재무보고 전반적으로 원가와 효익을 고려해야 한다. 그렇다고 원가와 효익의 평가가 모든 기업에 대해 언제나 정당화되어야 한다는 것을 의미하는 것은 아니다. 기업규모의 차이, 자본조달방법(공모 또는 사모)의 차이, 정보이용자 요구의 차이, 그 밖의 다른 요인 때문에 달리하는 것이 적절할 수도 있다.

IFRS 재단(IFRS foundation)의 Due Process Handbook의 문단 3.75에서는 원가와 효익에 대한 평가기준을 다음과 같이 제시하고 있다.

Due Process Handbook

Accountability – Effect Analysis

3.75 (1) 동일한 보고기업에 대해 다른 보고기간간 및 동일한 보고기간에 다른 보고기업들간에 재무정보의 비교 가능성 향상

(2) 기업의 미래 현금흐름을 평가하기 위한 재무제표 이용자의 능력 향상 및 개선된 재무보고의 결과에 따른 경제적 의사결정능력 향상

(3) 재무제표 이용자의 분석 원가에 영향

(4) 작성자의 준수 원가에 영향

여기서 (1)과 (2)는 이용자 측면에서의 효익을 의미하는 것이며, (3)은 이용자 측면에서의 원가, (4)는 작성자 측면에서의 원가를 의미한다.

원가·효익의 제약은 단계 1부터 7까지의 전체 단계에서 고려해야 한다. 그러나 원가·효익의 제약이 가장 많이 적용되는 분야는 아무래도 단계 5 (측정)일 것이다. K-IFRS에서는 특히 최초인식 후의 측정에 대해 서로 다른 분류의 부채에 대해 다른 측정방식을 규정한다. 예를 들면 활성시장이 없어 관측가능한 금액이 없는 부채 금액을 공정가치로 측정할 때 가치평가방법에 따라 여러 추정의 기법이 있을 것이다. 이 중 어느 추정 기법을 사용하는 것이 최선의 추정치일지는 상황에 따라 다르다. 따라서 어떤 추정방법이나 모형을 선택할 것인가 결정할 때 원가와 효익의 균형을 고려해야 할 것이다.

1.4 전문가적 판단(Professional Judgment) 프로세스

FBT는 특정 경제적 현상에 개념체계를 적용하는 것을 돕기 위해 8단계의 과정을 제공하고 있는데 각 단계별로 합리적인 결론을 내리기 위해서는 판단의 프로세스가 필요하다.

여기서는 중요한 의사결정을 위한 하나의 사고의 틀(critical thinking process)로서 전문가적 판단 프로세스(Professional Judgment Process)를 설명하고자 한다. 이러한 전문가적 판단 프로세스를 적절히 활용한다면, FBT 회계교육을 실무에서 적용하는 데 많은 도움이 될 것이다.

전문가적 판단 프로세스의 첫 번째 절차는 해결 과제, 즉 이슈가 무엇인지를 명확히 하는 과정이다. 이 과정을 통해 이슈가 정의된다. 이슈가 무엇인지 정의가 되면, 다음 절차는 이를 해결하기 위한 가능한 다양한 대안들을 찾는 과정이다. 고려해 볼 수 있는 다양한 모든 대안이 정리가 되면 각 대안별로 관련한 정보를 수집, 평가하는 절차를 거치게 된다. 이 과정이 완료되면 이들 대안 중 최적의 대안을 찾는 과정이 마지막 절차이다. 즉 마지막 절차는 대안별로 수집된 정보를 기초로 각 대안의 평가결과를 검토하며 첫 번째 절차에서 확인된 이슈를 해결하는 데 가장 합리적인 대안을 최종 선정하고 이를 선정한 근거를 기술하는 절차이다.

이러한 전문가적 판단 프로세스가 제대로 작동되기 위해서는 전문가적 판단의 준거기준이 되는 전문가의 기준(회계기준 등)과 지식이 기초가 되어야 하며, 과거의 적절한 경험을 바탕으로 제삼자로부터의 적절한 자문이나 코칭 등이 필요할 수 있다. 또한 시간의 제약이나 외부의 압력 등 판단에 영향을 미칠 수 있는 외부 환경 요건을 충분히 이해하여야 한다. 이때 판단 프로세스에서 수반될 수 있는 편향(bias)이나 함정(trap)이 있을 수 있음을 인지하려는 노력을 하고 이를 회피하고자 하는 노력이 필요하다.

이러한 전문가적 판단 프로세스를 도식화하면 [그림 1-6]과 같다.

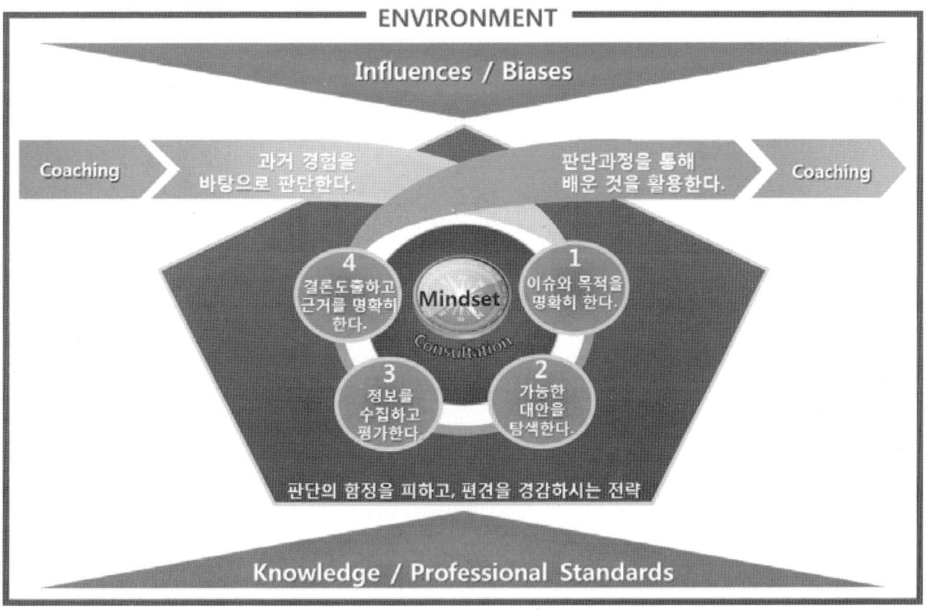

[그림 1-6] 전문가적 판단 프로세스의 과정

1.4.1 전문가적 판단 프로세스

전문가적 판단 프로세스를 구체적으로 살펴보면 다음과 같다.

Step 1. 이슈와 목적을 명확히 한다(Clarify Issues & Objectives)

전문가적 판단 프로세스의 첫 번째는 이슈와 목적을 명확히 하는 것이다. 현재 무엇이 이슈인지, 해결하고자 하는 것이 궁극적으로 무엇을 위한 것인지, 그 목적을 명확히 하는 것을 말한다.

이슈와 목적을 명확히 하는 것은 모든 의사결정 및 판단과정에서 가장 중요한 활동이다. 만일 이슈와 목적을 잘못 파악하거나 명확하게 정의하지 못한다면 그 이후 프로세스에서 많은 시간을 낭비하게 되고 해결하고자 하는 문제에 대해 합리적인 판단을 할 수 없게 되기 때문이다.

Step 2. 대안을 탐색한다(Consider Alternatives)

전문가적 판단 프로세스의 두 번째는 대안을 탐색하는 것이다. 생각할 수 있는 가능한 많은 다양한 대안이 고려되도록 하는 것이 중요하다. 이를 위해서는 다양한 이해관계자의 시각에서 가능한 대안들이 나올 수 있도록 브레인스토밍(brainstorming) 기법을 사용하는 것이 도움이 될 수 있다. 즉 통상적으로 생각할 수 있는 대안들부터 비합리적인 것으로 생각될 수 있는 대안에 이르기까지 가능한 많은 대안들을 찾는 노력이 중요하다.

예를 들어, 회사가 제공한 서비스에 하자가 있어 고객으로부터 소송이 제기되었고, 소송 제기 사실을 알게 된 시점에서 이를 어떻게 회계처리할 것인지가 이슈라고 한다면, 아래와 같은 가능한 대안을 고려해 볼 수 있겠다.

(1안) 특별한 회계처리나 주석기재 등은 필요 없고 비망기록만 남긴다.

(2안) 재무제표에 부채로 기록할 필요는 없으나 미래 지출이 예상되는 부채이므로 우발부채로 주석에 기재할 필요가 있다.

(3안) 명백한 서비스 하자가 있는 것으로 보아 미래 예상 지출을 충당부채로 볼 수 있다.

(4안) 명확한 근거가 없는 주장으로 발생한 외부 소송 제기는 회사 명성에 영향을 주는 것으로 회사가 오히려 상대방에게 위자료 청구를 할 수 있어 우발자산 계상을 고려할 수 있다.

(5안) 기타

Step 3. 정보를 수집하고 평가한다(Gather & Evaluate Information)

전문가적 판단 프로세스의 세 번째는 각 대안별로 대안을 선택하는 데 도움을 줄 수 있는 모든 정보를 수집하고 평가하는 것이다. 아무리 많은 대안을 탐색하였을지라도 각각의 대안을 뒷받침할 수 있는 정보가 부족하다면, 대안을 평가하는 과정의 신뢰성이 낮아질 것이다. 따라서 각 대안을 설명하고 평가할 수 있는 가장 적합한 정보를 충분히 수집해야 한다.

상기 예에서 서비스 하자로 제기된 고객의 소송에 대해 다양한 대안들이 고려되었는데, 이들 대안에 대한 근거를 뒷받침하기 위해 가장 먼저 적용할 수 있는 정보는 개념체계이다. 개념체계에서 충분히 언급하고 있지 않은 부분이 있다면 관련 기준서와 기준서에 포함된 실무지침 및 사례 등을 검토하거나, 추가적으로 소송의 전망에 대한 변호사의 의견을 포함한 경영진의 판단 근거 등을 증거로 수집할 수 있다.

수집한 증거를 평가하는 경우 증거의 신뢰성을 고려하여야 한다. 개념체계나 기준서의 내용 이외에 외부 정보를 입수하였다면 수집한 정보가 신뢰할 만한 기관이나 전문가로부터 산출된 것인지 등을 고려하여 대안별로 수집한 정보의 신뢰성을 평가하여야 한다.

Step 4. 결론을 도출하고 근거를 명확히 한다(Reach and Rationalize Conclusion)

각 대안별로 수집한 정보를 평가한 후에는 마지막으로 이들 대안 중에서 최적의 대안을 선정해야 한다. 즉, 첫 번째 절차에서 정의내린 이슈에 대해 경제적 실질을 가장 잘 반영하는 최적의 대안을 평가하여 결론을 도출하고, 여러 대안들 중 선택한 결론에 이르게 된 판단의 근거를 명확히 하는 것이다.

1.4.2 전문가적 판단 프로세스 적용시 고려사항

전문가적 판단 프로세스가 제대로 작동되기 위해서는 아래 사항들을 고려하여야 한다.

1) 전문가적 판단의 준거기준

전문가적 판단의 준거기준이 되는 것은 관련 지식(Knowledge)과 전문가 기준(Professional Standards)이다. 회계전문가에게 요구되는 전문가 기준으로는 관련 회계기준 및 전문가 윤리기준 등이 있다. 회계기준으로는 개념체계 및 기준서와 실무지침서 등이 있다.

2) 제삼자로부터의 자문이나 코칭 등

객관적이고 합리적인 의사결정을 하기 위해서는 해당 업무에 대한 충분한 경험을 가지고 있어야 한다. 제삼자로부터의 자문이나 코칭은 올바른 전문가적 판단을 내리는 데 있어서 유용한 도움이 된다.

3) 환경 요인 및 편향

전문가적 판단을 하는 상황은 늘 합리적인 판단을 하는 데 최적의 상황일 수만은 없다. 이해관계자들의 압력이 존재하거나, 전문가적 판단 프로세스를 적용할 충분한 시간이 주어지지 않거나, 한정된 자원 등의 제약 조건이 존재할 수 있다. 또한 인간의 판단에는 인지심리학적으로 편향의 가능성이 존재한다.

중요한 것은 전문가적 판단 프로세스를 적용함에 있어 판단시점에 어떠한 외부 영향이 있을 수 있는지를 살펴보고, 이 과정에서 편향이 있을 수 있다는 사실을 인지하고 있어야 한다는 것이다. 이들에 대한 명확한 인식이 있을 때에만 판단의 함정을 피하고 편향을 경감시키는 노력을 할 수 있기 때문이다.

전문가적 판단 프로세스에 영향을 줄 수 있는 대표적인 편향은 다음과 같은 것이 있다.

1) 정박효과(Anchoring bias)

정박효과는 배가 어느 지점에 닻을 내리면 더 이상 움직이지 못하듯이, 인간의 사고가 처음에 제시된 하나의 이미지나 기억에 닻을 내려 새로운 정보를 수용하지 못하거나 기존의 사고를 부분적으로만 수정하는 행동 특성을 말한다. 최초에 누군가가 주장한 내용이나 과거에 잘못 알고 있었던 정보가 있다면 그 생각을 바꾸는 것이 쉽지 않다.

2) 확증편향(Confirmation bias)

확증편향은 자신의 신념과 일치하는 정보는 받아들이고 신념과 일치하지 않는 정보는 무시하는 경향을 말한다. 사람은 새로운 문제를 사실을 토대로 이해하기보다는 과거의 문제와 유사한 쪽으로 이해하려고 하는 경향이 있다. 특히 전문가일수록 확증편향이 나타나는 경우가 많다. 기존의 생각을 확증하는 방향으로 정보를 받아들이기 때문이다.

3) 과잉확신(Overconfidence bias)

다른 사람보다 자신이 뛰어나다고 착각하는 현상으로, 대다수의 사람이 가지고 있는 특성이다. 과잉확신에 사로잡히면 다른 사람의 이야기나 글보다는 자신이 사적으로 취득한 정보나 생각을 선택적으로 인지하기 때문에 판단의 문제에서 착오가 발생할 확률이 높아진다.

이러한 편향에 빠지지 않도록 주의하며, 명확히 설정된 이슈에 따라 충분히 탐색된 대안에 대해 신뢰성 있는 정보를 바탕으로 전문가적인 판단을 한다면, 어떤 복잡한 이슈에서도 길을 잃지 않고 합리적인 결론에 도달할 수 있을 것이다.

전문가적 판단 프로세스 적용 사례

주원전자(주)의 회계팀장인 김행운 씨는 출근길 버스정류장에서 100만원을 주웠다. 본인의 가계부를 복식부기로 기록할 정도로 회계전문가인 김행운 씨가 이를 어떻게 가계부에 회계처리할지를 전문가적 판단 프로세스를 통해 살펴보자.

① 이슈와 목적을 명확히 한다

김행운 씨는 우선 이 경제적 현상이 어떤 재무제표 요소에 영향을 미치는지를 생각해 보아야 한다. 이는 FBT의 8단계 중 단계 2(식별)에 해당하는 것이다. 현금 100만원이라는 경제적 자원이 유입되었기 때문에 현금(자산)으로 식별하고, 복식부기 원리에 의해 상대계정을 어떤 재무제표 요소로 식별하여야 할지가 이슈일 것이다.

반면, 이 사실을 '아내에게 알려야 할까?'에 대한 고민이라든가, '이 100만원을 어디에 쓸까?'에 대한 고민으로 이슈를 정의하면 이후의 단계는 전혀 다른 방향으로 전개될 것이다.

② 대안을 탐색한다

100만원의 현금유입으로 인한 자산의 증가에 대비한 상대 재무제표 요소는 다음의 대안 중 하나가 될 수 있을 것이다.

(1안) 부채

(2안) 수익

③ 정보를 수집하고 평가한다

각각의 대안에 대하여 아래와 같이 정보를 수집하고 평가하는 과정을 거쳐야 한다.

(1안) 부채

부채는 과거사건으로 생긴 현재의무로서, 기업이 가진 경제적효익이 있는 자원의 유출을 통해 그 이행이 예상되는 의무로 정의된다.

길에서 현금 100만원을 수취하였다는 과거사건이 발생하였으므로 첫 번째 요건이 성립된다. 그런데 이 100만원은 김행운 씨의 소유가 아니다. 타인 소유인 이 돈을 김행운 씨가 임의로 사용한다면 현행법상 '점유이탈물횡령죄'가 성립된다. 따라서 김행운 씨는 100만원을 원 주인에게 돌려주어야 하므로 경제적효익을 갖는 자원이 유출될 것으로 예상된다는 부채의 두 번째 요건이 충족이 된다. 마지막으로 현행법상 돈을 돌려줄 법적인 의무가 있으므로 현재의무의 존재라는 부채의 세 번째 요건이 충족이 된다. 세 요건이 모두 충족이 되므로 부채로 식별되는 것이 타당하다.

(2안) 수익

수익은 자산의 유입이나 증가 또는 부채의 감소에 따라 자본의 증가를 초래하는 특정 회계기간 동안에 발생한 경제적효익의 증가로 정의된다.

현금 100만원이라는 경제적효익의 증가가 발행하였으므로 단순하게 수익이라고 판단할 수도 있다. 그러나 앞선 (1안)에서 살펴본 '점유이탈물횡령죄'에 비추어보면, 현금 100만원이라는 경제적 자원의 증가는 결국 원 주인에게 돌려주어야 할 법적 의무의 증가로 귀결된다. 따라서 수익의 증가로 이어진다고 보기는 어렵다.

④ 결론을 도출하고 근거를 명확히 한다

수집한 정보를 평가한 결과, (1안) 부채라는 결론에 도달하였고, 그 결론에 도달하게 된 부채의 정의의 각 요소에 부합하다는 근거를 명확히 한다.

이렇게 전문가적 판단 프로세스를 통해 길에서 주운 현금 100만원을 부채로 식별하고 나면, FBT의 이후 단계인 분류, 인식, 측정 등의 과정을 순차적으로 거쳐 김행운 씨의 복식부기 재무제표에 기록한다.

Chapter

2 FBT 구조의 적용(부채)

본장에서는 두 개의 사례에 FBT의 구조를 적용하여 단계별로 살펴보고자 한다. 첫 번째 사례는 소송사건과 관련된 사례이며, 두 번째 사례는 선불카드에 관한 사례이다. 이 두 사례를 이용하여 각 단계별로 적용해 보면 앞서 설명한 FBT의 구조를 보다 잘 이해할 수 있을 것이다.

2.1 소송사건 사례(Case 1)

이 소송사건 사례는 충당부채와 관련된 사례이다. 기업은 경영활동을 하면서 여러 소송에 관계될 수 있으며, 소송은 그 결과에 따라 기업의 재무제표에 미치는 영향이 매우 중요할 수 있다.

20X1년 1월 1일, 리라화장품(LILA Cosmetics)은 미국의 G사로부터 최신식 광고홍보 로봇인 베타고를 구입하였다. 베타고는 뛰어난 인공지능을 가진 로봇으로, 이 로봇의 도입은 온 국민의 관심을 모았다.

리라화장품은 이러한 관심이 자사제품에 대한 홍보로 이어지기를 원했으며, 베타고 작동개시일에 인기 스포츠스타 김여나를 초대하여 대대적인 오픈행사를 열기로 하였다.

그러나 리라화장품은 베타고의 운용방법 및 사전점검 매뉴얼을 완전히 숙지하지 않은 채 행사를 진행하였다. 이로 인해 20X1년 3월 31일 오픈행사 중 베타고는 사용자의 운용 미숙으로 오작동을 일으켰고, 매장에서 오픈행사를 진행중이던 김여나 선수를 밀어 넘어뜨렸다.

세계 최고의 피겨스케이팅 선수인 김여나 선수는 이 사건으로 발목에 부상을 입었다.

김여나 선수 소속사인 (주)여나스포츠는 20X1년 6월 30일 리라화장품에 손해배상금 10억 원을 청구하는 소송을 제기하였다.

보안카메라는 그 사건을 녹화하였고, 녹화내용은 (주)여나스포츠의 주장을 뒷받침하였다.

리라화장품은 이 소송 대응을 위해 법무법인 시민의 김원책 변호사에게 이 사건을 의뢰하였다. 김원책 변호사는 상해소송 전문가로서 업계에서 큰 명성을 가지고 있으며, 유사한 사례의 다양한 소송을 승소한 경험이 있다. 김원책 변호사는 과거 사례를 통해 판단해 볼 때 소송의 결과에 대해 아래와 같은 배상금액 및 발생확률을 예상하였다.

소송결과	배상금액	발생확률
리라화장품 승소	–	20%
상호 합의	4억 원	60%
리라화장품 부분패소	8억 원	10%
리라화장품 패소	10억 원	10%

이 사건은 언론에 보도되어 큰 이슈가 되었고, 인기 스포츠스타인 김여나의 부상에 대한 국민들의 분노는 리라화장품에게 향했다.

리라화장품 기획조정실의 내부리포트에 따르면 이 사건으로 인한 리라화장품의 이미지 하락은 불가피하며, 이로 인해 향후 5년간 매년 약 100억 원의 영업손실을 입게 될 것이라고 보고하였다.

리라화장품은 이 사건과 관련하여, 베타고의 제조사인 G사에게 피해보상 소송을 제기할 예정이며, (주)여나스포츠에게 지급할 금액의 약 80%를 보상받을 수 있을 것이라고 기대하고 있다.

본 사례의 토론을 위한 회계이슈는 FBT 8단계에 따라 다음과 같이 요약된다.

토론을 위한 회계이슈

질문 1. 본 사례에서 경제적 현상은 무엇인가? (단계 1 경제적 현상과 유용한 정보)

질문 1-1. 경제적 현상에 대하여 유용한 정보는 무엇인가? (단계 1 경제적 현상과 유용한 정보)

질문 2. 계류중인 소송사건의 결과로 발생가능한 경제적효익이 있는 자원의 유출 가능성을 재무제표의 어떤 요소로 식별할 수 있는가? (단계 2 식별)

질문 2-1. 향후 5년간의 미래 예상 영업손실을 재무제표의 어떤 요소로 식별할 수 있는가? (단계 2 식별)

질문 3. 소송사건 관련 부채는 어떤 부채로 분류하는가? (단계 3 분류)

질문 4. 소송사건 관련 부채는 충당부채로 인식할 수 있는가? (단계 4 인식)

질문 5. (최초측정) 최초인식시점에 소송으로 인한 지출은 어떤 금액으로 측정되어야 하는가? (단계 5 측정)

질문 5-1. (변제) 소송의 일부가액이 제삼자의 변제가 가능하면 측정금액은 달라지는가? (단계 5 측정)

질문 5-2. (후속측정) 일정 시간이 경과한 후 새롭게 습득한 정보에 따라 측정금액은 달라지는가? (단계 5 측정)

질문 6. 본 사례에서 충당부채는 언제 제거하는가? (단계 6 제거)

질문 7. 소송으로 인한 지출은 어떻게 표시되고 공시되어야 하는가? (단계 7 표시 공시)

질문 8. 본 사례에서 원가와 효익의 균형은 어떻게 고려해야 하는가? (단계 8 원가효익의 균형)

2.1.1 그룹 1 : 경제적 현상과 유용한 정보

단계 1 : 경제적 현상(Economic phenomenon)과 유용한 정보(Useful Information)

질문 1

본 사례에서 경제적 현상은 무엇인가?

20X1년 3월에 리라화장품(LILA Cosmetics)의 광고로봇 베타고의 오작동으로 유명 스포츠스타인 김여나 선수가 부상을 입었고, 이로 인한 소송이 제기되었다.

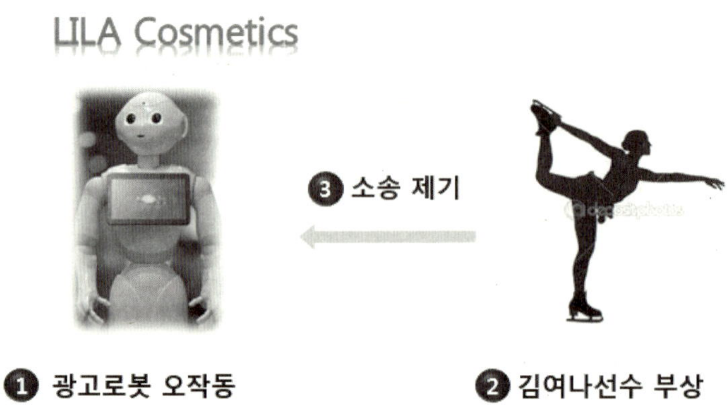

20X1년에 리라화장품에서 발생한 경제적 현상은 다음과 같이 요약된다.

(1) 리라화장품은 베타고의 오작동으로 유명 스포츠스타인 김여나 선수에게 부상을 입혔다.
(2) 김여나 선수 소속사인 (주)여나스포츠는 리라화장품에게 10억 원의 손해배상 소송을 제기하였다.
(3) 본 사건으로 인해 리라화장품은 향후 5년간 매년 100억 원의 영업손실이 예상된다.
(4) 리라화장품은 베타고 제조사인 G사에 소송을 제기할 예정이며, 김여나 선수 배상액의 80%를 보상받을 수 있을 것으로 기대하고 있다.

질문 1-1

경제적 현상에 대하여 유용한 정보는 무엇인가?

유용한 정보는 보고기업의 재무제표에 영향을 미치는 정보이다. 보다 구체적으로 보고기업의 재무상태에 관한 정보, 즉 경제적 자원과 청구권에 관한 정보와 경제적 자원과 청구권을 변동시키는 거래와 그 밖의 사건의 영향에 대한 정보이다.

리라화장품의 정보이용자들은 베타고의 오작동으로 인한 부상 및 이로 인한 소송에 대하여 다음과 같은 공통적인 정보욕구를 가질 것이다.

(1) 김여나 선수 부상으로 인한 소송에 따른 미래 예상 현금유출액
(2) 베타고 제조사인 G사에 대한 소송 제기로 인해 예상되는 미래 현금유출액의 감소부분
(3) 기업이미지 실추로 인한 미래 영업으로부터의 예상손실에 따른 미래 현금유출액

본 사례의 세 가지 정보욕구 중 (2)는 단계 5(측정)에서 별도로 다룰 예정이며, (1)과 (3)은 단계 2(식별)부터 구체적으로 살펴보기로 한다.

개념체계에 의하면 정보가 유용하기 위해서는 목적적합성과 충실한 표현이라는 두 가지 근본적 질적특성을 가지고 있어야 한다.

목적적합성(Relevance)과 관련된 질적특성으로는 예측가치, 확인가치, 중요성이 있다.

김여나 선수의 부상 및 이로 인한 소송사건에 대한 정보는 예측가치를 가질 것이다. 이 정보는 리라화장품의 미래 현금흐름의 유출을 예측할 수 있게 해주기 때문이다.

또한 과거에 리라화장품 또는 관련업계에서 이와 유사한 소송사건으로 현금유출이 있었다면 이 정보는 이번 소송으로 인한 현금유출액의 확인가치를 가지게 될 것이다.

본 사례는 중요성이라는 질적특성을 판단하기 위한 충분한 정보를 제공하고 있지 않다. 따라서 추후 인식 및 측정 이후 단계에서 중요성이라는 질적특성을 가지고 있는지에 대한 추가적인 판단을 하여야 할 것이다.

목적적합성과 함께 정보의 유용성을 결정짓는 또 다른 질적특성은 충실한 표현(faithful representation)이다. 충실한 표현을 위해서 서술은 완전하고, 중립적이며, 오류가 없어야 할 것이다.

완전성이란 김여나 선수의 부상과 이로 인한 소송 제기라는 경제적 현상이 리라화장품의 경제적 자원과 청구권 그리고 경제적 자원과 청구권의 변동에 영향을 미친다면 모두 고려대상에 포함되어야 함을 의미한다. 여기서 소송의 전망에 대한 예상에는 추정이 필요할 것인데 이 추정에 있어서 중립성을 고려해야 한다.

본 사례는 오류 가능성에 대한 정보를 제공하지 않고 있어 이에 대한 논의는 쉽지 않을 것이다. 그러나 교수자는 오류가 있는 경우를 가정하여 토론해 볼 수도 있다.

2.1.2 그룹 2 : 정의, 인식 그리고 측정

단계 2 : 식별(Identification)

단계 2(식별)에서는 리라화장품의 경제적 현상이 미래경제적효익이 있는 자원의 유출이 예상되는 현재의무인지, 즉 재무제표의 다섯 가지 구성요소 중 부채의 정의를 충족하는지를 판단해야 한다.

질문 2

계류중인 소송사건의 결과로 발생가능한 경제적효익이 있는 자원의 유출 가능성을 재무제표의 어떤 요소로 식별할 수 있는가?

이 질문의 결론을 얻기 위해 제1장에서 소개한 전문가적 판단 프로세스(Professional judgment process)를 적용하여 따라가 보도록 하자.[1)]

(1) 이슈와 목적을 명확히 한다(Clarify Issues & Objectives)

소송사건의 결과에 따라 미래에 경제적효익이 있는 자원의 유출이 예상될 수도, 그렇지 않을 수도 있다. 소송에서 승소할 경우 경제적효익이 있는 자원의 유출이 없을 것이고, 패소하거나 합의로 사건이 종료될 경우 경제적효익이 있는 자원의 유출이 있을 것이다.

확정되지 않은 미래사건으로 인한 잠재적 의무가 개념체계에서 정의하는 재무제표 요소의 식별요건을 충족하는지 검토할 필요가 있다.

---

1) '전문가적 판단 프로세스(Professional judgment process)'는 FBT 모든 단계에서의 질문에 적용을 하는 것이 올바른 판단을 하는 데 도움을 줄 것이나, 이 책에서는 복잡한 이슈 위주로 적용하고자 한다.

(2) 대안을 탐색한다(Consider Alternatives)

본 사례는 기업의 현금유입이 부채인지 수익인지를 판단하는 일반적인 부채의 식별 프로세스와는 달리, 미래 현금유출만이 예상되는 상황이므로 부채의 식별 여부가 논의의 중심이 될 것이고, 다음과 같은 대안을 생각할 수 있을 것이다.

(1안) 재무제표 요소로 식별되어야 한다(부채로 식별).
(2안) 재무제표 요소로 식별될 수 없다.

(3) 정보를 수집하고 평가한다(Gather & Evaluate Information)

개념체계에서 재무제표 요소의 정의 중 부채로 식별되기 위해서는 ① 과거사건의 결과, ② 경제적효익을 갖는 자원유출이 예상되는, ③ 현재의무가 필요하다. 즉 세 가지 요건을 충족해야 부채로 식별할 수 있는데 각각의 요건에 해당하는지 여부를 검토하면 다음과 같다. (개념체계 4.4)

① 과거사건의 결과인가?
리라화장품은 '리라화장품의 실수로 인한 김여나 선수의 부상'과 이에 따른 '김여나 선수 소속사인 (주)여나스포츠의 손해배상소송 제기'라는 과거사건으로 인해 김여나 선수에게 손해보상액을 지급할 수도 있는 의무가 발생하였다. 추가로 리라화장품이 (주)여나스포츠로부터 소송을 제기당하지 않더라도 김여나 선수의 부상이라는 과거사건만으로도 부채의 정의 요소인 과거사건의 결과를 충족한다고 볼 수 있다.

② 경제적효익이 있는 자원의 유출이 예상되는가?
리라화장품은 소송에서 패소하거나 합의를 하게 된다면 경제적효익이 있는 자원의 유출이 발생한다고 볼 수 있다. 이 단계에서는 자원유출의 가능성은 확인하지 않는다. '예상되는'이라는 의미는 경제적효익이 있는 자원의 지

급시기 및 지급금액이 확정이 되지 않았더라도 어느 정도 기대되고 있다면 부채로 식별할 수 있다는 의미이다.

③ 현재의무인가?

리라화장품의 경우 미래에 경제적효익이 있는 자원의 유출이 발생할 수도 있는(확실한 가능성은 아니지만) 상황이 존재하며, 이는 리라화장품이 회피할 수 없는 의무이므로 현재의무가 존재한다고 볼 수 있다.

(4) 결론을 도출하고 근거를 명확히 한다(Reach and Rationalize Conclusion)

결론 : 1안(재무제표 요소인 부채로 식별되어야 한다)

근거 : 개념체계의 부채의 정의요소에 따라 과거사건이 존재하며, 그 사건으로 인해 미래에 경제적효익이 있는 자원이 유출될 것이 예상되며, 경제적효익이 있는 자원의 유출로 인한 의무를 리라화장품이 현재시점에 회피할 수 없다면 이는 리라화장품의 현재의무라고 볼 수 있다.

즉, '계류중인 소송사건의 미래 결과로 인한 손해배상액은 현재시점에 부채로 식별되어야 한다'는 결론에 도달하게 된다.

질문 2-1

향후 5년간의 미래 예상 영업손실을 재무제표의 어떤 요소로 식별할 수 있는가?

질문 2에서 다룬 소송사건과는 별개로 고려해야 할 것이 있다. 리라화장품은 국민 스포츠스타에게 상해를 주어, 김여나 선수는 동계올림픽 출전이 불투명해졌다는 언론 보도가 있었고, 리라화장품을 비난하는 여론이 형성되었다.

리라화장품의 기획조정실은 내부리포트에서 향후 5년간 매년 100억 원의 미래 영업손실을 예상하였다. 이 미래 예상 영업손실을 리라화장품의 20X1년 재무제표 요소(자산, 부채, 자본, 수익, 비용)로 식별할 수 있는지 추가로 살펴보자.

미래 예상 영업손실이 개념체계에서 정의하는 부채로 식별가능한지는 앞의 질문 2에서 살펴본 바와 같이 개념체계상 부채의 정의에 따라 판단해야 한다. (개념체계 4.4)

부채로 식별되기 위해서는 ① 과거사건의 결과, ② 경제적효익을 갖는 자원유출이 예상되는, ③ 현재의무가 필요하다. 즉 세 가지 요건을 충족해야 부채로 식별할 수 있는데 미래 예상 영업손실이 각각의 요건에 해당하는지 여부를 검토하면 다음과 같다.

① 과거사건의 결과인가?

김여나 선수의 부상과 그로 인한 손해배상소송 제기라는 과거사건으로 인해 리라화장품을 비난하는 여론이 형성되어 미래 영업손실이 예상되는 것이므로 이는 과거사건의 결과라는 요건을 충족한다.

② 경제적효익이 있는 자원의 유출이 예상되는가?

미래 예상 영업손실의 의미가 미래 영업이익에서 영업비용을 차감한 계산상의 결과치이긴 하나, 이는 수익의 감소 등으로 인한 경제적효익이 있는 자원의 순유출(유입에서 유출을 차감)이 예상되는 것이다.

③ 현재의무인가?

개념체계에서 현재의무라 함은 법적 강제력이 있거나, 정상적인 거래실무나 관행 등의 유지를 위한 의도에서 발생한 의무로 정의되는데, 미래 예상 영업손실은 이러한 책무나 책임의 개념이 아닌 여러 의무들의 이행을 통한 순유출의 결과치이므로 현재의무라고 보긴 어렵다. (개념체계 4.15)

또한 의무에는 자원의 유출을 회피할 여지가 거의 없는 약정 등을 포함하는데, 리라화장품이 미래 획기적인 신상품 화장품을 개발 판매하는 등 여러

방법으로 회피할 가능성이 있기 때문에 의무라고 보기 어렵다. (개념체계 4.16)

따라서 예상되는 미래 영업손실은 부채로 식별되지 않는다.

한편, K-IFRS 제1037호(충당부채) 기준서에서도 미래 예상 영업손실은 부채의 정의에 부합하지 않을 뿐 아니라 충당부채의 인식기준을 충족하지 못한다고 언급하고 있고(문단 64) 충당부채로 인식하지 않는다(문단 63)고 규정하고 있다.

추가적으로 동 기준서 문단 65에서는 미래에 영업손실이 예상되는 경우에는 영업과 관련된 자산에 손상이 발생하였을 가능성이 있으므로 K-IFRS 제1036호(자산손상) 기준서에 따라 손상검사를 수행해야 한다고 규정하고 있다.

단계 3 : 분류(Classification)

질문 3

소송사건 관련 부채는 어떤 부채로 분류하는가?

(1) 이슈와 목적을 명확히 한다(Clarify Issues & Objectives)

단계 2(식별)에서 리라화장품은 소송의 미래 결과로 인한 손해배상액을 부채로 식별해야 한다는 것을 확인하였다. 단계 3(분류)에서는 어느 부채로 분류되어야 하는지가 이슈이다.

부채의 분류를 살펴보면 부채는 상환할 시기와 금액이 확실한지 불확실한지에 따라 확정부채와 비확정부채로 구분할 수 있다. 지출하는 시기 또는 금액이 확실하다면 확정부채에 해당할 것이며, 확실하지 않다면 비확정부채에 해당한다. 확정부채로 분류한 경우에는 해당 부채가 금융(확정)부채인지 비금융(확정)부채인지를 판단해야 하며, 비확정부채로 분류한 경우에는 해당 부채가 충당부채인지 우발부채인지를 판단해야 한다.

따라서 단계 3(분류)에서의 구체적인 이슈는 리라화장품의 부상으로 인한 소송관련 부채를 금융(확정)부채(이하 '금융부채'라 한다),[2] 비금융(확정)부채, 충당부채 또는 우발부채 중 어느 부채로 분류해야 하는지 하는 것이다.

(2) 대안을 탐색한다(Consider Alternatives)

앞서 설명한 대안을 모두 고려하면, 리라화장품의 부채는 다음 중 하나의 부채로 분류될 수 있을 것이다.

(1안) 리라화장품의 소송관련 부채는 비금융(확정)부채이다.
(2안) 리라화장품의 소송관련 부채는 금융(확정)부채이다.
(3안) 리라화장품의 소송관련 부채는 충당부채 또는 우발부채이다.

(3) 정보를 수집하고 평가한다(Gather & Evaluate Information)

상기 대안 중 (1안)과 (2안)은 확정부채이고, (3안)은 비확정부채이다.

우선 리라화장품의 소송으로 인한 부채가 확정부채인지를 보면, 리라화장품의 소송으로 인한 미래경제적효익이 있는 자원의 유출은 지급시기 또는 금액이 확정되기 않았기 때문에 비금융(확정)부채로 분류할 수 없다.

또한 소송의 결과로 인한 경제적효익이 있는 자원의 유출은 현재시점에 계약상 확정된 의무는 아니다. 즉, 금융자산을 인도함으로써 경제적효익이 있는 자원이 유출될 가능성은 존재하나, K-IFRS 제1032호 문단 13에서 설명하고 있는 계약상 의무(명확한 경제적 결과를 가지고 있고, 법적 구속력이 있는

---

2) 이 장에서는 확정부채의 구분을 명확히 하기 위해 금융(확정)부채와 비금융(확정)부채로 구분한다.

당사자간의 합의)와는 관련이 없다. 따라서 금융(확정)부채로 분류할 수 없다.

따라서 (1안)과 (2안)은 해당되지 않는다.

K-IFRS 제1032호 금융상품 : 표시

11. 금융부채는 다음의 부채를 말한다.
    (1) 다음 중 하나에 해당하는 계약상 의무
        (가) 거래상대방에게 현금 등 금융자산을 인도하기로 한 계약상 의무
        (나) 잠재적으로 불리한 조건으로 거래상대방과 금융자산이나 금융부채를 교환하기로 한 계약상 의무
    (2) 자기지분상품으로 결제되거나 결제될 수 있는 계약

13. 이 기준서에서 '계약' 및 '계약상'이란 명확한 경제적 결과를 가지고 있고, 법적으로 집행가능하기 때문에 당사자가 그러한 경제적 결과를 자의적으로 회피할 여지가 적은 둘 이상의 당사자 사이의 합의를 말한다. 금융상품을 포함하여 계약은 다양한 형태로 존재할 수 있으며, 반드시 서류로 작성되어야만 하는 것은 아니다.

확정부채로 분류될 수 없다면, 충당부채 또는 우발부채로 분류될 수 있는지를 살펴보아야 한다.

우선 K-IFRS 제1037호에서는 충당부채를 '지출의 시기 또는 금액이 불확실한 부채'로 정의하고 있다.

K-IFRS 제1037호 충당부채, 우발부채, 우발자산

10. 이 기준서에서 사용하는 용어의 정의는 다음과 같다.
    충당부채 : 지출의 시기 또는 금액이 불확실한 부채

김여나 선수의 부상으로 인한 소송사건은 경제적효익이 있는 자원의 유출

이 예상되나, 현재 시점에서 판결이 언제 날지 몰라 지출 시기가 불확실한 상황이다. 또한 소송의 결과로 인한 손해배상 금액도 불확실한 상황이다.

따라서 리라화장품의 이번 소송으로 인한 예상 유출금액은 충당부채의 정의에 부합한다.

다만, 경제적효익을 갖는 자원의 유출 가능성 및 측정의 신뢰성에 따라 우발부채로 분류할 수도 있다. 이에 대한 논의는 단계 4(인식)에서 살펴보기로 한다.

(4) 결론을 도출하고 근거를 명확히 한다(Reach and Rationalize Conclusion)

결론 : 3안(충당부채 또는 우발부채로 분류한다)

근거 : 아래와 같은 사유로 (3안)이 적절하다.

① 소송으로 인해 경제적효익의 유출이 예상되지만 지급시점과 금액이 확정되지 않았으므로 비금융(확정)부채로 보기도 어렵고,

② 현재의 경제적 현상은 금융자산 또는 자기지분상품 등을 인도하는 계약상 의무(명확한 경제적 결과를 가진 당사자간 합의가 없음)가 아니므로 금융(확정)부채의 정의에 부합하지 않으며,

지출의 시기와 금액이 불확실한 의무인 충당부채의 정의에 부합하므로 충당부채로 분류하는 것이 타당하다.

단계 4 : 인식(Recognition)

인식은 매우 광범위한 개념이다. 인식은 (1) 자산 · 부채 등 재무제표 요소의 정의에 부합하고 (2) 인식기준을 충족하는 항목을 재무상태표나 손익계산서에 포함하는 과정을 말한다. 이 과정은 해당 항목을 서술하는, (3) 계정

명칭과 (4) 화폐금액으로 기술하고 그 금액을 재무상태표나 손익계산서 총계에 산입하는 것을 포함한다.

단계 2(식별) 및 단계 3(분류)을 거쳐 리라화장품은 소송으로 인한 경제적효익이 있는 자원의 유출 가능성을 충당부채로 분류하였다. 이제 단계 4(인식)에서는 실제 소송으로 인한 경제적효익이 있는 자원의 유출 가능성이 인식기준을 충족하여 재무제표에 포함되는 과정을 살펴보도록 한다.

질문 4

소송사건 관련 부채는 충당부채로 인식할 수 있는가?

(1) 이슈와 목적을 명확히 한다(Clarify Issues & Objectives)

단계 4(인식)에서는 소송의 결과 예상되는 손해배상액을 충당부채로 인식할 것인지가 이슈이다.

(2) 대안을 탐색한다(Consider Alternatives)

리라화장품의 소송사건이 인식기준을 충족하면 재무상태표에 충당부채로 기록될 것이고, 인식기준을 충족하지 못하면 충당부채로 기록되지 못할 것이다. 이와 관련하여 가능한 대안은 다음과 같다.

(1안) 인식기준을 충족하여 충당부채로 인식한다.
(2안) 인식기준을 충족하지 않아 충당부채로 인식하지 않는다.

(3) 정보를 수집하고 평가한다(Gather & Evaluate Information)

K-IFRS 제1037호 문단 14에서는 충당부채의 인식기준을 다음과 같이 규정하고 있다.

K-IFRS 제1037호 충당부채, 우발부채, 우발자산

14. 충당부채는 다음의 요건을 모두 충족하는 경우에 인식한다.
    (1) 과거사건의 결과로 현재의무(법적의무나 의제의무)가 존재한다.
    (2) 해당 의무를 이행하기 위하여 경제적효익이 있는 자원을 유출할 가능성이 높다.
    (3) 해당 의무를 이행하기 위하여 필요한 금액을 신뢰성 있게 추정할 수 있다.
    위의 요건을 충족하지 못할 경우에는 충당부채로 인식할 수 없다.

충당부채 인식기준의 충족 여부를 각각 구분해서 분석하면 다음과 같다.

① 현재의무가 존재하는가?

리라화장품의 소송사건이 현재의무가 존재하는지는 K-IFRS 제1037호 문단 16에 기준하여 판단한다.

K-IFRS 제1037호 충당부채, 우발부채, 우발자산

16. 대부분의 경우에 과거사건이 현재의무를 생기게 하는지는 분명하다. 드물지만 진행중인 소송과 같이 어떤 사건이 실제로 일어났는지 또는 해당 사건으로 현재의무가 생겼는지 분명하지 않은 경우가 있다. 이러한 경우에는 사용할 수 있는 증거(예 : 전문가의 의견)를 모두 고려하여 보고기간 말에 현재의무가 존재하는지를 판단한다. 이때 보고기간후 사건이 제공하는 추가 증거도 고려한다. 고려한 증거를 바탕으로 다음과 같이 처리한다.
    (1) 보고기간 말에 현재의무가 존재할 가능성이 존재하지 않을 가능성보다 높고 인식기준을 충족하는 경우에는 충당부채를 인식한다.

(2) 보고기간 말에 현재의무가 존재하지 않을 가능성이 높더라도 경제적효익이 있는 자원을 유출할 가능성이 희박하지(remote) 않다면 우발부채를 공시한다.

리라화장품의 소송사건도 문단 16과 같이 어떤 사건이 실제로 발생하였는지 혹은 당해 사건으로 현재의무가 발생하였는지의 여부가 분명하지 아니한 경우라 할 수 있다. 그러나 리라화장품은 상해소송 전문가인 김원책 변호사의 소송에 대한 전망이라는 중요한 증거에 근거하여, 20X1년 말 현재의무가 존재할 가능성이 높다고 볼 수 있다.

② 경제적효익이 있는 자원이 유출될 가능성이 높은가?

K-IFRS 제1037호 문단 23에서는 경제적효익이 있는 자원의 유출 가능성이 높다는 것을 '특정 사건이 일어날 가능성이 일어나지 않을 가능성보다 높은 경우(more likely than not to occur)'로 규정하고 있다.

K-IFRS 제1037호 충당부채, 우발부채, 우발자산

23. 부채로 인식하기 위해서는 현재의무가 존재하여야 할 뿐만 아니라 해당 의무를 이행하기 위하여 경제적효익이 있는 자원의 유출 가능성이 높아야 한다. 이 기준서에서는 특정 사건이 일어날 가능성이 일어나지 않을 가능성보다 높은 경우(more likely than not to occur)에 자원의 유출이나 그 밖의 사건이 일어날 가능성이 높다(probable)고 본다.

인식의 단계에서 주의할 것은 소송의 결과에 따라 지급해야 할 손해배상액이 얼마인지의 이슈가 아니라(이는 이후 단계인 단계 5(측정)에서 다룰 예정이다), 그 전에 손해배상액을 지급할 가능성이 지급하지 않을 가능성보다 높은지를 고려해야 한다는 것이다.

상해소송 전문가인 김원책 변호사는 상해소송의 과거 경험에 근거하여 소송의 판결 가능성 및 각 판결별 금액의 유출 가능성을 예측하였고, 각각의 예측되는 결론에 따른 배상금액 및 발생확률은 다음과 같다.

소송결과	배상금액	발생확률
리라화장품 승소	–	20%
상호 합의	4억 원	60%
리라화장품 부분패소	8억 원	10%
리라화장품 패소	10억 원	10%

김원책 변호사의 소송에 대한 전망을 분석해 보면, 리라화장품이 승소해서 미래경제적효익이 유출되지 않을 가능성(20%)보다 유출될 가능성(80%)이 높기 때문에 경제적효익이 있는 자원의 유출 가능성은 높다고 할 수 있다.

③ 경제적효익이 있는 자원의 유출을 신뢰성 있게 추정할 수 있는가?

추정치를 사용하는 것은 재무제표 작성의 필수적인 과정이며 재무제표의 신뢰성을 손상시키지 않는다. 특히 충당부채는 그 성격상 다른 재무제표 항목에 비하여 불확실성이 더 크므로 그에 대한 추정치의 사용은 필수적이다.

리라화장품의 경우, 베타고 오작동으로 인한 김여나 선수의 부상을 지켜본 행인이 '아, 저거 소송 걸면 10억 원은 줘야 할 거 같은데'라고 했다고, 10억 원을 리라화장품의 재무제표에 충당부채로 인식하면 안 될 것이다. 이유는 행인의 주장에 신뢰성을 검증할 수 없기 때문이다.

상해소송 전문가인 김원책 변호사의 소송결과에 대한 예측에 근거하여 리라화장품의 경제적효익이 있는 자원의 유출 가능성에 대하여 신뢰성을 부여할 수 있을 것이다.

실제 많은 기업들은 소송결과의 가능성에 대해 1개 이상의 복수의 법률전문가들에게 의견을 구하는 과정을 통해 추정의 신뢰성을 높이는 노력을 하고 있다.

(4) 결론을 도출하고 근거를 명확히 한다(Reach and Rationalize Conclusion)

결론 : 1안(충당부채로 인식한다)

근거 : 김여나 선수의 부상과 이로 인한 소송사건의 제소로 인하여 ① 현재의무가 존재하며 ③ 지출금액이 확정되지는 않았지만 신뢰성 있게 추정할 수 있다. 그리고 전문가(김원책 변호사)의 의견에 의하면, ② 경제적효익이 유출될 가능성은 높다고 할 수 있다(50% 이상). 따라서 충당부채의 인식기준을 충족한다고 볼 수 있다.

단계 5 : 측정(Measurement)

인식하기 위해서는 측정되어야 한다. 측정은 재무상태표와 손익계산서에 인식되고 평가되어야 할 재무제표 요소의 화폐금액을 결정하는 과정이다. 측정은 최초측정과 후속측정으로 구분할 수 있다.

질문 5

(최초측정) 최초인식시점에 소송으로 인한 지출은 어떤 금액으로 측정되어야 하는가?

(1) 이슈와 목적을 명확히 한다(Clarify Issues & Objectives)

단계 4(인식)에서는 리라화장품의 소송이 경제적효익이 있는 자원의 유출 가능성이 높고, 그 가치를 신뢰성 있게 측정할 수 있는 현재의무이므로 인식기준을 충족하여 충당부채로 인식해야 한다고 결론지었다. 단계 5(측정)에서는 리라화장품의 소송으로 인한 충당부채의 화폐금액을 얼마로 결정할지에 대한 이슈이다. 그러나 리라화장품의 소송은 발생확률 및 배상금액이 나뉘어 있어 판단이 쉽지 않다.

(2) 대안을 탐색한다(Consider Alternatives)

선택할 수 있는 모든 대안을 고려하면 다음과 같다. 각각의 가능성이 대안으로 구분된 이유는 이후 정보수집, 평가에서 충당부채 기준서와 함께 분석하기로 한다.

(1안) 보수적인 관점에서 발생가능한 가장 큰 금액인 10억 원으로 측정한다.
(2안) 발생확률과 배상금액을 가중평균한 값으로 측정한다(0원×20%+4억 원×60%+8억 원×10%+10억 원×10%).
(3안) 발생하지 않을 확률(20%)도 낮지 않다고 판단하여 0원으로 측정한다.
(4안) 발생확률이 가장 높은 4억 원으로 측정한다.

(3) 정보를 수집하고 평가한다(Gather & Evaluate Information)

김원책 변호사가 예측한 배상금액 및 발생확률은 아래와 같다.

소송결과	배상금액	발생확률
리라화장품 승소	–	20%
상호 합의	4억 원	60%
리라화장품 부분패소	8억 원	10%
리라화장품 패소	10억 원	10%

K-IFRS 제1037호에서 충당부채로 인식하는 금액은 현재의무를 보고기간 말에 이행하기 위하여 소요되는 지출에 대한 '최선의 추정치'라고 말한다.

K-IFRS 제1037호 충당부채, 우발부채, 우발자산

측정 - 최선의 추정치

36. 충당부채로 인식하는 금액은 현재의무를 보고기간 말에 이행하기 위하여 필요한 지출에 대한 최선의 추정치이어야 한다.

K-IFRS 제1037호의 문단 36~41에 충당부채 관련 최선의 추정치에 대한 설명을 하고 있는데, 이 중 문단 39와 문단 40이 현재 상황의 최선의 추정치를 판단하는 데 도움이 된다.

K-IFRS 제1037호 충당부채, 우발부채, 우발자산

39. 충당부채로 인식하여야 하는 금액과 관련된 불확실성은 상황에 따라 판단한다. 측정하고자 하는 충당부채가 다수의 항목과 관련되는 경우에 당해 의무는 모든 가능한 결과와 그와 관련된 확률을 가중평균하여 추정한다. 이러한 통계적 추정 방법을 '기댓값'이라고 한다. 따라서 특정 금액의 손실이 발생할 확률(예를 들어, 60% 또는 90%)에 따라 충당부채로 인식하는 금액은 다르게 된다. 가능한 결과가 연속적인 범위 내에 분포하고 각각의 발생확률이 동일할 경우에는 당해 범위의 중간 값을 사용한다.

40. 하나의 의무를 측정하는 경우에는 가장 가능성이 높은 단일의 결과가 당해 부채에 대한 최선의 추정치가 될 수 있으나, 그러한 경우에도 기타 가능한 결과들도 고려한다. 만약 기타 가능한 결과들이 가장 가능성이 높은 결과보다 대부분 높거나 낮다면 최선의 추정치도 높거나 낮은 금액일 것이다. 예를 들어, 고객을 위하여 건설한 주요 설비의 중대한 결함을 해결하여야 하는 경우에, 가장 가능성이 높은 결과는 한 차례의 시도로 1,000원의 원가를 들여 수선하는 것이다. 그러나 추가 수선이 필요할 가능성이 유의적이라면 보다 많은 금액을 충당부채로 인식하여야 한다.

상기 K-IFRS 제1037호 등에 근거해서 각각의 대안에 대해 평가해 보도록 한다.

우선 보수적인 금액인 10억 원(1안)과 가장 낙관적인 0원(2안)은 충당부채 기준서에 근거하지 않은 대안이다. 이 두 대안은 회계적 판단에 따른 대안이 아니고 일반적으로 생각해 볼 수 있는 대안이기 때문에 회계적인 분석은 제외한다.

다음으로 발생확률과 배상금액을 가중평균한 값으로 측정('기댓값')하는 대안(2안)은 K-IFRS 제1037호 문단 39에서 규정하고 있는 방법이다. 이 방법은 측정하고자 하는 충당부채가 다수의 항목과 관련되어 있을 경우에 가중평균하는 방법이다. 만약 리라화장품의 소송사건을 2안으로 측정하였다면 4.2억 원으로 측정된다(4억 원×60%+8억 원×10%+10억 원×10%). 이러한 기댓값을 추정하는 통계적 추정방법은 대량의 제품을 판매하고 제품보증으로 인한 충당부채를 추정하는 경우 등의 다수의 항목과 관련된 경우에 적절한 방법이다.

마지막으로 발생확률이 가장 높은 단일의 추정치인 4억 원(4안)은 K-IFRS 제1037호 문단 40에서 규정하고 있는 방법이다. 이는 리라화장품처럼 (주)여나스포츠가 제기한 소송사건 한 건에 대한 현재의무를 측정하는 것이므로, 문단 40에 따라 가장 가능성이 높은 단일의 결과가 리라화장품의 부채에 대한 최선의 추정치가 될 수 있다.

(4) 결론을 도출하고 근거를 명확히 한다(Reach and Rationalize Conclusion)

결론 : 4안(4억 원으로 측정)

근거 : K-IFRS 제1037호 문단 39와 40에서 설명하고 있는 바와 같이 다수의 항목과 관련되는 경우에는 모든 결과와 확률을 가중평균(기댓값)하고, 하나의 의무를 측정하는 경우에는 가장 가능성이 높은 단일의 결과를 최선의 추정치로 판단하도록 규정하고 있다. 리라화장품의 소송사건과 같이 하나의

의무이며, 4억 원의 가능성이 매우 높고(60%), 상대적으로 다른 가능성이 높지 않으며, 4억 원보다 낮거나 높을 가능성이 균등하게 분포되어 있으므로, 가능성이 높은 금액 4억 원을 기댓값으로 추정할 수 있을 것이다.

질문 5-1

(변제) 소송의 일부가액이 제삼자의 변제가 가능하면 측정금액은 달라지는가?

베타고 오작동은 전적으로 리라화장품만의 책임은 아니다. 오작동의 원인이 리라화장품의 관리, 운영의 이슈라기보다는 제품 자체의 하자에 의한 것이라면 제품 제조사의 책임이 있을 것이고, 이로 인해 리라화장품의 미래 자원의 유출금액이 줄어들 가능성이 존재한다.

소송의 일부가액에 대해 제삼자의 변제가 가능하게 된다면 측정금액은 달라지게 되는지에 대해 전문가적 판단 프로세스를 적용하여 생각해 보도록 한다.

(1) 이슈와 목적을 명확히 한다(Clarify Issues & Objectives)

앞선 질문에서 충당부채의 합리적인 추정금액이 4억 원인 것을 확인하였다. 만일 이 사건에 제품 제조사인 G사의 책임이 존재하여 일부 금액을 변제하기로 한다면 충당부채의 측정금액이 달라질 것인지가 이슈이다.

(2) 대안을 탐색한다(Consider Alternatives)

다음과 같은 대안이 존재할 것이다.

(1안) 당초 측정한 금액에서 변제예상액을 차감하여 충당부채를 측정한다.
(2안) 당초 측정한 금액과 동일하다.
(3안) 당초 측정한 금액과 동일하고, 변제예상액은 별도로 자산으로 인식한다.

(3) 정보를 수집하고 평가한다(Gather & Evaluate Information)

리라화장품은 (주)여나스포츠와의 소송에서 경제적효익이 있는 자원의 유출 가능성이 존재하며, 이와 별개로 베타고 제조사인 G사에 제품하자로 인한 소송을 제기할 예정이다. 이 두 개의 소송은 별도로 진행되며, 서로 독립적이다.

독립적인 소송이라는 것은 만약 G사에 제기한 제품하자 소송에 대한 변제예상액이 있다 하더라도 이는 (주)여나스포츠에 지급해야 할 손해배상액과는 별개라는 의미이다. 따라서 G사의 변제예상액을 차감하여 (주)여나스포츠 소송의 충당부채를 측정하는 안은 타당하지 않다. 즉, 리라화장품이 승소하여 일부 경제적효익이 있는 자원의 유입이 기대된다면 부채의 차감이 아니라 별도 자산의 증가로 인식하는 것이 타당하다.

그러나 K-IFRS 제1037호 문단 53에 따라 제삼자로부터 변제를 받을 것이 거의 확실하게 되는 때에만 변제금액을 별도의 자산으로 인식해야 한다.

결론적으로 G사의 변제예상액은 소송충당부채의 측정에 영향을 미치지 않는다. 변제예상액을 별도의 자산으로 인식할 수 있는지는 결론을 내릴 수 없다. 본 사례의 주어진 정보하에서는 변제 가능성이 거의 확실한지 여부는 알 수 없기 때문이다.

K-IFRS 제1037호 충당부채, 우발부채 및 우발자산

변제

53. 충당부채를 결제하기 위하여 필요한 지출액의 일부나 전부를 제삼자가 변제할 것으로 예상되는 경우에는 기업이 의무를 이행한다면 변제를 받을 것이 거의 확실하게 되는 때에만 변제금액을 별도의 자산으로 인식하고 회계처리한다. 다만 자산으로 인식하는 금액은 관련 충당부채 금액을 초과할 수 없다.

(4) 결론을 도출하고 근거를 명확히 한다(Reach and Rationalize Conclusion)

결론 : (2안) 당초 측정한 금액에서 변하지 않는다 또는 (3안) 당초 측정한 금액에서 변하지 않고, 변제예상액은 별도로 자산으로 인식한다.

근거 : 대안 중 리라화장품의 (주)여나스포츠에 대한 충당부채에는 영향이 없으므로 (1안)은 선택배제되며, 변제 가능성에 따라 (2안)이나 (3안)이 가능하다.

즉, 리라화장품의 경제적효익이 있는 자원의 유출 가능성의 최선의 추정치 4억 원은 기존과 동일하게 충당부채로 인식하고, 변제예상액이 유입될 것이 거의 확실하다면 별도의 자산으로 인식하며 거의 확실하지 않다면 재무제표에 인식하지 않는다.

질문 5-2

(후속측정) 일정 시간이 경과한 후 새롭게 습득한 정보에 따라 측정금액은 달라지는가?

다음과 같은 추가 사례가 발생할 경우 후속측정에 대한 이슈를 검토할 필요가 있다.

추가 사례

20X2년 11월 30일 대법원은 리라화장품의 손해배상소송과 거의 유사한 내용의 사건인 ABC정보통신의 소송에서 피해자의 손을 들어주었으며, 피해자가 최초 요구한 금액인 15억 원을 모두 배상하라는 판결을 내렸다.

리라화장품은 김원책 변호사에게 해당 판결이 리라화장품의 소송에 미치는 영향을 문의하였다. 김원책 변호사는 전문가적인 판단에 따라, 원고의 당초 요구 금액인 10억 원을 배상해야 할 확률이 80%로 높아졌다는 의견을 제시하였다.

소송결과	최초측정		후속측정	
	배상금액	발생확률	배상금액	발생확률
리라화장품 승소	–	20%	–	5%
상호 합의	4억 원	60%	4억 원	5%
리라화장품 부분패소	8억 원	10%	8억 원	10%
리라화장품 패소	10억 원	10%	10억 원	80%

충당부채를 4억 원으로 최초측정한 이후, 이러한 후속측정의 상황에서 리라화장품의 충당부채는 어떻게 측정되는지를 검토해 본다.

(1) 이슈와 목적을 명확히 한다(Clarify Issues & Objectives)

소송사건의 판결은 사회, 정치 등 여러 변수들에 의해 결과가 달라질 수 있으며, 특히 유사한 소송판례에 따라 판결이 내려지는 경우가 많다.

리라화장품과 유사한 상황의 최근 법원의 판결이 리라화장품이 소송에서 불리하게 작용할 가능성이 높아진 상황으로 분석되고 있다. 이로 인해 충당부채 최초측정액 4억 원이 영향받는지를 판단하는 것이 이슈이다.

(2) 대안을 탐색한다(Consider Alternatives)

추가 정보 입수로 인해 다음과 같은 대안이 있을 수 있다.

(1안) 최초측정시 존재했던 상황이 변하더라도 충당부채 금액은 변동하지 않는다.

(2안) 추가적인 정보의 입수로 추정결과가 달라진다면, 달라진 금액으로 재측정해야 한다.

(3) 정보를 수집하고 평가한다(Gather & Evaluate Information)

K-IFRS 제1037호는 후속측정에 대하여 별개의 규정을 두고 있지는 않다. 그 이유는 충당부채는 현재의무를 이행하기 위하여 지출되는 자원의 최선의 추정치로 측정한다는 최초측정 규정이 후속측정에도 그대로 적용되기 때문이다.

최초측정에서 확인한 바와 같이 K-IFRS 제1037호 문단 36에서는 충당부채로 인식하는 금액은 현재의무를 보고기간 말에 이행하기 위하여 소요되는 지출에 대한 '최선의 추정치'라고 말하고 있으므로, 후속적으로 매 보고기간 말에 최선의 추정치로 재측정해야 한다.

(4) 결론을 도출하고 근거를 명확히 한다(Reach and Rationalize Conclusion)

결론 : 2안(추가 정보 입수로 추정결과가 달라진다면 재측정하여야 한다)

근거 : 최초측정시 고려했던 정보 외에 신뢰성 있는 추가 정보를 습득할 경우 그 정보의 영향을 고려하여 측정금액을 변경해야 하며, 이 경우 최초측정시에 적용했던 최선의 추정치는 K-IFRS 제1037호 문단 40에서 설명하고 있는 바와 같이 하나의 의무를 측정하는 경우에는 가장 가능성이 높은 단일의 결과를 최선의 추정치로 판단하도록 하였으며, 이에 가장 가능성이 높은(80%) 단일의 충당부채 금액(10억 원)으로 재측정해야 할 것이다. 즉, 20X2년 말에 충당부채를 추가로 6억 원 더 인식해야 한다.

단계 6 : 제거(Derecognition)

질문 6

본 사례에서 충당부채는 언제 제거하는가?

개념체계는 기업의 재무상태표에 부채를 최초로 인식해야 할 때의 개념(인식기준)을 제공하지만, 부채를 재무상태표에서 제거해야 할 때의 개념(제거기준)은 제공하지 않는다. 따라서 단계 3(분류)에서 파악한 적용가능한 기준서 수준에서 규정된 제거규정을 사용해야 한다.

리라화장품의 충당부채의 경우 K-IFRS 제1037호를 적용하는데, 충당부채의 제거 관련 내용은 충당부채의 사용의 개념으로 문단 61과 문단 62에서 규정하고 있다.

K-IFRS 제1037호 충당부채, 우발부채, 우발자산

충당부채의 사용

61. 충당부채는 최초인식과 관련 있는 지출에만 사용한다.

62. 본래의 충당부채와 관련된 지출에만 그 충당부채를 사용한다. 당초에 다른 목적으로 인식된 충당부채를 그 목적이 아닌 지출에 사용하면 서로 다른 두 사건의 영향이 적절하게 표시되지 않는다.

K-IFRS 제1037호에서 기술하는 바와 같이 최초인식과 관련 있는 지출이라 함은 충당부채를 인식하게 된 과거사건과 관련이 있는 지출을 의미한다.

① 최초인식이란

최초인식이란 충당부채 인식을 하게 된 결정적인 사건(event)이 발생하여 이에 대한 충당부채를 인식한 것을 말한다.

예를 들면, 베타고를 구입한 사건은 충당부채와 관련이 없으며, 김여나의 부상이 충당부채를 인식하게 된 결정적인 사건이다.

② 관련된 지출이란

관련된 지출이란 최초인식 사건과 관련된 지출을 말한다. 리라화장품이 충당부채를 인식한 이유는 최초인식 사건(김여나의 부상)으로 인하여 미래 발생이 예상되는 비용(손해배상액)을 현재시점에 인식하기 위한 것이다. 즉, 손해배상액 등 최초인식시점에 예상한 비용 지출과 관련 있는 지출이다.

③ 충당부채 제거의 시기

K-IFRS 제1037호 문단 61에서 설명하는 바와 같이 충당부채는 최초인식과 관련 있는 지출에 사용할 때 제거한다. 만일, 당초 추정한 금액보다 적은 금액이 발생하였고 그 이후 지급의무가 존재하지 않는다면, 잔여금액을 환입하여 제거해야 한다. 이와 반대로 추정 금액보다 더 큰 금액이 발생하였다면, 모든 충당부채를 제거하고, 추가 발생한 금액은 즉시 비용으로 인식해야 할 것이다. 만일 당초 추정한 바와 달리 어떠한 지급의무도 발생하지 않았다면, 기존 금액을 환입하여 제거할 수 있을 것이다.

2.1.3 그룹 3 : 표시와 공시

단계 7 : 표시와 공시(Presentation and disclosure)

질문 7

소송으로 인한 지출은 어떻게 표시되고 공시되어야 하는가?

개념체계에서는 '충실한 표현'이라는 질적특성으로 표시와 공시에 대한 개념을 보여주기는 하지만 표시와 공시에 대한 구체적인 언급은 없다. 따라서 각 기준서에서 설명하고 있는 표시와 공시에 대한 내용을 적용해야 한다.

충당부채의 표시와 공시에 대한 내용은 K-IFRS 제1037호 문단 11 및 문단 84~85에서 상세하게 기술하고 있으며 그 내용은 다음과 같다.

K-IFRS 제1037호 충당부채, 우발부채, 우발자산

11. 충당부채는 결제에 필요한 미래 지출의 시기 또는 금액에 불확실성이 있다는 점에서 매입채무와 미지급비용과 같은 그 밖의 부채와 구별된다.
    (1) 매입채무는 공급받은 재화나 제공받은 용역에 대하여, 청구서를 받았거나 공급자와 공식적으로 합의한 경우에 지급하여야 하는 부채이다.
    (2) 미지급비용은 공급받은 재화나 제공받은 용역에 대하여, 아직 그 대가를 지급하지 않았거나 청구서를 받지 않았거나 공급자와 공식적으로 합의하지 않은 경우에 지급하여야 하는 부채(미지급유급휴가비용처럼 종업원에게 지급할 의무가 있는 금액 포함)이다. 미지급비용도 지급하는 시기나 금액의 추정이 필요한 경우가 있지만 일반적으로 충당부채보다는 불확실성이 훨씬 작다.

    충당부채는 별도로 보고하지만 미지급비용은 흔히 매입채무와 그 밖의 부채의 일부로 보고한다.

공시

84. 충당부채의 유형별로 다음의 내용을 공시한다. 비교 표시 정보는 생략할 수 있다.
    (1) 기초 장부금액과 기말 장부금액
    (2) 당기에 추가된 충당부채 금액(기존 충당부채의 증가금액 포함)
    (3) 당기에 사용된 금액(지출하여 충당부채에서 차감한 금액)
    (4) 당기에 환입된 금액
    (5) 현재가치로 평가한 충당부채의 기간 경과에 따른 당기 증가금액과 할인율 변동에 따른 영향

85. 충당부채의 유형별로 다음의 내용을 공시한다.
    (1) 충당부채의 특성과 경제적효익의 유출이 예상되는 시기
    (2) 경제적효익의 유출 금액 또는 시기의 불확실성 정도(충분한 정보 제공이 필요한 경우에는 문단 48에서 규정하고 있는 바와 같이 미래사건과 관련된 주요 가정의 공시 포함)
    (3) 제삼자의 변제예상금액과 이와 관련하여 인식한 자산 금액

86. 의무를 이행하기 위한 자원의 유출 가능성이 희박하지 않다면 보고기간 말에 우발부채의 분류별로 그 특성을 공시하고 실무적으로 적용할 수 있는 경우에는 다음의 내용을 공시한다.
(1) 문단 36~52에 따라 측정된 재무적 영향의 추정 금액
(2) 자원의 유출 금액 또는 시기와 관련된 불확실성의 정도
(3) 변제 가능성

상기 기준서를 고려할 때 20X1년 리라화장품의 재무제표 주석은 다음과 같이 공시할 수 있다.

XX. 충당부채

충당부채의 당기중 변동내역은 다음과 같습니다. (단위 : 천원)

구분	기초금액	증가	감소	기말금액
소송충당부채	–	400,000	–	400,000

당사는 피해보상관련 소송사건에 계류중이며, 당기 말 현재 서울중앙지방법원에서 1심이 진행중입니다. 법률전문가로부터 입수한 정보에 따라 경제적효익이 유출될 가능성이 높아 충당부채로 계상하였으며, 당기 말로부터 1년 이후에 경제적효익이 유출될 것으로 예상되어 비유동부채로 분류하였습니다.

2.1.4 그룹 4 : 추가고려 사항

단계 8 : 유용한 재무보고에 대한 원가와 효익의 균형(The Cost Constraint on Useful Financial Reporting)

질문 8

본 사례에서 원가와 효익의 균형은 어떻게 고려해야 하는가?

충당부채의 측정을 위하여 추정하는 단계에서 발생하는 원가가 목적적합한 정보를 제공하는 효익보다 클 경우 원가와 효익의 균형을 고려할 수 있다.

아래의 원가와 효익의 평가기준을 토대로 본 예제의 원가 효익의 균형을 살펴보면 다음과 같다.

(1) 효익 측면

① 동일한 보고기업에 대해 다른 보고기간간 및 동일한 보고기간에 다른 보고기업들간에 재무정보의 비교 가능성 향상
충당부채의 측정으로 인해 리라화장품의 당기 재무제표가 전기 재무제표와의 비교 가능성을 높이게 되는 것인지 또는 다른 유사 업종의 회사들간의 재무정보의 비교 가능성을 높이는 결과를 가져오는 것인지를 판단한다.

② 기업의 미래 현금흐름을 평가하기 위한 재무제표 이용자의 능력 향상 및 개선된 재무보고의 결과에 따른 경제적 의사결정능력 향상
충당부채의 산정이 리라화장품의 미래 현금흐름의 평가에 유용한 정보를 제공하고 재무제표 이용자에게 이에 대한 유용한 정보를 제공하는지를 판단한다.

(2) 원가 측면

③ 재무제표 이용자의 분석 원가
충당부채 측정과 관련하여 재무제표 이용자가 해당 정보를 분석, 이용하는 데 소요되는 비용이 얼마나 되는지 평가한다.

④ 작성자의 작성 원가
작성자인 리라화장품이 해당 충당부채를 측정하기 위해 소요되는 비용

을 말하며, 김원책 변호사의 선임료 등 추정에 들어가는 비용도 포함하여 평가한다.

단, 원가는 정보생산자의 원가뿐만 아니라 정보이용자의 원가도 포함하여 고려하여야 하며 효익 측면에서는 정보이용자의 효익에 중심을 두어 정보이용자의 경제적 의사결정에 영향을 미치는지에 대한 종합적인 판단이 필요할 것이다.

Case 1의 FBT 단계별 적용 내용 요약

지금까지 살펴본 FBT를 적용한 리라화장품의 소송 관련 부채에 대한 단계별 적용 내용을 정리하면 다음과 같다.

FBT 8단계	질 문	결론(판단)
단계 1 (경제적 현상과 유용한 정보)	• 질문 1. 본 사례에서 경제적 현상은 무엇인가?	• 오작동 피해 및 소송사건
	• 질문 1-1. 경제적 현상에 대하여 유용한 정보는 무엇인가?	• 손해배상으로 인한 미래 현금유출액
단계 2 (식별)	• 질문 2. 계류중인 소송사건의 결과로 발생 가능한 경제적효익이 있는 자원의 유출 가능성을 재무제표의 어떤 요소로 식별할 수 있는가?	• 부채로 식별
	• 질문 2-1. 향후 5년간의 미래 예상 영업손실을 재무제표의 어떤 요소로 식별할 수 있는가?	• 부채로 식별하지 않음
단계 3 (분류)	• 질문 3. 소송사건 관련 부채는 어떤 부채로 분류하는가?	• 충당부채/우발부채 (K-IFRS 제1037호)
단계 4 (인식)	• 질문 4. 소송사건 관련 부채는 충당부채로 인식할 수 있는가?	• 충당부채 인식
단계 5 (측정)	• 질문 5. (최초측정) 최초인식시점에 소송으로 인한 지출은 어떤 금액으로 측정되어야 하는가?	• (최초측정) 최선의 추정치인 4억 원으로 측정

	• 질문 5-1. (변제) 소송의 일부가액이 제삼자의 변제가 가능하면 측정금액은 달라지는가?	• (변제) 변동 없음 또는 변동 없는 동시에 우발자산 인식가능 두 가지 안이 가능함
	• 질문 5-2. (후속측정) 일정 시간이 경과한 후 새롭게 습득한 정보에 따라 측정금액은 달라지는가?	• (후속측정) 변경된 최선의 추정치인 10억 원으로 측정
단계 6 (제거)	• 질문 6. 본 사례에서 충당부채는 언제 제거하는가?	• 최초인식관련 지출에 사용할 때 제거
단계 7 (표시 공시)	• 질문 7. 소송으로 인한 지출은 어떻게 표시되고 공시되어야 하는가?	• 충당부채의 변동금액 유출시기, 불확실성 정도 등
단계 8 (원가효익 균형)	• 질문 8. 본 사례에서 원가와 효익의 균형은 어떻게 고려해야 하는가?	• 정보이용자의 효익과 정보 생산의 원가에 대한 종합적 판단 필요

2.2 선불카드 사례(Case 2)

선불카드 사례는 금융부채 및 충당부채의 차이를 보여주는 사례이다. 선불카드란 소지자가 일정한 금액을 미리 지불하고 해당 금액이 기록된 카드를 은행 등으로부터 발급받아 카드 잔액 범위 내에서 수시로 물품이나 서비스를 자유로이 구입할 수 있는 카드이다. 대표적인 예로는 교통카드, 기프트카드 등이 있다.

무한정은행(주)는 선불카드 프로그램을 운용하고 있다. 이 프로그램의 특징은 다음과 같다 :

a. 카드(이하 선불카드)의 발급시 현금이 입금되어야 한다. 즉, 무한정은행(주)는 현금의 수령과 동시에 수령한 현금과 동일한 액면금액의 선불카드를 발행한다. 선불카드의 소지자는 발행 즉시 사용할 수 있다.
b. 무한정은행(주)는 재화나 용역의 공급자로 구성된 가맹점들과 네트워크를 형성한

다. 따라서 이 선불카드는 네트워크에 속해 있는 모든 가맹점들에게 방문을 하든지 또는 인터넷을 이용하여 사용될 수 있다.

c. 무한정은행(주)는 선불카드 소지자가 가맹점에게 재화나 서비스를 구매하면 가맹점에게 현금을 지급하며 일정 금액의 수수료를 가맹점으로부터 받는다.

d. 무한정은행(주)나 가맹점은 선불카드의 사용으로 제공되는 재화나 용역에 불량이 발생하여도 책임지지 않는다.

e. 선불카드의 소지자는 환불이나 현금 환급이 불가능하다.

f. 선불카드는 누구에게나 양도가능하다. 소지자에게 특별히 통고받지 않는 한, 사용자가 법적으로 정당한 사용자로 간주된다.

g. 선불카드는 현금과 동일하다고 볼 수 있기 때문에 소지자는 잃어버리지 않도록 조심해야 한다. 분실했을 경우에 신고를 하면 기존의 선불카드를 정지시키고 소정의 수수료를 제하고 새로운 선불카드를 발행할 수 있다.

h. 선불카드는 만기일이 없다. 사용하지 않는다고 하여도 추가적인 수수료를 부담하지 않는다.

무한정은행(주)는 총액 1천만 원의 선불카드를 20X1년에 발행하였다. 과거의 경험에 의해, 무한정은행(주)는 24개월 이내에 판매금액 중 95%가 사용되지만, 그 후에 나머지 5%는 사용되지 않은 채로 남아 있을 것이라고 판단한다. 무한정은행(주)가 영업을 하고 있는 국가에서는 사용되지 않은 선불카드의 잔액에 대한 법적인 만기가 인정되고 있지 않다.

본 사례의 토론을 위한 회계이슈는 FBT 8단계를 따라 다음과 같이 요약된다.

토론을 위한 회계이슈

질문 1. 본 사례에서 경제적 현상은 무엇인가? (단계 1 경제적 현상과 유용한 정보)

질문 1-1. 경제적 현상에 대하여 유용한 정보는 무엇인가? (단계 1 경제적 현상과 유용한 정보)

질문 2. 선불카드의 발행으로 유입된 현금은 부채인가 아니면 무한정은행(주)의 수익인

가? (단계 2 식별)

질문 3. 선불카드의 발행으로 인해 미래에 지급해야 할 현재의무인 부채는 금융부채인가? (단계 3 분류)

질문 3-1. 금융부채가 되기 위해서는 해당 부채가 금융상품(financial instrument)이어야 한다. 선불카드의 발행으로 부담하는 지급의무는 금융상품인가? (단계 3 분류)

질문 3-2. 선불카드의 발행으로 인해 미래에 지급해야 할 현재의무인 부채를 비금융부채로 분류한다면 충당부채로 분류해야 하는가, 우발부채로 분류해야 하는가? (단계 3 분류)

질문 3-3. 질문 3에서 살펴본 바와 같이, 선불카드의 발행으로 인한 부채는 금융부채이다. 그렇다면 질의자가 비금융부채 특히 충당부채라고 주장한 이유는 무엇인가? (단계 3 분류)

질문 3-4. 선불카드가 금융부채로 분류된다면 미사용액(breakage)[3]을 고려하지 않는다. breakage를 고려하지 않는다면 경제적 현상에 대한 유용한 정보를 제공하는가? (단계 3 분류)

질문 3-5. 선불카드가 금융부채로 분류된다면 부채가 계속 증가하는 등의 문제가 발생한다. 실무적으로 이 문제를 해결하는 방법은 어떤 것이 있는가? (단계 3 분류)

질문 4. 20X1년에 식별된 부채 중에서 K-IFRS에 따라 무한정은행(주)가 부채로 인식할 수 없는 것이 있는가? 있다면 어떤 것인가? 그리고 그 이유는 무엇인가? (단계 4 인식)

질문 4-1. 사례에서 회계단위와 관련하여 판단이 필요한 항목은 무엇인가? 그 항목에 대하여 무한정은행(주)가 적용해야 할 '회계단위'는 무엇인가? (단계 4 인식)

질문 5. (최초측정) 최초인식시점에 선불카드의 발행으로 인해 미래에 지급해야 할 현재의무인 부채를 금융부채로 분류하는 경우와 충당부채로 분류하는 경우 측정은 어떻게 달라지는가? (단계 5 측정)

---

3) Breakage란 선불카드의 분실 등의 이유로 인하여 선불카드의 일부는 사용되지 않는 부분을 의미한다. 계약상 지급해야 하지만 지급하지 못함으로써 계약이 마무리되지 못하는 것을 지칭한다.

질문 5-1. (후속측정) 후속인식시점에 선불카드의 발행으로 인해 미래에 지급해야 할 현재의무인 부채를 금융부채로 분류하는 경우와 충당부채로 분류하는 경우에 측정은 어떻게 달라지는가? (단계 5 측정)

질문 6. 본 사례의 선불카드 발행으로 인해 미래에 지급해야 할 현재의무인 부채를 금융부채로 분류하는 경우와 충당부채로 분류하는 경우에 언제 제거해야 하는가? (단계 6 제거)

질문 7. 본 사례의 선불카드는 금융부채로 분류된다. 재무제표에 어떻게 표시되고 공시되어야 하는가? (단계 7 표시 공시)

질문 7-1. 선불카드가 충당부채로 분류된다면 재무제표에 어떻게 표시되고 공시되어야 하는가? (단계 7 표시 공시)

질문 8. 본 사례에서 원가와 효익의 균형은 어떻게 고려해야 하는가? (단계 8 원가효익의 균형)

2.2.1 그룹 1 : 경제적 현상과 유용한 정보

단계 1 : 경제적 현상(Economic phenomenon)과 유용한 정보(Useful Information)

질문 1

본 사례에서 경제적 현상은 무엇인가?

20X1년에 무한정은행(주)는 선불카드를 발행했는데, 발행한 선불카드의 특징을 요약하면 다음과 같다.

(1) 만기가 없다.

(2) 현금으로 반환, 사용, 교환이 불가능하다. 재화나 용역의 획득을 위해서만 사용이 가능하다.

(3) 네트워크에 포함된 특정 가맹점에서만 사용할 수 있다. 소지자가 선불카드를 재화나 용역을 위하여 사용하면, 가맹점에게 현금을 지급해야 하는 계약상 의무가 무한정은행(주)에게 있다.

(4) 선불카드를 일정 기간 이상 사용하지 않는다고 해도 추가적인 수수료(back-end fees)가 없다. 즉, 선불카드가 사용되지 않고는 지급의무가 감소하지 않는다.4)

(5) 고객충성제도의 일부로 발행된 것이 아니다.

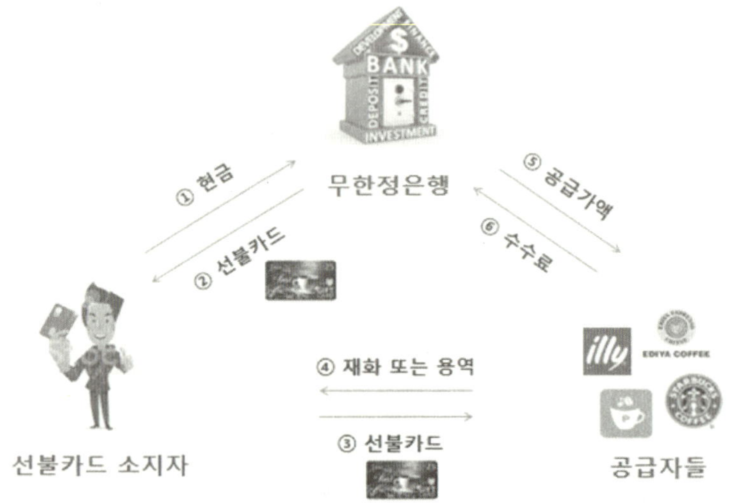

질문 1-1

경제적 현상에 대하여 유용한 정보는 무엇인가?

유용한 정보는 보고기업의 재무제표에 영향을 미치는 정보이다. 보다 구체적으로 보고기업의 재무상태에 관한 정보, 즉 경제적 자원과 청구권에 관

4) 장기간 사용하지 않는 경우 카드구입자에게 추가적인 수수료를 부담시킨다면 두 가지를 기대할 수 있다. 첫째는 카드구매자가 카드를 사용하려고 하는 유인이 증가할 것이며, 둘째는 추가적인 수수료가 계속 추가될 것이다. 이는 결과적으로 breakage를 줄이는 효과가 있다.

한 정보와 경제적 자원과 청구권을 변동시키는 거래와 그 밖의 사건의 영향에 대한 정보이다. 따라서 무한정은행(주)가 발행한 선불카드가 이들에 영향을 미치는지를 생각해 본다.

먼저, 선불카드는 현금을 유입시킴으로써 기업의 경제적 자원을 증가시켰다. 그런데 동시에 기업의 미래 현금유출을 발생시키는 가능성을 가지고 있다. 이는 선불카드가 경제적 자원을 증가시키는 변동을 가지고 왔으나 미래에 경제적효익을 갖는 자원을 지급해야 하는 의무를 창출함을 의미한다. 이 의무는 선불카드가 사용됨에 따라 감소할 것이다. 따라서 기업외부의 정보이용자들은 선불카드에 대하여 다음과 같은 공통적인 정보욕구를 가질 것이다.

(1) 선불카드의 발행으로 인한 현금유입액
(2) 선불카드의 발행으로 인하여 기업이 미래에 지급해야 할 현금유출액
(3) 미래의 현금유출액과 관련하여, 일반적으로 발행된 모든 선불카드가 사용되지는 않을 것이므로, 발행한 선불카드 중 사용되지 않을 금액

본 사례는 부채에 대한 사례이다. 따라서 위의 두 가지 정보욕구 중 (2)와 (3)에 대해서만 살펴보기로 한다.

개념체계에 의하면 정보가 유용하기 위해서는 목적적합성과 충실한 표현이라는 두 가지 근본적 질적특성을 가지고 있어야 한다.

목적적합성(Relevance)과 관련된 질적특성으로는 예측가치, 확인가치, 중요성이 있다.

위의 선불카드에 대한 정보는 예측가치를 가질 것이다. 이 정보는 미래 현금흐름의 유입과 유출을 예측할 수 있게 해주기 때문이다. 선불카드에 대한 정보는 또한 확인가치를 가질 것이다. 하지만 미래 현금흐름에 대한 정보가 있다면 확인가치는 더욱 커질 것이다. 즉, 선불카드의 발행액 중 미래에 사용될 금액과 사용되지 않을 금액에 대한 정보가 있다면 확인가치는 향상될

것이다.

목적적합성과 함께 정보의 유용성을 결정짓는 또 다른 질적특성은 충실한 표현(faithful representation)이다. 충실한 표현을 하기 위해서 서술은 완전하고, 중립적이며, 오류가 없어야 할 것이다.

완전성이란 위의 선불카드라는 경제적 현상이 기업의 경제적 자원과 청구권 그리고 경제적 자원과 청구권의 변동에 영향을 미친다면 모두 고려대상에 포함되어야 함을 의미한다. 이에 더하여 선불카드의 발행액 중 미래에 사용되지 않을 금액에는 추정이 필요할 것인데 이 추정에 있어서 중립성을 고려해야 한다.

본 사례는 중요성이라는 질적특성을 판단하기 위한 충분한 정보를 제공하고 있지 않다. 또한 오류 가능성에 대한 정보를 제공하지 않고 있어 이들에 대한 논의는 쉽지 않을 것이다. 그러나 교수자는 중요성에 대한 추가 정보 또는 오류가 있는 경우를 가정하여 토론해 볼 수도 있다.

2.2.2 그룹 2 : 정의, 인식 그리고 측정

단계 2 : 식별(Identification)

각 경제현상에 대한 경제적 자원의 유출과 유입이 개념체계에서 제시하고 있는 다섯 가지의 요소 중 어느 것에 해당하는지를 식별해야 한다.

먼저 경제적효익이 있는 자원이 유출된 경우에는 자산인지 비용인지를 식별해야 하고, 경제적 자원이 유입된 경우에는 부채인지 수익인지를 결정한다. 선불카드의 경우 경제적 자원이 유입되었으므로 부채인지 수익인지를 결정해야 한다.

질문 2

선불카드의 발행으로 유입된 현금은 부채인가 아니면 무한정은행(주)의 수익인가? (인식기준과 관련 없이 정의만을 고려)

선불카드 발행이라는 경제적 현상을 재무제표 요소로 식별할 것인지에 대해 전문가적 판단 프로세스를 적용하여 생각해 보자.

(1) 이슈와 목적을 명확히 한다(Clarify Issues & Objectives)

선불카드의 발행은 현금의 유입이 발생하므로 회계상 차변에 기록된다. 그렇다면 복식부기의 특성상 대변에 어떠한 재무제표 요소가 기록되어야 할지 고민해야 한다.

대변에 기록되는 계정은 재무제표 5개 요소(자산, 부채, 자본, 수익, 비용) 중에 부채, 자본, 수익 또는 자산의 감소에 해당한다.

현금이 유입되며 자본이 증가하는 상황은 주주와의 거래인 자본거래 외에 존재하지 않으므로 논의에서 배제하며, 부채 및 수익 중에 어떤 요소에 해당하는지 판단해야 한다.

(2) 대안을 탐색한다(Consider Alternatives)

생각할 수 있는 대안은 다음과 같다.

(1안) 선불카드의 발행으로 유입된 현금은 미래에 경제적효익의 유출이 예상되는 부채이다.

(2안) 선불카드의 발행으로 유입된 현금은 경제적효익의 증가이므로 수익이다.

(3) 정보를 수집하고 평가한다(Gather & Evaluate Information)

선불카드의 발행으로 유입된 현금이 부채인지와 수익 중 어느 것에 해당하는지를 알기 위해서는 재무제표 요소의 정의에 부합하는지를 판단해야 한다. 경제적 현상이 재무제표 요소(자산, 부채, 자본, 수익, 비용)의 정의에 부합하는 것을 개념체계에서는 식별한다고 말한다.

개념체계는 아래와 같이 재무제표 요소인 부채와 수익을 정의하고 있다.

➡ 개념체계

재무상태

4.4 (2) 부채는 과거사건으로 생긴 현재의무로서, 기업이 가진 경제적효익이 있는 자원의 유출을 통해 그 이행이 예상되는 의무이다.

성과

4.25 (1) 수익은 자산의 유입이나 증가 또는 부채의 감소에 따라 자본의 증가를 초래하는 특정 회계기간 동안에 발생한 경제적효익의 증가로서, 지분참여자에 의한 출연과 관련된 것은 제외한다.

(1안) 부채인가?

먼저 선불카드의 발행으로 유입된 현금이 부채에 해당하는지를 판단하기 위하여 부채의 정의를 충족하는지를 살펴보아야 한다. 회계상 부채로 식별되기 위해서는 ① 과거사건의 결과 ② 경제적효익을 갖는 자원유출이 예상되고 ③ 현재의무가 충족되어야 한다.

각각의 요건이 충족되는지 여부를 검토하면 다음과 같다.

① 과거사건의 결과인가?

예를 들어, 물건을 구입하거나 서비스를 제공받는 경우 그 대가에 대한 지급의무가 발생하며, 은행대출을 받은 경우에는 상환의무가 발생한다. 즉 지급의무를 발생시키는 직접적인 사건을 회계에서는 사건이라고 한다. 본 사례의 경우 선불카드 발행은 가맹점에게 재화나 용역의 대가를 지급할 의무를 발생시키는 과거사건이다.

② 경제적효익이 있는 자원의 유출이 예상되는가?

선불카드 소지자가 가맹점으로부터 재화나 용역을 공급받는 경우 무한정은행(주)가 그 가맹점에게 대가를 지급해야 하므로 경제적효익이 있는 자원의 유출이 발생한다. 이 단계에서는 자원유출의 가능성은 확인하지 않는다. '예상되는'이라는 의미는 경제적효익이 있는 자원의 지급시기 및 지급금액이 확정이 되지 않았더라도 예상되고 있다면 부채로 식별할 수 있다는 의미이다.

③ 현재의무가 있는가?

의무란 특정 방법으로 실행하거나 수행할 책무 또는 책임을 말한다. 의무는 법적의무와 의제의무 모두를 포함한다. 의무란 일반적으로 물건이나 서비스를 제공받은 시점에 발생한다. 본 사례의 경우 선불카드 발행으로 수취한 현금은 환불이 불가능하며, 카드소지자에게 재화나 용역이 공급되는 시점에 가맹점에게 지급할 의무가 발생한다. 즉, 무한정은행(주)는 선불카드를 발행하는 시점에 계약에 따라 지급의무가 발생한다고 볼 수 있다.

(2안) 수익인가?

선불카드의 발행으로 유입된 현금이 수익에 해당하는지를 판단하기 위하여 수익의 정의를 충족하는지를 살펴보아야 한다. 회계상 수익으로 식별되기 위해서는 ① 자산의 유입이나 증가 또는 부채의 감소에 따라 ② 자본의 증가를 초래해야 한다. 각각의 요건이 충족되는지 여부를 검토하면 다음과 같다.

① 자산의 유입이나 증가 또는 부채의 감소

본 사례에서 무한정은행(주)는 선불카드의 발행으로 현금이라는 자산을 수취하였다. 따라서 자산의 유입으로 인한 자산의 증가가 있었다.

② 자본의 증가

자산의 증가가 있었으나, 선불카드의 발행으로 인하여 유입된 현금은 결국 가맹점의 재화나 용역의 공급이라는 사건으로 다시 가맹점에게 돌려줘야 하는 금액이므로 경제적효익의 증가를 수반하는 자본의 증가로 보기 어렵다. 단, 선불카드의 발행에 따른 약간의 수수료가 있다면 이는 무한정은행(주)의 수익으로 볼 수 있다.

(4) 결론을 도출하고 근거를 명확히 한다(Reach and Rationalize Conclusion)

결론 : 1안(부채로 식별한다)

근거 : 본 사례에서는 선불카드의 발행이라는 과거사건이 발생하였으며, 재화 또는 용역의 공급이 완료된 후 가맹점에게 현금을 지급할 계약상 의무가 있다. 이는 부채의 정의와 일치한다. 따라서 1안(부채)이 적절한 결론이 된다.

단, 부채의 인식과 식별(정의 충족)을 혼동하면 안 된다. 상황에 따라 선불카드의 발행에 따른 미래의 경제적효익이 있는 자원의 유출 금액을 신뢰성 있게 측정할 수 없거나 유출될 가능성이 낮을 수도 있다. 이 경우 인식요건을 충족하지 않으므로 부채를 인식하지 않는다(재무제표에 포함되지 않는다). 그렇다고 부채의 정의를 충족하지 못하는 것은 아니다. 인식에 대해서는 단계 4에서 논의한다.

단계 3 : 분류(Classification)

분류는 식별이라는 대분류에서 한 걸음 더 나아가 중분류와 소분류로 구분하는 것을 의미한다. 또한 어떤 기준서가 적용되어야 하는지를 결정하는 과정이다.

질문 3

선불카드의 발행으로 인해 미래에 지급해야 할 현재의무인 부채는 금융부채인가?

상기 질문에 대해 전문가적 판단 프로세스를 적용하여 생각해 보자.

(1) 이슈와 목적을 명확히 한다(Clarify Issues & Objectives)

부채의 분류를 살펴보면 부채는 상환할 시기와 금액이 확실한지 불확실한지에 따라 크게 확정부채와 비확정부채로 구분할 수 있다. 지출하는 시기 또는 금액이 확실하다면 확정부채에 해당하며, 확실하지 않다면 비확정부채에 해당한다. 확정부채로 분류한 경우에는 해당 부채가 비금융 확정부채인지 금융부채인지를 판단해야 하며, 비확정부채로 분류한 경우에는 해당 부채가 충당부채인지 우발부채인지를 판단해야 한다.

K-IFRS 제1037호(충당부채, 우발부채 및 우발자산) 문단 1에서 다른 K-IFRS 기준서에서 다루어지고 있는 경우에는 이 기준서를 적용하지 말도록 명시하고 있다. 따라서 부채의 분류에 있어서는 해당 부채가 금융부채인지를 먼저 판별해야 한다. 즉, 선불카드의 발행으로 인한 부채는 금융부채, 충당부채, 우발부채 중 하나로 분류될 수 있는데, 이 중 금융부채에 해당하는지 먼저 검토할 필요가 있다.

(2) 대안을 탐색한다(Consider Alternatives)

선불카드의 발행으로 인한 부채는 다음 중 하나의 부채로 분류될 수 있을 것이다.

(1안) 금융부채이다.

(2안) 금융부채가 아니다.

(3) 정보를 수집하고 평가한다(Gather & Evaluate Information)

K-IFRS 제1032호 문단 11은 금융부채를 다음과 같이 정의하고 있다.

K-IFRS 제1032호 금융상품 : 표시

11. 금융부채는 다음의 부채를 말한다.
    (1) 다음 중 하나에 해당하는 계약상 의무
        (가) 거래상대방에게 현금 등 금융자산을 인도하기로 한 계약상 의무
        (나) 잠재적으로 불리한 조건으로 거래상대방과 금융자산이나 금융부채를 교환하기로 한 계약상 의무
    (2) 자기지분상품으로 결제되거나 결제될 수 있는 다음 중 하나의 계약
        (가) 인도할 자기지분상품의 수량이 변동가능한 비파생상품
        (나) 확정 수량의 자기지분상품에 대하여 확정 금액의 현금 등 금융자산을 교환하여 결제하는 방법이 아닌 방법으로 결제되거나 결제될 수 있는 파생상품

K-IFRS 제1032호 문단 19는 계약상 의무를 결제하기 위한 현금 등 금융자산의 인도를 회피할 수 있는 무조건적인 권리를 기업이 가지고 있지 않은 경우, 이러한 의무는 금융부채의 정의를 충족한다고 설명하고 있다.

선불카드의 발행으로 무한정은행(주)는 거래상대방에게 현금이라는 금융자산을 인도하기로 하는 계약상 의무를 진다(K-IFRS 제1032호 문단 11(1)(가)).

또한 계약상 의무를 결제하기 위한 현금 등 금융자산의 인도를 회피할 수 있는 무조건적인 권리를 무한정은행(주)가 가지고 있지 않다(K-IFRS 제1032호 문단 19). 이는 요구불예금(demand deposit)과 같은 성격으로 금융부채에 해당한다.

(4) 결론을 도출하고 근거를 명확히 한다(Reach and Rationalize Conclusion)

결론 : 1안(금융부채에 해당)

근거 : 금융부채의 정의만을 적용해 보면, 선불카드의 발행으로 인한 미래 현금 지급에 대한 현재의무는 금융부채에 해당하는 것으로 보인다.

또한 K-IFRS 제1032호에서 제시하고 있는 금융상품의 적용범위에 포함된다. 구체적으로 K-IFRS 제1032호는 적용범위를 다음과 같이 정하고 있다.

K-IFRS 제1032호 금융상품 : 표시

적용범위

4. 다음을 제외한 모든 유형의 금융상품에 이 기준서를 적용한다.
   (1) 기업회계기준서 제1110호 '연결재무제표', 기업회계기준서 제1027호 '별도재무제표' 기업회계기준서 제1028호 '관계기업과 공동기업에 대한 투자'에 따라 회계처리되는 종속기업, 관계기업, 공동기업 투자지분
   (2) 기업회계기준서 제1019호 '종업원급여'를 적용되는 종업원급여제도에 따른 사용자의 권리와 의무
   (3) [국제회계기준위원회에서 삭제함]
   (4) 기업회계기준서 제1104호 '보험계약'에서 정의하고 있는 보험계약
   (5) 임의배당요소가 있어 기업회계기준서 제1104호를 적용하는 금융상품
   (6) 기업회계기준서 제1102호 '주식기준보상'을 적용하는 주식기준보상거래에 따른 금융상품, 계약, 의무

질문 3-1

금융부채가 되기 위해서는 해당 부채가 금융상품(financial instrument)이어야 한다. 선불카드의 발행으로 부담하는 지급의무는 금융상품인가?

K-IFRS 제1032호 문단 11은 다음과 같이 금융상품의 정의를 제시하고 있다.

K-IFRS 제1032호 금융상품 : 표시

> 11. 용어의 정의
>
> 금융상품 : 거래당사자 어느 한쪽에게는 금융자산이 생기게 하고 거래상대방에게 금융부채나 지분상품이 생기게 하는 모든 계약[5)]

이 정의에서 볼 수 있는 바와 같이 금융상품은 거래당사자 어느 한쪽에게는 금융자산을 발생시키고 다른 거래상대방에게 금융부채나 지분상품을 발생시켜야 한다. 그런데 본 사례의 선불카드는 무한정은행(주)에게는 금융부채를 발생시키지만 거래상대방인 선불카드의 구매자에게는 금융자산을 발생시키지 않는다. 선불카드의 구매자는 무한정은행(주)로부터 현금을 받을 수 있는 권리가 없기 때문이다. 가맹점의 입장에서 볼 때에도, 선불카드가 사용되어 재화나 용역을 제공할 때까지 가맹점에게는 금융자산이 발생하지 않는다. 따라서 선불카드가 발행되는 시점에 금융부채는 발생하지만 금융자산이 발생하지 않으므로 금융부채의 선행요건인 금융상품이 성립되지 않는다고 주장할 수도 있다.

그러나 금융상품의 정의를 자세히 살펴보면, 금융자산과 금융부채가 '동시에' 발생한다는 기술이 없다. 이는 금융자산과 금융부채의 발생시점이 달라도 된다는 것을 의미한다. 즉, 무한정은행(주)에게 금융자산이 발생하는 동시에 누군가 다른 상대방에게 금융부채를 발생시킬 필요는 없다는 것을 의미한다. 나중에 선불카드의 구매자가 선불카드를 사용하여 가맹점이 금융자

5) K-IFRS에서는 과거에 "거래당사자 일방에게 금융자산을 발생시키고 동시에 다른 거래상대방에게 금융부채나 지분상품을 발생시키는 모든 계약"이라고 금융상품의 정의를 번역하였었다. 그러나 IFRS의 영어 원문을 보면 "A financial instrument is any contract that gives rise to a financial asset of one entity and a financial liability or equity instrument of another entity"라고 하여 '동시에'라는 표현이 없다. 아마도 뜻을 명확히 하기 위하여 한글 번역시 '동시에'라는 단어가 추가되었는데, 이는 2016년 5월 30일자로 발표한 수정목록 16-2 연차개선을 통해 삭제되었다.

산을 가지게 된다고 하여도 금융자산의 정의를 만족시킨다는 것이다.

또한 금융상품의 정의는 거래의 상대방이 누가 되어야 하는가에 대한 설명을 포함하고 있지 않다. 따라서 무한정은행(주)가 선불카드를 구매자에게 판매했다고 하여도, 금융부채의 소유자인 무한정은행(주)의 상대방이 구매자일 필요는 없다는 것을 의미한다. 가맹점이 금융자산을 가지게 된다고 하여도 이는 금융상품의 정의에 부합한다.

결론적으로 본 사례의 선불카드는 금융상품의 정의에 부합한다.

질문 3-2

이 사례는 국제회계기준 해석위원회(IFRS Interpretations Committee)에서 논의되었던 안건이다.[6] 이 안건의 질의자는 선불카드로 발생하는 무한정은행(주)의 부채를 비금융부채라고 주장하였다.

선불카드의 발행으로 인해 미래에 지급해야 할 현재의무인 부채를 비금융부채로 분류한다면 충당부채로 분류해야 하는가, 우발부채로 분류해야 하는가?

K-IFRS 제1037호에서 정의하는 충당부채와 우발부채는 다음과 같다.

K-IFRS 제1037호 충당부채, 우발부채, 우발자산

10. 충당부채 : 지출의 시기 또는 금액이 불확실한 부채

우발부채 : 다음의 (1) 또는 (2)에 해당하는 의무

(1) 과거사건으로 생겼으나, 기업이 전적으로 통제할 수는 없는 하나 이상의 불확실한 미래사건의 발생 여부로만 그 존재 유무를 확인할 수 있는 잠재적 의무

(2) 과거사건으로 생겼으나, 다음 (가)나 (나)의 경우에 해당하여 인식하지 않는

6) 이 사례는 국제회계기준해석위원회에서 2012년 11월에 질의를 받아 2016년 3월에 결론을 내린 안건으로 결론은 IFRIC UPDATE 2016년 3월호에 "*IAS 32 Financial Instruments : Presentation – Classification of liability for a prepaid card in the issuer's financial statements*"라는 제목으로 수록되어 있다.

현재의무
(가) 해당 의무를 이행하기 위하여 경제적효익이 있는 자원을 유출할 가능성이 높지 않은 경우
(나) 해당 의무의 이행에 필요한 금액을 신뢰성 있게 측정할 수 없는 경우

본 사례의 선불카드는 두 가지 이유로 우발부채가 아니다. 첫째, 이미 무한정은행(주)가 선불카드를 발행하여 부채가 발생하였다. 기업이 전적으로 통제할 수 없는 하나 이상의 불확실한 미래사건의 발생 여부에 의하여서만 그 존재가 확인되는 잠재적 의무가 아니다. 둘째, 자원의 유출 가능성이 높다. 아마도 선불카드로 인한 현금의 유출 가능성은 매우 높을 것이다. 선불카드는 현금과 동일한 효력을 가지고 있으며 카드구매자가 이를 사용하지 않을 이유가 거의 없기 때문이다.

선불카드는 다음과 같이 충당부채의 특성을 가지고 있다 첫째, 지출의 시기가 불확실하다. 선불카드는 발행이 되었지만 지출의 시기는 구매자의 사용시기와 가맹점의 청구시기에 따라 달라질 것이다. 둘째, 지급할 금액이 불확실하다. 선불카드의 일부는 분실 등의 이유로 미사용될 것(breakage)이기 때문이다. 따라서 무한정은행(주)가 지급할 금액은 확정되어 있지는 않다. 그러나 경험에 따라 신뢰성 있게 추정은 가능할 것이다.

따라서 본 사례의 선불카드로 인한 부채가 비금융부채라면 충당부채로 분류되어야 할 것이다.

질문 3-3

질문 3에서 살펴본 바와 같이, 선불카드의 발행으로 인한 부채는 금융부채이다. 그렇다면 질의자가 비금융부채 특히 충당부채라고 주장한 이유는 무엇인가?

가장 큰 이유는 부채가 어떻게 분류되느냐에 따라 측정방법이 결정되기 때문이다. 선불카드의 분실 등으로 선불카드의 일부가 사용되지 않아 미사

용액(breakage)이 발생한다. 부채의 분류에 따라서 부채 측정에 미사용액을 고려할 것인지가 달라진다.

보다 구체적인 측정과 관련된 이슈는 후에 측정과 제거 단계에서 더 자세히 논의한다. 이 곳에서는 분류로 인하여 결정되는 측정이 어떤 결과를 가져오는지를 논의한다.

선불카드로 인한 부채를 금융부채로 분류한다면, 미사용액이라고 해서 금융부채에서 차감되지 않는다. 이로 인하여 다음과 같은 문제가 발생한다. 첫째, 선불카드의 미사용액은 무한정은행(주)의 장부에 부채로 계속 남게 된다. 둘째, 선불카드의 판매분 중 일정 부분은 계속 미사용액으로 남을 것이기 때문에 이로 인한 부채는 계속 증가한다. 즉, 선불카드를 많이 판매하면 할수록 부채는 더 많이 쌓이며 시간이 지날수록 증가한다. 그런데 이 부채는 무한정은행(주)가 사업을 정리할 때까지 없어지지 않는 부채이다.

반면에 충당부채로 분류하면 위의 문제가 모두 해결된다. 충당부채는 현재의무를 보고기간 말에 이행하기 위하여 소요되는 지출에 대한 최선의 추정치로 측정한다. 따라서 선불카드에 대한 충당부채를 측정한다면 선불카드에 대한 미사용액에 대한 합리적인 추정치를 차감한 금액으로 부채금액을 측정하므로 위에서 기술한 문제점들이 발생하지 않는다.

질문 3-4

선불카드가 금융부채로 분류된다면 미사용액(breakage)을 고려하지 않는다. breakage를 고려하지 않는다면 경제적 현상에 대한 유용한 정보를 제공하는가?

Breakage를 고려하지 않는 것이 유용한 정보를 제공한다고 주장하는 사람은 금융상품은 금융계약에 대한 정보를 제공해야 한다는 측면을 강조할 것이다. 오랫동안 사용되지 않는다고 하여도 언젠가는 사용될 수도 있다면 지급해야 하므로 지급의무가 없어지는 것이 아니다. 이런 측면에서 지급의무가 사라지지 않으므로 부채로 계속 인식하고 있는 것이 경제적 실질을 반영한다고 할 것이다. 즉, 선불카드 구매자는 breakage인 상황에서라도 이를 인지하고 있거나 알게 된다면 언제라도 다시 미사용액을 사용할 수 있으며, 그럴 경우 무한정은행(주)는 반드시 지급의무를 이행해야 하므로 부채로 표시하는 것이 정보이용자에게 보다 유용한 정보를 제공하는 것이라 할 수 있다.

반면에 breakage를 고려하지 않게 되면 유용한 정보를 제공하지 못한다고 주장하는 사람은 판매금액 중 일부는 영원히 사용되지 않을 것이라는 추정에 더 많은 강조를 둘 것이다. 따라서 이 경우 부채가 과대계상되어 기업의 재무상태를 정확하게 보여주지 못한다고 주장할 것이다. 미사용될 것으로 예상했던 금액이 후에 실제로 사용된다고 하여도, 그 회계기간의 당기비용으로 인식하면 된다. 최선의 추정은 기업의 경제적 실질을 정확히 보여주며, 추정의 변경은 회계의 일부이기 때문이다.

이에 더해서 무한정은행(주)는 선불카드를 설계하고 가격을 결정함에 있어서 이미 미사용액을 고려했을 것이다. 다르게 표현하면 미사용액은 선불카드로부터 발생하는 수익의 주요 부분이다. 그럼에도 불구하고 금융부채로 분류하면 이러한 경제적 실질을 전혀 반영하지 못하게 되며, 결과적으로 경제적 현상에 대한 유용한 정보를 제공하지 못하게 된다.

K-IFRS 제1039호(K-IFRS 제1109호)의 기본원칙은 모든 금융상품을 계약에 따라 회계처리해야 한다는 것이다. 금융상품은 매우 특수한 상품이기 때문이다. 이와 같은 원칙 때문에 계약상 만기가 없는 본 사례의 선불카드의 경우 미사용분은 인정되지 않는다. 분명한 회계처리를 위하여 만들어진 K-IFRS 제1039호(K-IFRS 제1109호)의 원칙이 이 사례의 경우와 같이 오히려 금융상품의 경제적 실질을 반영하지 못하는 문제를 야기시키는 경우도 있다.[7)]

7) 동일한 질의가 미국회계기준위원회(FASB)에도 제출되어 IFRS Interpretations Committee와 동시에 진행되었었다. 흥미로운 것은 이 두 위원회의 결론이 다르다는 것이다. FASB도 금융부채라고 결론지었다. 그러나 예외를 인정하여 breakage를 인식할 수 있도록 하였다(Subtopic 40520 Liabilities—Extinguishments of Liabilities).

질의자도 본 사례의 선불카드가 금융부채로 분류된다는 것에는 이의가 없었던 듯하다. 하지만 그랬을 경우 경제적 실질을 반영하여 유용한 정보를 제공하는 것이냐에 의문이 있었기 때문에, 경제적 실질을 더 잘 반영한다고 생각하는 충당부채를 제안하였을 것이다.

그렇다면 사례의 선불카드와 조건이 모두 동일하지만 만기(예 : 10년)가 있는 선불카드를 발행한 상황을 가정해 보자.

이러한 경우 미사용분은 금융부채로 분류할 경우에도 10년간은 부채로 표시되지만 10년 후에는 부채에서 제거될 것이다. 따라서 충당부채로 분류할 때보다 만기까지(예 : 10년 동안)는 미사용액만큼이 부채로 계상되지만 만기 후에는 전액 제거되므로 사업을 영위할수록 부채가 증가하는 문제는 발생하지 않을 것이다. 따라서 발행자 입장에서 금융부채로 분류되는 것에 큰 이의를 가지지 않을 수도 있다.

우리나라의 경우 이와 유사한 특성을 가진 선불카드(예 : 기프트카드, 은행 선불카드 등)가 다수 발행되고 있지만 거의 모두 만기가 있는 경우(일반적으로 5년)라고 파악되고 있다. 따라서 이 사례와 같이 미사용액이 부채로 인식되어 계속하여 증가하는 문제점은 발생하지 않을 것이다.

질문 3-5

선불카드가 금융부채로 분류된다면 부채가 계속 증가하는 등의 문제가 발생한다. 실무적으로 이 문제를 해결하는 방법은 어떤 것이 있는가?

실무적으로 부채의 계속적인 증가를 회피하려면 두 가지 방안이 있을 수 있을 것이다.

첫째는 카드의 발급을 중단하는 것이다. 미국의 경우 1년에 약 25조 원의 선불카드가 발행된다고 한다. 만일 선불카드 발급이 중단된다면 이 시장이 없어짐을 의미한다.

둘째는 카드구입자에게 back-end fee(일정 기간 사용하지 않으면 추가로 수수료를 부담시킴)를 부담시키는 것이다. back-end fee는 두 가지 측면에서 영향을 미칠 수 있다. 첫째, 선불카드를 오래 가지고 있으면 수수료를 지불해야 하기 때문에 선불카드를 짧은 기간에 사용하게 유도할 수 있다. 또한 수수료가 부과되는 만큼 부채를 줄일 수 있다. 둘째, 부채증가로 인해 발생할 수 있는 비용을 선불카드의 구매자에게 전가할 수 있다. 그러나 back-end fee는 선불카드의 경쟁력을 약화시킴으로써 선불카드라는 산업에 부정적 영향을 미칠 수도 있다. 즉, 선불카드에 대한 소비자의 선호도를 감소시켜 선불카드는 시장에서 없어지거나 매우 적어질 것이다. 이는 회계가 실무에 영향을 미치게 되어 산업의 구조에 영향을 미치게 됨을 의미한다.

일반적으로 실무나 경제적 상황이 회계처리를 결정한다. 이 사례는 회계처리가 기업의 실무뿐 아니라 경제적 상황이나 산업까지도 변화시킬 수 있다는 것을 보여준다. 실제로 금융기관들이 금융상품을 만들 때, 회계처리에 따른 재무제표의 영향을 고려한 후 금융상품을 디자인한다.

단계 4 : 인식(Recognition)

인식과 관련해서는 두 가지 이슈가 있다. 첫째는 개념체계가 제시하는 인식기준을 충족하는가 하는 것이다. 둘째는 회계단위(the unit of account)의 이슈이다.

질문 4

20X1년에 식별된 부채 중에서 K-IFRS에 따라 무한정은행(주)가 부채로 인식할 수 없는 것이 있는가? 있다면 어떤 것인가? 그리고 그 이유는 무엇인가?

이 질문은 본 사례의 선불카드에 대한 미래 지급의무가 인식기준을 충족하는가에 대한 것이다. 개념체계는 다음 기준을 모두 충족한다면 재무제표에 인식되어야 한다고 규정하고 있다.

➡ 개념체계

재무제표 요소의 인식

4.38 재무제표 요소의 정의에 부합하는 항목이 다음 기준을 모두 충족한다면 재무제표에 인식되어야 한다.

(1) 그 항목과 관련된 미래경제적효익이 기업에 유입되거나 기업으로부터 유출될 가능성이 높다.

(2) 그 항목의 원가 또는 가치를 신뢰성 있게 측정할 수 있다.

그리고 K-IFRS 제1039호 문단 14(K-IFRS 제1109호 문단 3.1.1)에서는 금융부채의 인식기준을 다음과 같이 규정하고 있다.

➡ K-IFRS 제1039호 금융상품 : 인식과 측정

14. 금융자산이나 금융부채는 금융상품의 계약당사자가 되는 때에만 재무상태표에 인식한다.

선불카드는 현금의 대용자산의 성격을 가진다. 따라서 구매자가 사용할 가능성이 매우 높고, 가맹점이 구매자에게 제공한 용역이나 재화에 대하여 무한정은행(주)에 청구할 가능성도 매우 높을 것이다.

또한 금융부채로 분류되기 때문에 원가 또는 가치를 따로 측정할 필요가 없다. 계약금액, 즉 판매금액 자체를 인식하면 된다. 금융부채가 아니라 충당부채로 분류된다고 하여도, 경험에 의하여 미사용액을 포함한 가치를 신뢰성 있게 추정하는 것은 어렵지 않을 것이다.

따라서 20X1년에 발행된 선불카드 금액 전체를 발행시점에 금융부채로 인식해야 한다.

질문 4-1

사례에서 회계단위와 관련하여 판단이 필요한 항목은 무엇인가? 그 항목에 대하여 무한정은행(주)가 적용해야 할 '회계단위'는 무엇인가?

본 사례에서 회계단위로는 다음의 세 가지를 생각해 볼 수 있을 것이다.

첫째는 선불카드 하나하나를 회계단위로 보는 것이다.

둘째는 일정 기간(예 : 매일)의 판매액을 하나의 회계단위로 보는 것이다.

셋째는 선불카드가 여러 액면금액(예 : 50,000원, 1,000,000원)으로 발행될 것이기 때문에, 선불카드를 액면금액으로 분류하여 구분하여 회계단위로 보는 것이다.

이 경우 다양한 토론이 가능할 것이다. 예를 들면, 중요성의 원칙에 따라 결정이 이루어져야 한다는 토론이 있을 수 있다. 본 사례의 경우에 선불카드 하나하나가 회계단위가 되어야 할 것으로 보인다. 선불카드가 하나씩 개별적으로 사용될 수 있기 때문이다.

단계 5 : 측정(Measurement)

인식하기 위해서는 측정되어야 한다. 측정은 재무상태표와 포괄손익계산서에 인식되고 평가되어야 할 재무제표 요소의 화폐금액을 결정하는 과정이다. 측정은 최초측정과 후속측정으로 구분할 수 있다.

질문 5

(최초측정) 최초인식시점에 선불카드의 발행으로 인해 미래에 지급해야 할 현재의무인 부채를 금융부채로 분류하는 경우와 충당부채로 분류하는 경우 측정은 어떻게 달라지는가?

K-IFRS 제1039호 문단 43(K-IFRS 제1109호 문단 5.1.1)에서는 "금융자산이나 금융부채는 최초인식시점에 공정가치로 측정한다"고 규정하고 있다. 이는 금융상품의 최초측정은 특정기업의 환경이나 상황을 반영하지 않는다는 것을 의미한다. 즉, 기업 특유의 측정(entity-specific measurement)이 아니라 시장에 기반한 측정(market-based measurement)이라는 것이다.

본 사례에서 선불카드는 요구불예금(demand deposit)과 동일한 특성을 가지고 있다. 구입자가 사용하고 가맹점이 청구하면 언제든지 지불해야 할 의무가 있기 때문이다.

K-IFRS 제1039호 문단 AG118과 K-IFRS 제1113호 문단 47에서는 '요구불 특성을 가진 금융부채(예 : 요구불예금)의 공정가치는 요구하면 지급요구가 가능한 최초일로부터 할인한 금액 이상이어야 한다'고 규정하고 있다. 예를 들면, 요구시 위약금 없이 인출할 수 있는 예금이 100원인 경우, 그 예금의 공정가치는 100원이라는 것이다. 즉, 요구불예금 부채의 공정가치는 기대상환일로부터 할인된 예금의 현재가치인데, 예금 즉시 인출될 수도 있기 때문에 예금액 자체가 최초측정액이 된다. 따라서 요구불예금 부채의 공정가치는 이자율에 의해 영향을 받지 않으며, 이자율이 변동할 때에도 변동하지 않는다.

따라서 본 사례의 선불카드의 발행으로 인해 발생하는 부채를 금융부채로 분류한다면 최초측정시 발행금액 전액을 부채로 측정해야 한다. 이는 미래에 예상되는 미사용액을 측정에 반영하면 안 된다는 것을 의미한다.

충당부채는 현재의무를 이행하기 위하여 지출되는 자원의 최선의 추정치로 측정한다. 구체적으로 K-IFRS 제1037호에서는 충당부채로 인식하는 금액은 현재의무를 보고기간 말에 이행하기 위하여 소요되는 지출에 대한 최선의 추정치이어야 한다(문단 36)고 규정하고 있다. 이는 현재의무를 이행하기 위하여 소요되는 지출에 대한 최선의 추정치는 보고기간 말에 의무를 이행하거나 제삼자에게 이전시키는 경우에 합리적으로 지급하여야 하는 금액이다(문단 36).

따라서 본 사례의 선불카드의 발행으로 인해 발생하는 부채를 충당부채로 분류한다면, 최초인식시점에 부채의 금액을 측정함에 있어서는 추가적인 판단과 추정에 따라 합리적인 추정을 해야 한다. 보다 구체적으로, 부채의 최초인식시 선불카드에 대한 미사용분까지 고려하여 부채를 결정해야 한다는 것을 의미한다.

질문 5-1

(후속측정) 후속인식시점에 선불카드의 발행으로 인해 미래에 지급해야 할 현재의무인 부채를 금융부채로 분류하는 경우와 충당부채로 분류하는 경우에 측정은 어떻게 달라지는가?

K-IFRS 제1039호 문단 47(K-IFRS 제1109호 문단 4.2.1)은 다음의 경우를 제외하고는 최초인식 후 모든 금융부채는 상각후원가로 측정한다고 명시하고 있다.

(1) 당기손익인식금융부채
(2) 금융자산의 양도가 제거 조건을 충족하지 못하거나 지속적 관여 접근법이 적용되는 경우에 발생하는 금융부채
(3) 금융보증계약
(4) 시장이자율보다 낮은 이자율로 대출하기로 한 약정

(5) K-IFRS 제1103호에 따라 취득자가 인식하는 조건부 대가

선불카드는 위의 어느 예외사항에도 포함되지 않으므로 후속적으로 상각후원가로 측정해야 한다. 그러나 앞서 설명한 바와 같이 언제든지 의무를 이행해야 하는 요구불 금융부채의 성격을 가지고 있고 따라서 이자율에 영향을 받지 않기 때문에 상각할 것이 없다. 따라서 본 사례의 선불카드의 발행으로 인해 발생하는 부채를 금융부채로 분류한다면, 후속측정시 상각 또는 재측정해야 할 것은 없다.

K-IFRS 제1037호는 후속측정에 대하여 별개의 규정을 두고 있지는 않다. 그 이유는 충당부채는 현재의무를 이행하기 위하여 지출되는 자원의 최선의 추정치로 측정한다는 최초측정의 규정이 후속측정에도 그대로 적용되기 때문이다. 현재의무를 보고기간 말에 이행하기 위하여 소요되는 지출에 대한 추정은 매 기간 말 다를 것이다. 따라서 본 사례의 선불카드의 발행으로 인해 발생하는 부채를 충당부채로 분류한다면, 후속측정시 재측정해야 한다. 이 때, 선불카드의 추정되는 예상 미사용액뿐만 아니라 할인율까지도 고려해야 할 것이다.

단계 6 : 제거(Derecognition)

질문 6

본 사례의 선불카드 발행으로 인해 미래에 지급해야 할 현재의무인 부채를 금융부채로 분류하는 경우와 충당부채로 분류하는 경우에 언제 제거해야 하는가?

개념체계는 기업의 재무상태표에 부채를 최초로 인식해야 할 때의 개념(인식기준)을 제공하지만, 부채를 재무상태표에서 제거해야 할 때의 개념(제거기준)은 제공하지 않는다. 따라서 기준서 수준에서 규정된 제거규정을 사용해야 한다.

1) 금융부채의 경우

K-IFRS 제1039호 문단 39(K-IFRS 제1109호 문단 3.3.1)에서는 "금융부채(또는 금융부채의 일부)는 소멸한 경우(즉, 계약상 의무가 이행, 취소, 만료된 경우)에만 재무상태표에서 제거한다"라고 명시하고 있다. 이는 선불카드의 경우, 구매자가 사용한 결과 가맹점이 신청한 금액을 지불함으로써 의무를 이행한 경우에만 부채를 제거할 수 있다는 것을 의미한다. 선불카드가 사용되지 않는다면 제거할 수 없다. 왜냐하면 본 사례의 선불카드는 만기가 없기 때문에 만료되는 경우는 없기 때문이다. 이는 미사용된 선불카드의 부분은 영원히 재무상태표에서 없어지지 않고 계속 표시되며, 매년 발행액의 일정 부분이 미사용될 때마다 누적되어 선불카드로 인한 부채는 계속 증가한다는 것을 의미한다.

2) 충당부채의 경우

K-IFRS 제1037호에서는 충당부채의 제거 관련하여 사용의 개념으로 충당부채는 최초인식과 관련 있는 지출에만 사용한다고 규정하고 있다. (문단 61)

따라서 선불카드가 사용되지 않을 것으로 예상된다면 최선의 추정치가 변경되며, 이에 따라 추정치의 감소액을 환입의 방식으로 제거해야 할 것이다. 결과적으로 합리적인 추정에 의하여 미사용액이 부채의 측정에 반영된다.

2.2.3 그룹 3 : 표시와 공시

단계 7 : 표시와 공시(Presentation and disclosure)

질적특성 중 일부가 표시와 공시에 대한 개념을 보여주기는 하지만 현재 개념체계에는 표시와 공시에 대한 구체적 언급은 없다. 따라서 관련 기준서(K-IFRS 제1032호, 제1037호, 제1039호)의 요구사항을 고려해야 한다.

질문 7

본 사례의 선불카드는 금융부채로 분류된다. 재무제표에 어떻게 표시되고 공시되어야 하는가?

K-IFRS 제1107호 '금융상품 : 공시'에서 규정하고 있는 공시 요구사항 중 상각후원가로 측정하는 금융부채와 관련된 내용은 다음과 같다.

K-IFRS 제1107호 금융상품 : 공시

8. 기업회계기준서 제1039호에서 정의한 다음의 각 범주별 장부금액을 재무상태표나 주석에 공시한다.
   (1) 당기손익인식금융자산은 기업회계기준서 제1039호에 따라 (가) 최초인식시점에 당기손익인식금융자산으로 지정된 자산과 (나) 단기매매금융자산으로 각각 분리하여 표시한다.
   (2) 만기보유금융자산
   (3) 대여금 및 수취채권
   (4) 매도가능금융자산
   (5) 당기손익인식금융부채는 기업회계기준서 제1039호에 따라 (가) 최초인식시점에 당기손익인식금융부채로 지정된 부채와 (나) 단기매매금융부채로 각각 분리하여 표시한다.
   (6) 상각후원가로 측정하는 금융부채

25. 금융자산과 금융부채의 종류별(문단 6 참조) 공정가치와 장부금액을 비교하는 형식으로 공시한다. 다만, 문단 29의 경우에는 그러하지 아니하다. (후략)

39. 다음 사항을 공시한다.
   (1) 잔존계약만기를 나타내는 비파생금융부채의 만기분석(발행된 금융보증계약 포함)

B11C. 문단 39(1)과 (2)에서는 일부 금융부채의 경우 잔존계약만기를 보여주는 금융부채의 만기분석을 공시하도록 요구하고 있다. 이러한 공시에서

(1) 거래상대방에게 지급시기의 선택권이 있는 금융부채의 경우, 지급을 요구받을 수 있는 가장 이른 기간에 배분한다. 예를 들면, 지급을 요구받은 즉시 지급하여야 하는 금융부채(예 : 요구불예금)는 가장 이른 구간에 포함한다.

(2) 할부로 이용가능한 자금을 제공하는 약정의 경우, 지급청구가 가능한 가장 이른 기간에 각 할부금액을 배분한다. 예를 들면, 미사용 대출약정은 실행될 수 있는 가장 이른 일자가 속한 기간에 포함한다.

(3) 발행된 금융보증계약의 경우, 보증의 최대금액을 보증이 요구될 수 있는 가장 이른 기간에 배분한다.

사례의 선불카드는 상각후원가로 측정해야 하지만 요구불 금융부채의 성격을 가지고 있고 이자율에 영향을 받지 않으므로 상각 또는 재측정할 것이 없다. 따라서 K-IFRS 제1107호 문단 8(6), 문단 25, 문단 39(1), B11C 등에 따른 정보를 정보이용자에게 공시하면 될 것이다.

질문 7-1

선불카드가 충당부채로 분류된다면 재무제표에 어떻게 표시되고 공시되어야 하는가?

K-IFRS 제1037호에서 규정하고 있는 공시 요구사항 중 충당부채와 관련된 내용은 다음과 같다.

K-IFRS 제1037호 충당부채, 우발부채, 우발자산

84. 충당부채의 유형별로 다음의 내용을 공시한다. 비교표시 정보는 생략할 수 있다.

(1) 기초와 기말 장부금액

(2) 당기에 추가된 충당부채 금액(기존 충당부채의 증가금액 포함)

(3) 당기에 사용된 금액(즉, 발생하여 충당부채에서 차감한 금액)

(4) 당기에 환입된 금액

(5) 현재가치로 평가한 충당부채의 기간 경과에 따른 당기 증가금액 및 할인율

변동에 따른 효과

85. 충당부채의 유형별로 다음의 내용을 공시한다.
    (1) 충당부채의 성격과 경제적효익의 유출이 예상되는 시기
    (2) 유출될 경제적효익의 금액과 시기에 대한 불확실성 정도(충분한 정보제공이 필요한 경우에는 문단 48에 규정하고 있는 바와 같이 관련된 미래사건에 대한 주요한 가정의 공시 포함)
    (3) 제삼자에 의한 변제예상금액 및 그와 관련하여 인식한 자산 금액

따라서 사례의 선불카드를 충당부채로 분류한다면 K-IFRS 제1037호 문단 84 및 85에서 요구하는 내용을 공시해야 할 것이다.

2.2.4 그룹 4 : 추가 고려 사항

단계 8 : 유용한 재무보고에 대한 원가와 효익의 균형(The Cost Constraint on Useful Financial Reporting)

질문 8

본 사례에서 원가와 효익의 균형은 어떻게 고려해야 하는가?

본 사례에서 선불카드로 인한 부채의 측정이 가져올 수 있는 효익은 이러한 회계정보가 무한정은행(주) 재무제표의 기간비교 또는 업종간 비교 가능성을 높이는 정보인지, 또는 재무정보 이용자의 미래 현금흐름 추정에 유용한 정보인지에 여부에 달려 있다. 한편 이들 정보의 원가는 무한정은행(주)가 상기 추정모형에 따라 동 정보를 산출해 내는 작성 비용을 말하며, 원가와 효익의 균형이란 이들 정보의 효익과 정보 작성의 원가를 종합적으로 판단하여야 함을 말한다.

본 사례에서는 금융부채라고 결론지었지만, 미국의 경우에는 예외를 인정

하였다. 따라서 미국과 같이 예외를 인정해서 충당부채로 인식한다면 최선의 추정치를 예측하는 것이 매우 중요하다.

최선의 추정치를 예측하는 방법에는 최소한 다음의 두 가지 방법이 있을 것이다. 첫 번째는 사용일을 예측하고 이에 따라 사용일별 금액을 예측해서 현재가치로 할인하는 정교한 모형이다. 두 번째는 경험률에 따라 미사용액을 예측하고 이를 발행액에서 차감하는 방법이다. 이 두 방법 이외에도 여러 가지 추정의 기법이 있을 것인데, 어느 방법을 선택하는가에는 선불카드로 인하여 발생하는 부채의 금액의 크기와 중요성에 따라서 달라질 것이다. 따라서 어떤 추정모형을 채택할 것인가를 결정함에 있어서 이러한 효익과 원가를 고려하여 결정해야 할 것이다.

Case 2의 FBT 단계 적용 내용 요약

지금까지 살펴본 FBT를 적용한 선불카드발행 관련 부채에 대한 단계별 적용 내용을 정리하면 다음과 같다.

FBT 8단계	질 문	결론(판단)
단계 1 (경제적 현상과 유용한 정보)	• 질문 1. 본 사례에서 경제적 현상은 무엇인가?	• 선불카드 발행
	• 질문 1-1. 경제적 현상에 대하여 유용한 정보는 무엇인가?	• 선불카드 발행으로 인한 미래 현금유출액
단계 2 (식별)	• 질문 2. 선불카드의 발행으로 유입된 현금은 부채인가 아니면 무한정은행(주)의 수익인가?	• 부채로 식별
단계 3 (분류)	• 질문 3. 선불카드의 발행으로 인해 미래에 지급해야 할 현재의무인 부채는 금융부채인가?	• 금융부채
	• 질문 3-1. 금융부채가 되기 위해서는 해당 부채가 금융상품(financial instrument)이어야 한다. 선불카드의 발행으로 부담하는 지급의무는 금융상품인가?	• 금융상품에 해당
	• 질문 3-2. 선불카드의 발행으로 인해 미래에 지급해야 할 현재의무인 부채를 비금융부채로 분	• 충당부채

	류한다면 충당부채로 분류해야 하는가, 우발부채로 분류해야 하는가?	
	• 질문 3-3. 질문 3에서 살펴본 바와 같이, 선불카드의 발행으로 인한 부채는 금융부채이다. 그렇다면 질의자가 비금융부채 특히 충당부채라고 주장한 이유는 무엇인가?	• 충당부채로 분류한다면, 선불카드의 미사용분을 제거할 수 있음
	• 질문 3-4. 선불카드가 금융부채로 분류된다면 미사용액(breakage)을 고려하지 않는다. breakage를 고려하지 않는다면 경제적 현상에 대한 유용한 정보를 제공하는가?	• 판단하는 관점에 따라 유용성의 차이가 존재함
	• 질문 3-5. 선불카드가 금융부채로 분류된다면 부채가 계속 증가하는 등의 문제가 발생한다. 실무적으로 이 문제를 해결하는 방법은 어떤 것이 있는가?	• 카드발급중단, 카드구입자에게 back-end fee 부담 등
단계 4 (인식)	• 질문 4. 20X1년에 식별된 부채 중에서 K-IFRS에 따라 무한정은행(주)가 부채로 인식할 수 없는 것이 있는가? 있다면 어떤 것인가? 그리고 그 이유는 무엇인가?	• 없음
	• 질문 4-1. 사례에서 회계단위와 관련하여 판단이 필요한 항목은 무엇인가? 그 항목에 대하여 무한정은행(주)가 적용해야 할 '회계단위'는 무엇인가?	• 각각의 선불카드를 회계단위로 봄
단계 5 (측정)	• 질문 5. (최초측정) 최초인식시점에 선불카드의 발행으로 인해 미래에 지급해야 할 현재의무인 부채를 금융부채로 분류하는 경우와 충당부채로 분류하는 경우 측정은 어떻게 달라지는가?	• Breakage의 차이
	• 질문 5-1. (후속측정) 후속인식시점에 선불카드의 발행으로 인해 미래에 지급해야 할 현재의무인 부채를 금융부채로 분류하는 경우와 충당부채로 분류하는 경우에 측정은 어떻게 달라지는가?	
단계 6 (제거)	• 질문 6. 본 사례의 선불카드 발행으로 인해 미래에 지급해야 할 현재의무인 부채를 금융부채로 분류하는 경우와 충당부채로 분류하는 경우에 언제 제거해야 하는가?	• 금융부채 - 사용시점 • 충당부채 - 사용시점 or 추정금액의 변경

단계 7 (표시 공시)	• 질문 7. 본 사례의 선불카드는 금융부채로 분류된다. 재무제표에 어떻게 표시되고 공시되어야 하는가?	• K-IFRS 제1107호에 따라 표시 및 공시
	• 질문 7-1. 선불카드가 충당부채로 분류된다면 재무제표에 어떻게 표시되고 공시되어야 하는가?	• K-IFRS 제1037호에 따라 표시 및 공시
단계 8 (원가효익 균형)	• 질문 8. 본 사례에서 원가와 효익의 균형은 어떻게 고려해야 하는가?	• 정보이용자의 효익과 정보 생산의 원가에 대한 종합적 판단 필요

Chapter

3 FBT 단계별 사례

단계 1 : 경제적 현상과 유용한 정보

개념체계

서론

재무제표는 정보이용자의 경제적 의사결정에 유용한 정보를 제공하기 위해 작성되어야 한다.

대부분의 정보이용자는 다음과 같은 경제적 의사결정을 한다.

(1) 지분투자에 대한 매수, 보유 또는 매도시기를 결정한다.

(2) 경영진의 수탁책임이나 회계책임을 평가한다.

(3) 기업이 종업원에게 급여를 지급하고 그 밖의 복리후생을 제공하는 능력을 평가한다.

(4) 기업에 대여한 금액에 대한 안전성을 평가한다.

(5) 조세 정책을 결정한다.

(6) 분배가능한 이익과 배당을 결정한다.

(7) 국민소득통계를 집계하고 이용한다.

(8) 기업 활동에 대해 감독한다.

OB3. … 투자자, 대여자 및 기타 채권자의 수익에 대한 기대는 기업에 유입될 미래 순현금유입의 금액, 시기 및 불확실성(전망)에 대한 그들의 평가에 달려 있다. 따라서 현재 및 잠재적 투자자, 대여자 및 기타 채권자는 기업에 유입될 미래 순현금유입에 대한 전망을 평가하는 데 도움을 주는 정보를 필요로 한다.

OB4. … 미래 순현금유입에 대한 기업의 전망을 평가하기 위하여 기업의 자원, 기업에 대한 청구권, 그리고 기업의 경영진 및 이사회가 기업의 자원을 사용하는 그들의 책임을 얼마나 효율적이고 효과적으로 이행해 왔는지에 대한 정보를 필요로 한다.…

OB12. … 재무보고서는 보고기업의 경제적 자원과 청구권을 변동시키는 거래와 그 밖의 사건의 영향에 대한 정보도 제공한다. 이 두 유형의 정보는 기업에 대한 자원 제공 관련 의사결정에 유용한 투입요소를 제공한다.

사례 1-1 장기근속 임직원에게 순금 지급

좋은세상(주)는 직원들의 근무환경과 복지제도가 좋아 이직률이 낮고 평균근속연수가 높다. 임직원의 개인별 평균급여는 연간 약 5천만 원이며, 매 10년 근속할 때마다 순금 100돈을 지급하고 있다.

토론을 위한 회계이슈 |

잠재적 투자자가 좋은세상(주)의 지분에 투자하려고 한다면, 회사가 임직원에게 제공하는 복지에 대해 어떠한 정보를 원할 것인가?

사례 1-2 스마트폰 제작기술 사용료 분쟁

(주)차이나전자는 최신형 스마트폰을 생산하는 업체이다. 회사는 스마트폰을 생산하면서 타 업체의 특허에 관련된 기술을 일부 사용하였지만 현재까지 어떠한 로열티 수수료도 지급한 적이 없었다. 20X1년 중에 스마트폰 'C7'을 신규 개발하였다.

미국의 M사는 (주)차이나전자가 C7 제품에 자사의 특허기술을 사용한 것을 발견하고 (주)차이나전자에 기술사용료를 지급할 것을 요구하였으며, 20X1년 말 현재 양사는 기술사용료에 대하여 협상 진행중이다.

토론을 위한 회계이슈 |

(주)차이나전자의 회사채를 보유하고 있는 채권자는 (주)차이나전자와 미국의 M사 간의 기술사용료 협상과 관련하여 어떠한 정보를 원할 것인가?

사례 1-3 법적 제재를 받는 대신 사회공헌출연금 약속

(주)그린세상은 대한민국 인터넷 검색시장 점유율 1위를 자랑하는 IT기업이며, 주요 수입은 검색서비스와 연계된 광고수입이다.

20X1년에 (주)그린세상은 공정거래위원회로부터 공정거래법 위반(*)으로 약 1,000억 원 이상의 과징금 및 법적 제재를 받을 수 있다는 통지를 받았다.

공정거래위원회는 위반사업자 스스로 재발방지대책과 피해보상대책 등의 시정방안을 제시할 경우 공정거래위원회가 법적 제재 없이 심의를 종결하는 제도를 운용하고 있다.

* (주)그린세상이 제공하는 검색서비스에서 광고와 정보를 뚜렷하게 구별하지 않아 사용자에게 피해를 입혔다.

토론을 위한 회계이슈 |

(주)그린세상의 주식을 보유하고 있는 투자자는 (주)그린세상으로부터 공정거래법 위반에 대한 어떠한 정보를 원할 것인가?

사례 1-4 의류의 반품 추정

(주)주원패션은 여성전문 의류브랜드를 운영하는 업체이다. 회사는 판매 후 1개월 이내에는 반품을 허용하고 있다.

(주)주원패션의 지난 1년 동안 월 평균 제품매출액은 100억 원이다.

토론을 위한 회계이슈 |

(주)주원패션이 K은행에서 자금을 차입하고자 한다면, K은행은 상기 사안에 대해 어떠한 정보를 원할 것인가?

단계 2 : 식별(Identification)

개념체계

4.4 재무상태의 측정에 직접 관련되는 요소는 자산, 부채 및 자본이다. 이러한 요소의 정의는 다음과 같다.

(2) 부채는 과거사건으로 생긴 현재의무로서, 기업이 가진 경제적효익이 있는 자원의 유출을 통해 그 이행이 예상되는 의무이다.

4.15 부채의 본질적 특성은 기업이 현재의무를 갖고 있다는 것이다. 의무란 특정 방법으로 실행하거나 수행할 책무 또는 책임을 말한다. 의무는 구속력 있는 계약이나 법규에 따라 법률적 강제력이 있을 수 있다. 제공받은 재화와 용역에 대한 미지급채무가 일반적인 예이다. 의무는 정상적인 거래실무, 관행 또는 원활한 거래관계를 유지하거나 공평한 거래를 하려는 의도에서 발생할 수도 있다. 만일 어떤 기업이 보증기간이 명백히 경과한 후에 발생하는 제품하자에 대해서도 수리해 주기로 방침을 정한 경우에 이미 판매된 제품과 관련하여 지출될 것으로 예상되는 금액은 부채이다.

4.16 현재의무와 미래의 약속은 구별되어야 한다. 미래에 특정 자산을 취득하겠다는 경영진의 의사결정 그 자체만으로는 현재의무가 발생하지 아니한다. 의무는 일반적으로 그 자산이 인도되는 때 또는 기업이 자산획득을 위한 취소불능약정을 체결하는 때 발생한다. 후자의 경우에 속하는 취소불능약정은 예를 들어, 의무불이행의 결과에 따른 상당한 위약금 때문에 거래상대방에 대한 자원의 유출을 회피할 여지가 거의 없는 약정을 말한다.

K-IFRS 第1037호 충당부채, 우발부채, 우발자산

10. 이 기준서에서 사용하는 용어의 뜻은 다음과 같다.

충당부채 : 지출하는 시기 또는 금액이 불확실한 부채

부채 : 과거사건으로 생긴 현재의무로서, 기업이 가진 경제적효익이 있는 자원의 유출을 통해 그 이행이 예상되는 의무

의무발생사건 : 해당 의무의 이행 외에는 현실적인 대안이 없는 법적의무나 의제의무가 생기게 하는 사건

법적의무 : 다음 중 하나에서 생기는 의무

(1) 명시적 또는 암묵적 조건에 따른 계약

(2) 법률

(3) 그 밖의 법적 효력

의제의무 : 다음 조건을 모두 충족하는 기업의 행위에 따라 생기는 의무

(1) 과거의 실무관행, 발표된 경영방침, 구체적이고 유효한 약속 등으로 기업이 특정 책임을 부담할 것이라고 상대방에게 표명함

(2) 위 (1)의 결과로 기업이 해당 책임을 이행할 것이라는 정당한 기대를 상대방이 갖도록 함

72. 구조조정에 대한 의제의무는 다음의 요건을 모두 충족하는 경우에만 발생된다.

(1) 구조조정에 대한 공식적이며 구체적인 계획에 의하여 적어도 아래에 열거하는 내용을 모두 확인할 수 있어야 한다.

(가) 구조조정 대상이 되는 사업 또는 사업의 일부

(나) 구조조정의 영향을 받는 주사업장 소재지

(다) 해고에 따른 보상을 받게 될 것으로 예상되는 종업원의 근무지, 역할 및 대략적인 인원

(라) 구조조정에 소요되는 지출

(마) 구조조정계획의 이행시기

(2) 기업이 구조조정 계획의 이행에 착수하였거나 구조조정의 주요 내용을 공표함으로써 구조조정의 영향을 받을 당사자가 기업이 구조조정을 이행할 것이라는 정당한 기대를 가져야 한다.

사례 2-1 결혼축의금

(주)세명전자의 김주혁 사원은 최근 사내커플인 노영이 사원과 결혼을 하였다. 김주혁 사원은 결혼식에 회사의 중요한 거래처인 (주)럭키반도체의 박거성 사장이 100만 원의 축의금을 내고 간 사실을 알고 깜짝 놀랐다. 대부분 축의금은 5만 원 정도였다.

신혼여행을 다녀온 김주혁 사원은 (주)럭키반도체의 박거성 사장의 아들 결혼식 청첩장이 이메일로 온 것을 확인하였고, 결혼식은 한 달 뒤였다. 김주혁 사원은 박거성 사장에게 축의금에 대한 감사인사를 하며, 박 사장의 아들 결혼식에 꼭 참석하겠다고 답변을 하였다.

토론을 위한 회계이슈 |

김주혁 사원은 결혼축의금과 관련하여 부채를 식별할 수 있는가?

사례 2-2 결함이 발생한 자동차의 리콜

(주)S모토는 20X1년 12월 중 자사 제품 중 하나인 A100을 구입한 고객으로부터 운행 도중 시동이 갑자기 꺼진다는 사고를 접수받고 바로 조사를 시작하였다.

A100에 적용된 S엔진 2.0에 일부 내구성 문제가 있다는 조사 결과가 20X2년 1월 5일 발표되었으며, (주)S모토는 현재까지 판매된 모든 A100 모델에 대한 리콜을 20X2년 1월 6일에 공표하였다.

(주)S모토는 제품에 결함이 발생하여 리콜할 경우 전액 환불해 주는 정책을 가지고 있다.

토론을 위한 회계이슈 |

(주)S모토는 20X1년 12월 31일 현재 결함이 발생한 자동차의 리콜과 관련하여 부채를 식별할 수 있는가?

사례 2-3 법률적 요구가 있는 항공기 수선원가

(주)에어항공은 20X1년 초 30대의 항공기를 리스하는 계약을 체결하였다. 이 계약은 3년에 한 번씩 갱신하는 조건이다.

대한민국 항공법에 따르면, 여객업에 종사하는 항공사는 보유항공기를 3년에 한 번씩 분해수리하여야 한다. 이때의 수리비는 항공기 가격의 10%에 육박할 정도로 막대한 비용이 필요하다.

최근 유가 상승 및 경제 불황의 여파로 (주)에어항공의 재무상태는 몹시 좋지 않은 상태이며, 3년에 한 번씩 돌아오는 대수선 비용은 회사에 큰 부담으로 다가오고 있다.

토론을 위한 회계이슈 |

(주)에어항공은 법률에 따라 항공기를 매 3년마다 수리하여야 하며 이때 거액의 지출이 발생하는데, 예상되는 이 지출을 회사는 20X1년 초 현재 부채로 식별할 수 있는가?

사례 2-4 기업의 사회적 책임

대기업 지주회사인 (주)제인홀딩스는 최근 기업의 사회적 책임의 중요성을 강조하면서 (주)제인홀딩스의 향후 CSR(Corporate Social Responsibility) 계획을 발표하는 기자회견을 20X1년 12월에 열었다.

이 기자회견에서 (주)제인홀딩스는 올해 20X1년부터 향후 10년간 매년 저소득층 자녀 중 대학신입생 100명을 선발하여 4년간 대학교 등록금 및 수업료 전액을 지원하겠다고 발표하였으며, 기자회견 시점에 향후 10년 계획 중 1년차 지급대상은 이미 선발을 확정하였다는 내용도 포함되었다.

(주)제인홀딩스는 사회적으로 명망이 있는 기업으로 공식적인 의견 표명을 그대로 이행할 것이라는 사회적인 기대가 형성되어 있다.

토론을 위한 회계이슈 |

(주)제인홀딩스는 20X1년 말 현재 CSR(기업의 사회적 책임) 계획과 관련하여 부채를 식별할 수 있는가?

사례 2-5 식중독 사건에 대한 정부당국의 수사

(주)싱싱야채는 전국 100여 개 초등학교의 점심식사에 사용될 각종 나물과 야채 등을 공급하고 있다. 그런데 20X1년 11월 중 일부 초등학교에서 식중독 사건이 발생하였다.

관련 소식이 저녁 뉴스에도 보도되면서 20X1년 12월 중 보건복지당국으로부터 수사가 진행될 것이라는 통지를 받았다.

(주)싱싱야채는 비상회의를 소집하여 이용가능한 모든 정보를 통해 이번 사고의 원인을 분석하였으나 자사 제품에 문제가 있었던 것인지 아니면 타사의 식재료에 문제가 있었던 것인지 결론을 내릴 수 없었다. 결국, 보건복지당국의 수사가 완료되기 전까지는 이번 사건의 책임 소재를 밝히는 것이 불가능한 상황이다.

토론을 위한 회계이슈 |

(주)싱싱야채는 20X1년 12월 31일 현재 식중독 사건과 관련하여 부채를 식별할 수 있는가?

사례 2-6 일부 편의점의 점포 정리

(주)247편의점은 전국 각지에서 100여 개의 점포를 운영하고 있으며, 각 점포의 영업성과를 분석하여 수익성을 비롯한 각종 요소를 고려 후 매년 3월 초에 약 8~10개의 점포를 정기적으로 정리하고 있다.

20X1년 12월 초, (주)247편의점의 이사회는 10개의 점포를 정리하기로 결정하였다. 그러나 아직까지 영업성과 분석이 완료되지 않아 20X1년 12월 31일 현재 구체적으로 어떤 점포들이 정리될지는 결정되지 않았다.

토론을 위한 회계이슈 |

(주)247편의점은 20X1년 12월 31일 현재 점포 정리와 관련하여 부채를 식별할 수 있는가?

사례 2-7 정리 해고 전 노사협약이 진행되고 있는 경우

(주)한길제철은 철강업 경기 침체 및 유동성 위기에 따른 재무구조 악화로 인하여 주채권은행에 공동관리를 신청하고 경영정상화 이행을 위한 약정을 체결하였다.

경영정상화 약정의 일환으로 마련된 자구책으로서 현재 운영되고 있는 3개의 공장 중 손실이 가장 크게 나고 있는 포항 공장을 20X2년 3월 중 폐쇄하기로 하였다. 타 공장으로 이전하는 인원, 정리 해고 인원에 대한 보상 및 향후 우선 재고용 조건 등과 관련하여 노사협약이 진행되는 중이어서 최종 구조조정 통보를 위한 사내 메일은 20X1년 12월 31일 현재 아직 발송되지 않은 상태이다.

노사협약에 따라 일부 조건이 어느 정도 변경될 수는 있으나 포항 공장을 폐쇄하기로 한 결정이 번복될 가능성은 없다.

토론을 위한 회계이슈 |

(주)한길제철은 20X1년 12월 31일 현재 진행중인 구조조정과 관련하여 부채를 식별할 수 있는가?

> 사례 2-8 임대기간 종료시 개량자산에 대한 원상복구 조항이 있는 경우

(주)휴먼마케팅은 사무실 리모델링을 하기 위해 전문 업체 (주)편안한공간과 상담한 결과, 현재 분리되어 있는 1, 2층을 내부에서 연결할 수 있는 계단을 만들고, 공간을 보다 넓고 통일성 있게 보일 수 있도록 하기 위하여 현재 손님 대기실 쪽에 있는 가벽을 철거하기로 결정하였다.

다만, 현재 사무실을 운용리스로 이용하고 있는데, 리스 계약에 따르면 리스 기간 종료 후 목적물을 반환할 때 원상복구를 해야 한다. 원상복구를 위해서는 3백만 원이 필요할 것으로 추정된다.

20X1년 12월 31일 현재 인테리어 공사가 모두 완료되었다.

토론을 위한 회계이슈 |

(주)휴먼마케팅은 20X1년 12월 31일 현재 원상복구와 관련하여 부채를 식별할 수 있는가?

> 사례 2-9 구조조정을 위한 아웃소싱

(주)역삼은 IT기능 유지에 많은 비용이 들어 구조조정 목적으로 (주)CS에 IT기능을 인도하고 아웃소싱하기로 하였다.

(주)역삼은 20X1년 6월 30일에 인도한 IT부서를 (주)CS가 구조조정하면 이와 관련된 모든 원가를 (주)CS에 지급하기로 하고, 아웃소싱 계약을 체결하였다.

토론을 위한 회계이슈 |

(주)역삼은 20X1년 6월 30일 현재 아웃소싱 계약과 관련하여 부채를 식별할 수 있는가?

사례 2-10 철강제품 공급 전 미리 수령한 대금

철강제품을 제조 판매하는 (주)인천제강의 주요 고객사는 철강도매업체와 건설사이다. (주)인천제강은 안정적인 매출대금 수금을 위해 일부 신용도가 약한 철강도매업체에는 외상판매 대신 대금 선수(先受)의 계약 조건으로 제품을 판매하고 있다.

(주)인천제강은 20X1년 말에 철강도매업체인 (주)영종스틸로부터 선수금으로 1억원을 수취하였으며, 제품은 20X2년 1월 말에 인도할 예정이다.

토론을 위한 회계이슈 |

(주)인천제강은 20X1년 말 현재 이 선수금을 부채로 식별할 수 있는가?

단계 3 : 분류(Classification)

K-IFRS 제1001호 재무제표 표시

54. 재무상태표에는 다음에 해당하는 금액을 나타내는 항목을 표시한다.
 (11) 매입채무 및 기타 채무
 (12) 충당부채
 (13) 금융부채(단, (11)과 (12)는 제외)

K-IFRS 제1037호 충당부채, 우발부채, 우발자산

10. 이 기준서에서 사용하는 용어의 뜻은 다음과 같다.
 충당부채 : 지출하는 시기 또는 금액이 불확실한 부채

K-IFRS 제1032호 금융상품 : 표시

11. 이 기준서에서 사용하는 용어의 뜻은 다음과 같다.

금융부채는 다음의 부채를 말한다.

(1) 다음 중 어느 하나에 해당하는 계약상 의무

(가) 거래상대방에게 현금 등 금융자산을 인도하기로 한 계약상 의무

(나) 잠재적으로 불리한 조건으로 거래상대방과 금융자산이나 금융부채를 교환하기로 한 계약상 의무

(2) 자기지분상품으로 결제하거나 결제할 수 있는 다음 중 하나의 계약

사례 3-1 철강제품 공급 전 미리 수령한 대금

철강제품을 제조 판매하는 (주)인천제강의 주요 고객사는 철강도매업체와 건설사이다. (주)인천제강은 안정적인 매출대금 수금을 위해 일부 신용도가 약한 철강도매업체에는 외상판매 대신 대금 선수(先受)의 계약 조건으로 제품을 판매하고 있다.

(주)인천제강은 20X1년 말에 철강도매업체인 (주)영종스틸로부터 선수금으로 1억 원을 수취하였으며, 제품은 20X2년 1월 말에 인도할 예정이다.

토론을 위한 회계이슈

(주)인천제강은 20X1년 말 현재 선수금 1억 원을 재무제표상 어떤 부채로 분류해야 하는가?

사례 3-2 온실가스배출권

(주)서울발전은 온실가스배출권 할당 대상업체로 선정되었다. 선정된 업체는 정부로부터 배출권 할당 수량(1톤당 배출권 1개)을 제공받으며, 연간 온실가스 배출량이 할당받은 수량을 초과하면 과징금을 납부해야 한다.

20X1년에 (주)서울발전이 할당받은 배출권은 130,000개이며, 실제로 배출한 온실가스는 150,000톤으로 추정된다.

초과 배출한 온실가스에 대한 과징금은 20X2년 6월 30일에 납부해야 하며, 단위당 납부금액은 확정되지 않았으나 정부의 발표에 따르면 12월 31일 배출권 거래소에 거래되고 있는 시세인 톤당 20,000원에서 크게 다르지 않을 것으로 예상된다.

토론을 위한 회계이슈 |

(주)서울발전은 20X1년 말에 초과 배출한 온실가스에 대해 부과받을 것으로 예상되는 과징금을 재무제표상 어떻게 분류해야 하는가?

사례 3-3 미지급비용

신용평가회사인 (주)시크릿컨설팅은 외부 보안업체인 강남시큐리티(주)로부터 본사 사옥의 보안 및 경비서비스를 제공받고 있다.

이 보안 및 경비서비스에 대한 수수료는 매월 1개월 단위로 청구되며 서비스를 제공받은 익월 10일에 청구서를 받아서 15일에 지급하고 있다.

가끔 특별경비서비스의 사유 등으로 인하여 수수료의 수준은 변동이 있긴 하지만 미미하며, 통상적으로 월 평균 보안 및 경비서비스 수수료는 1억 원 수준이다.

토론을 위한 회계이슈 |

(주)시크릿컨설팅은 20X1년 말 현재 20X1년 12월의 보안 및 경비서비스에 대한 지급의무를 재무제표상 어떻게 분류해야 하는가?

사례 3-4 차입금의 유동성 분류

(주)아주편한건설은 건설공제조합으로부터 만기 1년의 차입금 1억 원을 차입하고 있다. 차입약정서에 따르면 동 차입금은 1년 단위로 재약정이 이루어진다. (주)아주편한건설은 매년 재약정을 통해 차입금의 상환 없이 3년째 1억 원을 계속 사용하고 있다.

토론을 위한 회계이슈 |

(주)아주편한건설은 20X1년 말 현재 상기의 차입금을 유동부채로 분류하여야 하는가, 비유동부채로 분류하여야 하는가?

단계 4 : 인식(Recognition)

개념체계

재무제표 요소의 인식

4.38 재무제표 요소의 정의에 부합하는 항목이 다음 기준을 모두 충족한다면 재무제표에 인식되어야 한다.

(1) 그 항목과 관련된 미래경제적효익이 기업에 유입되거나 기업으로부터 유출될 가능성이 높다.

(2) 그 항목의 원가 또는 가치를 신뢰성 있게 측정할 수 있다.

미래경제적효익의 발생 가능성

4.40 인식기준에는 특정 항목과 관련된 미래경제적효익이 기업에 유입되거나 기업에서 유출될 불확실성의 정도를 의미하는 발생 가능성의 개념이 사용된다. 이 개념은 영업활동이 수행되는 기업환경의 특성을 반영하는 불확실성을 고려하고자 하는 것이다. 미래경제적효익의 유입과 유출에 대한 불확실성 정도의 평가는 재무제표를 작성할 때 이용가능한 증거에 기초하여야 한다.…

측정의 신뢰성

4.41 어떤 항목의 인식을 위한 두 번째 기준은 신뢰성 있는 측정이 가능한 원가 또는 가치를 갖고 있어야 한다는 것이다. 많은 경우에 원가 또는 가치가 추정되어야 하는데 이 경우 재무제표를 작성할 때 합리적인 추정을 사용해야 하며 합리적 추정이 신뢰성을 훼손하지는 않는다.…

K-IFRS 제1037호 충당부채, 우발부채, 우발자산

14. 충당부채는 다음의 요건을 모두 충족하는 경우에 인식한다.

(1) 과거사건의 결과로 현재의무(법적의무나 의제의무)가 존재한다.

(2) 해당 의무를 이행하기 위하여 경제적효익이 있는 자원을 유출할 가능성이 높다.

(3) 해당 의무를 이행하기 위하여 필요한 금액을 신뢰성 있게 추정할 수 있다.

위의 요건을 충족하지 못할 경우에는 충당부채로 인식할 수 없다.

사례 4-1 위조문서로 인한 세금환급 초과금

(주)미래정유는 경유를 수입할 때 부가가치세와 교통세를 납부하고 있다. 수입한 경유는 외국항행선박에 공급할 경우 납부한 세금을 환급받는다.

(주)미래정유는 경유를 중개인을 통해 공급하고 있는데, 중개인이 경유를 전용하고 문서를 위조했다는 사실이 발각되었다. (주)미래정유는 그 문서를 통하여 세금을 환급받았으나 20X1년 6월 30일 국세청 조사에서 그 사실이 적발되었다.

국세청은 초과 환급된 부가가치세에 대한 추징과세예고통지를 하였으나, 관세청에서는 교통세에 대해 20X1년 12월 31일 현재 아무런 조치를 취하지 않고 있다.

토론을 위한 회계이슈 |

중개인이 위조한 문서로 인해 (주)미래정유는 초과하여 환급받은 교통세를 20X1년 12월 31일 현재 재무제표에 부채로 인식해야 하는가?

사례 4-2 종속기업에 대한 지급보증

(주)호령건설은 SOC 건설을 위한 특수목적법인인 (주)분당지하철에 지분투자를 하여 지배력을 행사하게 되었다.

(주)분당지하철은 사업의 실행을 위해 20X1년 12월 31일 금융기관으로부터 1,000억 원을 차입하였으며, (주)호령건설은 이 차입금 전액에 대하여 지급보증을 제공하였다.

20X3년 중 (주)분당지하철의 재무상태가 악화되어 (주)분당지하철은 20X3년 6월 30일에 워크아웃을 신청하였다.

토론을 위한 회계이슈 |

(주)호령건설은 20X1년 12월 31일 및 20X3년 6월 30일 각각의 일자에 종속기업 (주)분당지하철에 제공한 지급보증 1,000억 원을 부채로 인식해야 하는가?

> 사례 4-3 구조조정을 위한 아웃소싱

(주)역삼은 IT기능 유지에 많은 비용이 들어 구조조정 목적으로 (주)CS에 IT기능을 인도하고 아웃소싱하기로 하였다.

(주)역삼은 20X1년 6월 30일에 인도한 IT부서를 (주)CS가 구조조정하면 이와 관련된 모든 원가를 (주)CS에 지급하기로 하고, 아웃소싱 계약을 체결하였다.

(주)CS는 20X1년 8월 1일 인수한 IT부서의 종업원에게 구조조정과 관련한 구체적인 내용을 공표하는 등 구조조정에 착수하였다.

토론을 위한 회계이슈 |

(주)역삼은 20X1년 8월 1일 현재 구조조정과 관련하여 부채를 인식할 수 있는가?

> 사례 4-4 패소할 가능성이 낮은 소송사건

(주)바비성형은 자연스러운 성형을 해준다는 입소문을 통해 유명세를 타기 시작하여 크게 성장하였다. 최근에는 유명한 연예인들까지도 (주)바비성형을 찾고 있다. 올해 초에는 몇 달 전 성황리에 종방연한 미니시리즈의 남주인공이 (주)바비성형에서 수술을 받았는데, 남주인공은 수술 결과가 원하는 대로 나오지 않았다며 (주)바비성형을 상대로 소송을 제기하였다.

사실 (주)바비성형은 이러한 종류의 소송에 빈번히 노출되고 있다. 그러나 의사의 중대한 실수가 아니고 건강에 지장을 주지 않는 정도의 오차는 수술동의서에서 모두 커버되고 있음에 따라, 지금까지는 (주)바비성형이 패소한 적이 한 번도 없다.

(주)바비성형의 사내 변호사는 이번 소송 건도 크게 다르지 않은 것으로 판단하고 있다.

토론을 위한 회계이슈 |

(주)바비성형은 남주인공이 제기한 소송에 대하여 (충당)부채를 인식해야 하는가?

단계 5 : 측정(Measurement)

개념체계

재무제표 요소의 측정

4.54 측정은 재무상태표와 포괄손익계산서에 인식되고 평가되어야 할 재무제표 요소의 화폐금액을 결정하는 과정이다. 측정은 특정 측정기준의 선택과정을 포함한다.

4.55 재무제표를 작성하기 위해서는 다수의 측정기준이 다양한 방법으로 결합되어 사용된다. 그러한 측정기준의 예는 다음과 같다.

(1) 역사적 원가
(2) 현행원가
(3) 실현가능(이행)가치
(4) 현재가치

K-IFRS 제1037호 충당부채, 우발부채, 우발자산

최선의 추정치

36. 충당부채로 인식하는 금액은 현재의무를 보고기간 말에 이행하기 위하여 필요한 지출에 대한 최선의 추정치이어야 한다.

38. 결과와 재무적 영향의 추정은 비슷한 거래에 대한 과거의 경험이나 경우에 따라 독립적인 전문가의 보고서를 고려하여 경영자의 판단으로 결정한다. 이때 보고기간 후 사건에서 제공되는 추가 증거를 고려한다.

위험과 불확실성

42. 충당부채에 대한 최선의 추정치를 구할 때에는 관련된 여러 사건과 상황에 따르는 불가피한 위험과 불확실성을 고려한다.

현재가치

45. 화폐의 시간가치 영향이 중요한 경우에 충당부채는 의무를 이행하기 위하여 예상되는 지출액의 현재가치로 평가한다.

미래사건

48. 현재의무를 이행하기 위하여 필요한 지출 금액에 영향을 미치는 미래사건이 일어날 것이라는 충분하고 객관적인 증거가 있는 경우에는 그 미래사건을 고려하여 충당부채 금액을 추정한다.

변제

53. 충당부채를 결제하기 위하여 필요한 지출액의 일부나 전부를 제삼자가 변제할 것으로 예상되는 경우에는 기업이 의무를 이행한다면 변제를 받을 것이 거의 확실하게 되는 때에만 변제금액을 별도의 자산으로 인식하고 회계처리한다. 다만 자산으로 인식하는 금액은 관련 충당부채 금액을 초과할 수 없다.

54. 충당부채와 관련하여 포괄손익계산서에 인식한 비용은 제삼자의 변제와 관련하여 인식한 금액과 상계하여 표시할 수 있다.

55. 기업이 의무를 이행하기 위하여 지급한 금액을 보험약정이나 보증계약 등에 따라 제삼자가 보전하거나, 기업이 지급할 금액을 제삼자가 직접 지급하는 경우가 있다.

56. 대부분의 경우에 기업은 전체 의무 금액에 대하여 책임이 있으므로, 제삼자가 변제할 수 없게 되면 전체 의무 금액을 이행해야 할 책임을 진다. 이 경우에 전체 의무 금액을 충당부채로 인식하고 기업이 의무를 이행한다면 변제를 받을 것이 거의 확실하게 되는 때에만 그 예상 변제금액을 별도의 자산으로 인식한다.

57. 제삼자가 지급하지 않더라도 기업이 해당 금액을 지급할 의무가 없는 경우에는 이를 충당부채에 포함하지 아니한다.

58. 문단 29에서 규정한 바와 같이 어떤 의무를 제삼자와 연대하여 부담하는 경우에 이행하여야 하는 전체 의무 중에서 제삼자가 이행할 것으로 예상되는 정도까지만 우발부채로 처리한다.

손실부담계약 : 계약상 의무의 이행에 필요한 회피 불가능 원가가 그 계약에서 받을 것으로 예상되는 경제적효익을 초과하는 계약

66. 손실부담계약을 체결하고 있는 경우에는 관련된 현재의무를 충당부채로 인식하고 측정한다.

사례 5-1 미지급 연차수당

(주)행복은 1년간 근무에 대한 대가로 직원들에게 다음 연도에 사용할 수 있는 연차휴가를 부여하고 있다. 부여한 연차휴가는 발생주의 회계에 입각하여 휴가 발생 시점(근무를 제공한 시점)에 미지급급여로 인식하고 있다.

부여한 연차휴가는 근로기준법상 연차촉진제도에 의해 다음 연도 말까지 사용하지 않을 경우에는 아무런 보상 없이 소멸된다.

토론을 위한 회계이슈

(주)행복은 매년 말 다음 연도에 사용할 수 있는 연차휴가에 해당하는 급여 전부를 미지급급여로 측정할 수 있는가?

사례 5-2 복구충당부채의 현재가치

(주)세곡ENC는 지방자치단체 소유의 토지에 유류저장탱크를 설치하고 이를 10년간 이용하는 계약을 체결하였다. 동 계약에 따르면 (주)세곡ENC는 10년의 사용기간이 종료된 후 토지를 원상복구해야 할 의무가 있다.

유류탱크는 20X1년 1월 1일 100억 원에 설치가 완료되어 사용하기 시작하였으며, 관련 원상복구를 위한 미래 지출액은 10억 원으로 추정하였다.

토지 원상복구의무에 고유한 위험 및 화폐의 시간가치는 중요하며, 이를 반영한 세전할인율은 10%이다.

토론을 위한 회계이슈

(주)세곡ENC는 20X1년 1월 1일 현재, 복구충당부채를 얼마로 측정하는가? 단, 세효과는 고려하지 않는다.

사례 5-3 미래 기술의 발전에 대한 고려

(주)세아발전은 20X1년 1월 1일부터 20X10년 12월 31일까지 10년 동안 특정 지역에서 발전소를 운영하는 계약을 체결하였다. 관련 법률에 따르면 발전소 운영에 따라 발생한 지하수의 오염은 발전소 내용 연수 종료 후에 정화해야 한다.

20X1년 현재 기술 수준을 가정한다면 10년 뒤 정화원가는 약 15억 원 정도가 발생할 것이나, 향후 기술의 발전을 고려한다면 더 적은 비용으로 정화할 수 있을 것으로 예상됨에 따라, (주)세아발전은 전문가를 고용하여 10년 뒤 정화원가를 추정하였다.

전문가는 지난 10년 동안 정화와 관련된 기술의 발전과 원가의 상관관계를 고려하였을 때 현재로부터 10년 뒤의 정화원가는 10억 원 정도로 감소할 수 있을 것이라는 검토보고서를 제출하였다.

오염된 지하수의 정화 의무에 고유한 위험 및 화폐의 시간가치는 중요하며, 이를 반영한 세전할인율은 10%이다.

토론을 위한 회계이슈 |

(주)세아발전은 20X1년 1월 1일 현재 오염된 지하수 정화원가에 대한 복구충당부채를 얼마로 측정하는가? 단, 세효과는 고려하지 않는다.

사례 5-4 지급보증 : 제삼자의 변제가 있는 경우

(주)호령건설은 SOC 건설을 위한 특수목적법인인 (주)분당지하철에 지분투자를 하여 지배력을 행사하게 되었다.

(주)분당지하철은 사업의 실행을 위해 20X1년 12월 31일 금융기관으로부터 1,000억 원을 차입하였으며, (주)호령건설은 이 차입금 전액에 대하여 지급보증을 제공하였다.

20X3년 중 (주)분당지하철의 재무상태가 악화되어 (주)분당지하철은 20X3년 6월 30일에 워크아웃을 신청하였다.

다만, (주)호령건설은 자체적으로 보험에 가입되어 있어, 지급보증의 제공으로 인하여 대신 갚아줘야 하는 금액의 60%를 변제받을 수 있다.

토론을 위한 회계이슈 |

(주)호령건설은 20X3년 6월 30일 현재 지급보증충당부채를 얼마로 측정해야 하는가?

사례 5-5 관련 자산 손상검사에서 이미 고려된 원가

(주)한길제철은 20X1년 초 포항 공장에서 철강을 생산하는 데 필요한 가스를 구매하기로 (주)대한가스와 5년간 장기구매계약을 체결하였다. 이 계약을 중도에 해지할 경우 위약금으로 50억 원을 지불해야 한다.

(주)한길제철은 20X1년 말 현재 포항 공장에 대한 손상검사를 수행하였으며, 그 결과 회수가능액이 장부금액에 미달하여 1,000억 원을 손상차손으로 인식하였다. 포항 공장의 회수가능액 추정시 (주)대한가스에 지불해야 하는 위약금 50억 원을 미래현금흐름에서 차감하였다.

토론을 위한 회계이슈

(주)한길제철은 20X1년 12월 31일 현재 (주)대한가스와의 장기구매계약에 대한 충당부채를 얼마로 측정해야 하는가?

사례 5-6 운용리스한 건물의 일부를 전대하여 손실이 발생하는 경우

20X1년 1월 1일, (주)정직은 4층짜리 건물을 10년 동안 매년 4억 원에 임차하는 운용리스계약을 체결하였다. 이 계약을 해지할 경우에는 남은 기간에 상당하는 임차료를 위약금으로 지불해야 한다.

(주)정직은 이 건물의 1~2층은 직접 사용하고 나머지 3~4층은 다른 기업들에 임대하기로 결정하였다.

(주)정직은 적극적으로 임차인을 물색하였으나 부동산 경기 침체가 장기화됨에 따라 (주)정직이 부담하는 운용리스료를 충당할 수 있는 수준의 임차료를 지불하고자 하는 임차인을 찾을 수 없었다. 결국, 더 나은 조건의 전대 계약이 불가능하다고 판단한 (주)정직은 3~4층을 앞으로 9년 동안 연 1.5억 원에 임대하는 계약을 20X1년 12월 31일에 체결하였다.

한편, (주)정직의 자체 영업에서는 지속적으로 이익이 발생하고 있다.

토론을 위한 회계이슈

(주)정직은 20X1년 12월 31일 현재 상기 임차계약과 관련하여 충당부채를 인식해야 한다면 얼마로 측정해야 하는가? (단, 1~4층의 면적과 구조 및 각 층에 대하여 시장에서

형성된 가격은 서로 동일하며, 시간의 화폐가치는 중요하지 않다고 가정한다)

단계 6 : 제거(Derecognition)

K-IFRS 제1037호 충당부채, 우발부채, 우발자산

충당부채의 사용

61. 충당부채는 최초인식과 관련 있는 지출에만 사용한다.

62. 본래의 충당부채와 관련된 지출에만 그 충당부채를 사용한다. 당초에 다른 목적으로 인식된 충당부채를 그 목적이 아닌 지출에 사용하면 서로 다른 두 사건의 영향이 적절하게 표시되지 않는다.

K-IFRS 제1039호 금융상품 : 인식과 측정

금융부채의 제거

39. 금융부채(또는 금융부채의 일부)는 소멸한 경우(즉, 계약상 의무가 이행, 취소 또는 만료된 경우)에만 재무상태표에서 제거한다.

40. 기존 차입자와 대여자가 실질적으로 다른 조건으로 채무상품을 교환한 경우, 최초의 금융부채를 제거하고 새로운 금융부채를 인식한다. 이와 마찬가지로, 기존 금융부채(또는 금융부채의 일부)의 조건이 실질적으로 변경된 경우(채무자의 재무적 어려움으로 인한 경우와 그렇지 아니한 경우를 포함)에도 최초의 금융부채를 제거하고 새로운 금융부채를 인식한다.

41. 소멸하거나 제삼자에게 양도한 금융부채(또는 금융부채의 일부)의 장부금액과 지급한 대가(양도한 비현금자산이나 부담한 부채를 포함)의 차액은 당기손익으로 인식한다.

사례 6-1 두 개의 소송사건

〈사건 1〉 (주)미래로봇의 고객사인 C사는 (주)미래로봇으로부터 구매한 제품에 하자가 있다면서 반품을 요청하였다. 반품된 제품을 검수한 결과 (주)미래로봇은 해당 하자가 C사의 사용 과정에서 발생한 것임을 확인하고 판매대금의 반환을 거부하였다. 그러자 C사는 이에 대항하여 판매대금 반환 청구 소송을 제기하였다. (주)미래로봇의 사내 변호사는 C사가 해당 하자를 발생시켰다는 것을 (주)미래로봇이 객관적으로 증명할 수 없는 이상 패소할 확률이 80% 이상이라는 검토보고서를 제출하였으며, 이에 (주)미래로봇은 재무제표에 10억 원의 소송충당부채를 계상하였다.

〈사건 2〉 한편, (주)미래로봇은 사업 확장을 위하여 지방에 보유하고 있던 공터에 공장을 건설하던 중, 해당 공터가 본인의 소유라고 주장하는 개인으로부터 소송을 당하게 되었다. 근처 부동산중개업자들에게 수소문을 하는 동시에 사내 변호사에게 서류의 검토를 맡긴 결과, (주)미래로봇은 해당 공터가 원고의 소유일 가능성이 0에 가깝다는 것을 확인하고 해당 소송에 대한 어떠한 부채도 재무제표에 계상하지 않았다.

〈사건 1의 후속 상황〉 그러던 중 (주)미래로봇에 한 달 전 입사한 신입 기술사원이 소송 대상 제품의 하자가 C사에 의해 발생한 것임을 기발하게 증명하였으며, 이를 법원에 제출한 결과 (주)미래로봇이 승소하게 되었다.

〈사건 2의 후속 상황〉 반면, 공터와 관련된 소송의 경우, 원고가 120년 전에 작성되었던 토지 소유 문서를 법원에 제출하였는데, 해당 문서 복원 결과 그 신뢰성이 증명되었다. 결국 모두의 예상을 뒤엎고 해당 토지의 소유권자가 원고라는 판결이 내려졌으며 (주)미래로봇은 원고에게 10억 원을 지불하게 되었다.

(주)미래로봇 회계팀 박 부장은 이미 계상했던 C사 관련 소송충당부채를 공터 관련 소송 패소금의 지불에 사용하고자 한다.

토론을 위한 회계이슈 |

(주)미래로봇은 C사 관련 소송충당부채를 공터 관련 소송에 대한 지불에 사용할 수 있을까?

단계 7 : 표시와 공시(Presentation and disclosure)

K-IFRS 제1037호 충당부채, 우발부채, 우발자산

84. 충당부채의 유형별로 다음의 내용을 공시한다. 비교 표시 정보는 생략할 수 있다.
   (1) 기초 장부금액과 기말 장부금액
   (2) 당기에 추가된 충당부채 금액(기존 충당부채의 증가금액 포함)
   (3) 당기에 사용된 금액(지출하여 충당부채에서 차감한 금액)
   (4) 당기에 환입된 금액
   (5) 현재가치로 평가한 충당부채의 기간 경과에 따른 당기 증가금액과 할인율 변동에 따른 영향

85. 충당부채의 유형별로 다음의 내용을 공시한다.
   (1) 충당부채의 특성과 경제적효익의 유출이 예상되는 시기
   (2) 경제적효익의 유출 금액 또는 시기의 불확실성 정도(충분한 정보 제공이 필요한 경우에는 문단 48에서 규정하고 있는 바와 같이 미래사건과 관련된 주요 가정의 공시 포함)
   (3) 제삼자의 변제예상금액과 이와 관련하여 인식한 자산 금액

86. 의무를 이행하기 위한 자원의 유출 가능성이 희박하지 않다면 보고기간 말에 우발부채의 분류별로 그 특성을 공시하고 실무적으로 적용할 수 있는 경우에는 다음의 내용을 공시한다.
   (1) 문단 36~52에 따라 측정된 재무적 영향의 추정 금액
   (2) 자원의 유출 금액 또는 시기와 관련된 불확실성의 정도
   (3) 변제 가능성

89. 경제적효익의 유입 가능성이 높은 우발자산에 대해서는 보고기간 말에 우발자산의 특성에 대해 간결하게 설명을 공시하고 실무적으로 적용할 수 있는 경우에는 문단 36~52에 따라 측정된 재무적 영향의 추정 금액을 공시한다.

91. 문단 86과 89에서 요구하는 정보 중에서 실무적인 이유로 공시하지 않은 사항이 있는 경우에는 그 사실을 공시한다.

92. 극히 드문 경우이지만 문단 84~89에서 요구하는 모든 사항이나 일부 사항을 공시하는 것이 해당 충당부채, 우발부채, 우발자산과 관련하여 진행중인 상대방과의 분쟁에 현저하게 불리한 영향을 미칠 것으로 예상되는 경우에는 그에 관한 공시를 생략할 수 있다. 다만 해당 분쟁의 전반적인 특성과 공시를 생략한 사실 및 사유는 공시하여야 한다.

사례 7-1 우발부채 공시 사례

(주)가공사는 종속기업들을 위하여 각종 담보를 제공하고 있다.

종속기업 중 (주)나발전은 해외자원개발사업에 성공할 경우에만 상환하는 조건으로 한국광물자원공사로부터 1,000억 원을 차입하였으며, (주)가공사는 이에 대해 백지수표 1매를 담보로 제공하였다(견질수표).

종속기업 (다)발전은 풍력발전을 위해 A은행으로부터 50억 원을 차입하였으며, (주)가공사는 자신이 보유한 상장주식(매도가능금융자산, 장부금액 및 공정가치 70억 원)을 담보로 제공하였다.

종속기업 (라)발전은 원자력 관련 PF사업을 위해 B은행으로부터 100억 원을 차입하였으며, (주)가공사는 자신이 소유한 공장 및 공장 부지 일체(장부금액 80억 원, 공정가치 140억 원)를 담보로 제공하였다.

현재 종속기업 모두 채무불이행 징후는 발견할 수 없었다.

토론을 위한 회계이슈

(주)가공사는 종속기업을 위하여 제공한 상기 담보와 관련하여 투자자들에게 어떤 정보를 어떤 방식으로 제공해야 하는가?

사례 7-2 공시 면제

(주)하늘은 특허권을 침해하였다고 주장하며 1억 원의 손해배상을 청구한 경쟁 회사 (주)토지와 소송 중이다. 소송의 결과를 추정하여 일부 금액에 대한 충당부채를 인식하였으나, 관련 정보를 상세하게 공시할 경우 분쟁 과정과 소송 결과에서 열등한 지위를 차지할 것으로 예상된다.

토론을 위한 회계이슈

(주)하늘은 상기 소송과 관련된 정보를 어떻게 공시해야 하는가?

Chapter

4 퍼실리테이션 기반 교육

4.1 퍼실리테이션 기반 교육(Facilitation-Based Teaching) 개요

4.1.1 퍼실리테이션 기반 교육의 정의

퍼실리테이션(Facilitation)은 기본적으로 누군가가 무슨 일을 잘할 수 있도록 돕는다는 의미로, 특히 교육, 워크숍, 회의 등의 상황에서 참가자들의 적극적인 참여와 소통을 유도하여 이슈에 대한 폭넓은 이해와 창의적 해결을 촉진함을 일컫는 용어이다. 따라서 퍼실리테이션 기반 교육(Facilitation-Based Teaching)은 'A는 B이다'와 같은 단선적 지식의 일방적 전달이 아니라, 다양한 관점을 가진 참가자들이 복잡하고 어려운 상황에 대해 함께 토론하고 해석하는 과정에서 문제 해결과 학습이 일어나도록 돕는 높은 수준의 전문적인 교수/학습 방법이다.

퍼실리테이션 기반 교육은 교육 현장에서 교사가 사전 지식이 제한적인 학습자들에게 일방적으로 내용을 설명하는 전통적 교육방법과 여러 면에서 차이를 보이는데, 무엇보다도 중요한 특징은 강의(Lecture)에서 학습(Learning)으로의 패러다임의 전환이라 할 수 있다.

일반적으로 강의가 '특정 지식'을 '전문성을 가진 교사'가 '유관 지식이 없는 학습자'에게 '전달'하는 프로세스인 데 반해, 퍼실리테이션은 '특정 토픽이나 이슈'에 대해 '다양한 지식과 관점이 있는 학습자들'이 '전문성을 가진 퍼실리테이터'의 조력으로 '함께 문제를 해결해 나가며 배우는' 교수/학습 접근법이다.

다시 말해, 퍼실리테이션 기반의 교육에서 (1) 교수자는 지식의 전달자(Lecturer/Instructor)에서 학습의 촉진자(Facilitator)로 (2) 학습자는 피동적 정보 수령자(Receiver)에서 지식의 공유와 창출을 위한 적극적 참여자(Participant/ Contributor)로 (3) 교수/학습의 상황은 일방적인 전달(One-Way Delivery)의 장에서 역동적인 상호작용(Dynamic Interaction)의 장으로 패러다임이 전환되는 것이다.

퍼실리테이션 기반 교육은 다양한 상황에서 활용될 수 있는데, 특히 이미 정해진 해답이 아닌 폭넓은 사고와 판단을 요하는 복잡하고 어려운 이슈를 다루는 경우일수록 유용한 접근법이다. 실제로 'A는 B이다'와 같이 판단의 여지가 없는 명료한 주제를 다루기에는 설명이나 해답을 제시하는 형태가 더 효과적이고 경제적일 수 있다.

하지만 합리적인 해석, 고도의 판단, 책임 있는 솔루션의 도출 등이 필요한 경우일수록 다양한 관점과 지식을 공유하고 심도 있는 토론을 수행하는 것이 필수적인데, 퍼실리테이션 기반 교육은 이를 효과적으로 촉진할 수 있는 접근법이라 하겠다.

퍼실리테이션 기반 교육은 다음과 같은 특징을 갖는다.

- 단선적 지식의 전달이 아닌 복잡하고 어려운 문제 해결에 적절한 교수/학습 접근법이다.
- 학습자들의 참여와 상호작용을 교수/학습의 기본 동력으로 활용한다.

- 교수자는 지시와 정답을 제시하는 전달자로서의 역할을 넘어 촉진과 조력을 제공하는 퍼실리테이터의 역할을 수행한다.
- 학습 목표 설정, 진행 프로세스 구상, 적절한 기법 선정, 환경 조성과 팀 편성 등 교수/학습 전반에 대한 치밀한 사전 설계를 필요로 한다.
- 뛰어난 개인 스킬이나 재치가 아닌 잘 설계된 프로세스가 효과적인 교수/학습을 가능하게 한다.
- 교수자의 최초 계획을 넘어서는 다양하고 폭넓은 학습 결과가 창출될 수 있다.

4.1.2 퍼실리테이션 기반 교육의 효익

위에서 제시한 바와 같이 퍼실리테이션 기반 교육은 고유의 철학과 특징을 가지고 있는데, 다음과 같은 측면에서 원칙중심 K-IFRS 환경에서의 개념체계 기반 교육(Framework-Based Teaching)에 매우 적합한 교수/학습 방법이다.

- 퍼실리테이션 기반 교육은 규칙중심(Rule-Based)에서 원칙중심(Principle-Based)으로 회계 패러다임이 전환됨에 있어 교수자에 대한 역할 모델을 제시할 수 있다. 즉, 원칙중심의 회계에서는 교수자가 지식의 전달자(Instructor)에서 학습의 촉진자(Facilitator)로 역할을 전환해야 한다는 것을 의미한다. '콩 심은 데 콩 나고 팥 심은 데 팥 난다'는 말이 있다. 교수자가 권위와 규칙에 기반하여 모범 답안을 제시하는 형태로 교육을 진행하면서 동시에 전문가적 사고와 판단의 중요성을 강조하는 것은 모순이다. 교수/학습의 현장 자체가 원칙을 지속적으로 상기시키며 다양한 사고와 토론 및 판단을 촉진하는 장이 될 때, IFRS의 정신과 실질이 온전하게 학습자들에게 내재화될 수 있을 것이다.

- 퍼실리테이션 기반 교육은 단순히 학습자들에게 모든 과정과 결론을 맡겨 두는 것을 의미하는 것이 아니다. 따라서 퍼실리테이터는 내용에 대한 전문성을 기반으로 사고의 방향을 가이드하고 토론이 초점을 유지하

도록 지속적으로 관리해야 한다. 특히, 학습자들이 '재무보고를 위한 개념체계(Conceptual Framework)'와 '전문가적 판단(Professional Judgment) 프로세스' 등을 지속적으로 참고하며 상황별로 적절히 활용할 수 있도록 조언함으로써, 이들이 다양한 관점과 대안을 교류하는 동시에 일관된 사고와 판단의 틀을 정립해 나가도록 도울 수 있다.

- 퍼실리테이션 기반 교육은 학습자들의 사고 활동과 참여를 촉진하는 교수/학습 방법이다. 흔히 'TV는 바보상자'라고 한다. 예외도 있지만 대부분의 경우 시청자는 주어지는 콘텐츠에 수동적으로 노출되어 있을 뿐 별도의 사고 활동을 하지 않아도 되고, 따라서 이를 통해서는 학습이 좀처럼 일어나지 않기 때문에 붙여진 별칭이다. 다소 극적인 비유일 수 있으나 교육 현장에서도 교수자에 의해 내용이 일방적으로 전달되기만 한다면 학습자는 사고의 필요를 크게 느끼지 않는 '편안한' 상태가 되고, 학습은 기대만큼 일어나지 않게 된다. 이와 달리 퍼실리테이션 기반 교육은 학습자들을 여러 학습 활동에 참여하도록, 즉 다소 '불편'하지만 좀 더 적극적으로 관여하도록 함으로써 학습을 촉진하는 효과가 있다. Haudan(2008)은 이를 다음과 같이 요약하고 있다. "Tell me and I will forget. Show me and I may remember. Involve me and I will understand."

- 퍼실리테이션 기반 교육은 집단 지성(Collective Intelligence)을 활용하여 고차원적이고 균형 잡힌 학습 결과를 도모하고자 하는 교수/학습 방법이다. '전체는 부분의 합보다 크다'는 말이 의미하듯 각각의 개인들이 자신의 지식과 의견을 공유하고 다른 사람들의 관점과 논리로부터 새로운 통찰을 이끌어 내는 과정들은 효과적인 학습을 가능하게 할 뿐만 아니라 지식의 양과 질을 한 차원 끌어올리는 결과로 이어진다. 실제로 학습은 기억, 이해, 적용, 분석, 종합, 평가(Remembering, Understanding, Applying, Analyzing, Synthesizing, Evaluating)로 점점 그 차원과 깊이를 더해 가는데(Bloom, Mesia, & Krathwohl, 1964), 집단 지성의 창조와 활용을 촉진하는 퍼실리테이션을 통해 K-IFRS 환경에서 전문가의 주요 역량인 분석, 판

단 및 결정 능력을 효과적으로 배양할 수 있도록 도울 수 있다.

- 퍼실리테이션 기반 교육은 흥미와 몰입을 증진할 수 있는 교수/학습 방법이다. 성숙과 환경, 주제 등 여러 요인에 따라 다르지만 인간이 한 가지에 주의를 집중할 수 있는 시간은 그리 길지 않다. 일반적으로 성인의 경우에도 최대 집중 시간은 20분가량이라고 하는데, 특히 동일한 모드가 장시간 지속되거나 과도하게 어려운 문제에 접했을 때 집중도는 현저히 떨어지게 된다. 집중력을 잃었을 때는 휴식, 다른 활동, 집중 대상의 변화, 문제 해결에 대한 조력 등을 통해 다시 집중력을 회복할 수 있는데, 이는 어려운 주제를 다루는 장시간의 교수/학습을 어떻게 진행하는 것이 효과적일지에 대해 많은 시사점을 준다. 아래 소개되는 다양한 퍼실리테이션 기법들을 활용하여 더욱 효과적이고 집중도 높은 교수/학습이 가능할 것이다.

4.2 퍼실리테이션 기반 교육(Facilitation-Based Teaching) 기법

4.2.1 브레인스토밍(Brainstorming)

브레인스토밍은 한 가지의 답이 정해져 있지 않은 이슈나 상황의 해결을 위해 다양한 사람들의 의견과 관점을 모으기 위해 활용되는 대표적인 퍼실리테이션 기법의 하나이다(Andersen & Fagerhaug, 2006). 브레인스토밍의 대전제는 이슈를 공유하는 많은 사람들의 각기 다른 접근과 해석이 어떤 뛰어난 한두 사람의 그것보다 문제 해결을 위한 훨씬 넓고 깊은 통찰력을 제공한다는 것이다. 성공적인 브레인스토밍을 위해서는 다양성을 확보한 그룹의 구성, 주제에 집중할 수 있도록 유도하는 좋은 질문, 활발한 의견 개진을 촉진하는 환경과 과정 관리 등이 중요한 요소이다.

브레인스토밍 세션에서는 질보다 양이 우선한다. 다시 말해, 모든 참가자는 자신의 관점과 의견을 자유롭고 편안하게 표출함과 동시에 다른 사람의 의견에 대한 비판이나 분석을 자제함으로써 다양하고 방대한 관점이 개진되도록 서로 장려하는 것이 중요하다. 이를 통해 지식의 지경을 넓히고 종합적인 시각으로 이슈에 접근할 수 있도록 하는 데에 브레인스토밍의 목적과 효익이 있다. 대학에서의 학기 수업이나 장시간 지속되는 교육 세션의 경우 비교적 초반에 브레인스토밍 기법을 활용한다면 학습자들간 자연스러운 아이스 브레이킹과 생기 있는 학습 분위기 조성 등의 부수적 효과도 기대할 수 있으며, 이를 통해 전체 과정 동안 더욱 활발한 참여와 토론의 기반이 마련될 수 있다.

윤리와 관련된 이슈는 복잡다단한 개인적, 문화적, 종교적, 국가적 맥락에서의 시각과 신념 및 해석으로부터 기인한다. 따라서 윤리적 이슈의 판단과 해석에 있어서는 다양하고 섬세한 여러 사람들의 의견과 관점에 주목하여야 한다. 여러 이해관계자가 존재하는 복잡한 상황에서의 전문가적 판단 또한 가능한 많은 변수와 대안에 대한 체계적 검토를 필요로 한다. 이처럼 복잡하고 어려운 사례와 내용을 다루는 데 있어 브레인스토밍을 통한 사고 활동은 매우 유용한 접근일 것이다.

운영방법

① 윤리 관련 이슈 등과 같이 답이 정해져 있지 않거나 다양한 시각과 해석이 존재할 수 있는 상황을 제시한다.

② 본 상황에 대해 각자의 아이디어나 의견들을 자유롭게 제시하도록 유도하고, 제시된 내용들을 열거하여 모두와 공유한다.

③ 중요한 것은 다양한 의견들이 풍부하게 제시되는 것으로, 브레인스토밍 중에는 개별 의견들에 대한 비판이나 토론을 자제하도록 관리한다.

④ 새로운 내용이 더 이상 개진되지 않을 것이라고 판단될 때 브레인스토밍을 종료한다.

4.2.2 논쟁(Debate)

논쟁은 사전에 합의된 규칙에 따라 사실과 논리에 기반하여 자신의 주장을 제시하고 상대의 입장을 합리적으로 반박하여, 논의되고 있는 토픽에 대해 상대를 설복함과 동시에 청중의 지지를 확보해 나가는 토론방식이다. 과장된 것일 수 있으나, 힐러리 클린턴이 대학 시절 논쟁방식의 수업을 계기로 공화당에서 민주당으로 정치적 지향을 전환했다는 설(說)은 논쟁이 얼마나 강력한 교수/학습의 기제가 될 수 있는지 보여준다. 공직선거를 위한 후보자 간 토론회나 법정에서의 원고측과 피고측 간 공방에서 보듯, 논쟁으로부터 생산적인 결과를 얻기 위해서는 사전에 규칙을 정립하고, 이의 준수 및 논쟁의 흐름과 초점을 관리하는 것이 매우 중요하다.

논쟁의 핵심은 선동적인 감정의 대립이 아닌 합리적인 지성과 논리의 대결에 있다. 따라서 논쟁 참여자들은 정확하고 다양한 팩트와 데이터를 찾아 논리적 분석과 종합의 과정을 거쳐 해당 진영을 대변 및 방어할 수 있는 논리를 개발함과 동시에 상대 진영의 주장에 합리적 반론을 제기할 논리와 증거를 준비하게 된다. 이러한 일련의 과정에서 연구 역량과 분석력 및 논리적 사고력을 배양할 수 있는데, 여기에 논쟁방식 퍼실리테이션의 목적과 효익이 있다. 또한 수업과 같은 학습 상황에서는 양 진영이 대부분의 논점을 모두 소진해 갈 즈음 교수자인 퍼실리테이터가 논쟁을 종료시키고, 주요 포인트 추가 설명, 잘못된 논리 정정, 새로운 통찰 제시 등을 통해 학습의 양과 질을 한 차원 높은 수준으로 끌어올릴 수 있게 된다.

원칙중심 K-IFRS 환경에서의 전문가적 판단은 사실에 기반한 합리적 사유의 결과이어야 하며, 논리와 증거의 완결성으로 이해당사자와 관련자로부터의 의구심을 불식시키고 대립 가설에 대한 합리적 방어를 할 수 있어야 한다. 따라서 타당한 가설 설정, 치밀한 자료 조사와 연구, 강도 높은 자기 논리 개발과 대립 논리 방어 등을 수반하는 논쟁 훈련은 사고와 판단 능력 함양을 위한 매우 유용한 퍼실리테이션 방법이다.

운영방법

① 논쟁을 위한 사례를 제시한다.
② 찬반 의견이 첨예하게 갈릴 수 있는 논쟁 포인트를 찾아내도록 유도하거나 또는 실제 상황에서의 양당사자간 논쟁 포인트를 제시한다.
③ 찬성과 반대(예 : 원고와 피고)의 두 진영으로 클래스를 나눈 후 각 진영 내에서 토론을 통해 자신들의 주장 및 방어 논리를 개발하도록 유도한다.
④ 양 진영의 대표가 자신이 속한 진영의 주장과 논리를 간략히 설명하도록 한다.
⑤ 교수자인 퍼실리테이터가 논쟁 포인트를 제시한 후 두 진영이 각각 자신들의 주장과 방어를 펴도록 촉진한다.
⑥ 논쟁 중 감정적으로 치닫지 않도록 관리하고, 양측의 논리가 모두 소진되거나 한 측이 상대 측의 논리에 수긍하게 되면 논쟁을 종료시키고 심판관으로서의 판단과 그 근거 및 추가 통찰을 제시한다.
⑦ 논쟁 포인트의 개수에 따라 위의 절차를 반복한다.

4.2.3 역분석(Reverse Engineering)

역분석은 이미 완성되어 있는 결과물을 분석하여 그 결과물이 만들어지기까지의 과정과 관련 지식을 역으로 추적 및 추출한 후 이를 활용하여 해당 결과물을 재생산하거나 습득된 지식을 응용하여 새로운 것을 만들어 내는 일련의 프로세스를 이르는 용어이다. 한때 이란이 자신들의 영공 지역에서 추락한 미군의 드론(무인조정기)을 돌려주지 않고 이를 연구하여 드론 개발을 추진하려 한 일은 역분석의 대표적인 사례라 할 수 있겠다. 따라서 성공적인 역분석을 위해서는 이미 완전한 상태로 존재하는 결과물을 단계(또는 단위)별로 적절히 분해·해체해 나가며, 각 단계(단위)를 구성하는 요소들과 그 원리를 규명해 낼 수 있어야 한다.

다시 말해, 결과물 생산에 관여하는 다양한 절차들 및 각 절차별 관련 정보를 순차적으로 전달(또는 교육)하는 귀납적 방법에서 한 걸음 더 나아가, 전 과정을 관통하는 원칙에 대한 이해 위에 개인의 분석력과 집단 지성의 힘을 더하여 연역적 사고와 판단력을 배양하는 데에 역분석 방식 교수/학습의 목적과 효익이 있다. 특히, 역분석 방식은 실제 사례를 활용하여 실제 사람들이 행한 분석과 판단을 생각해 보고, 이들이 어떤 논리로 그 판단을 개념체계와 연관 지었는지 추론해 본다는 점에서 사례교육(Case Study) 및 FBT와 맥을 같이하는 접근방법이라 하겠다.

원칙중심의 K-IFRS 환경에서는 규칙과 절차에 따른 '회계처리'가 아닌 원칙과 경제적 상황을 종합적으로 고려한 전문가적 판단이 중요하므로, 역분석과 같은 연역적 사고 훈련은 매우 유용한 교육의 방법이다. 또한 개념체계 기반의 교육을 함에 있어서도 각 단계에 대한 단선적 이해를 넘어, 특정 결과물이 생성되기까지의 과정을 역추적하고 각 과정들에 관여했을 판단과 논리를 추론할 수 있는 사고력을 배양하는 것은 매우 중요한 활동일 것이다.

운영방법

① 역분석을 위해 이미 완료된 사례를 제시한다.

② 약 10명으로 구성된 소그룹 단위의 토론을 통해 사례의 결과물이 나오기까지의 단계를 프레임워크의 역방향으로 추적하고, 각 단계별로 적용되었을 판단의 내용을 추론하도록 한다. 이때, 각 단계별로 추론된 판단의 내용에 대해 검증 토론을 유도한다.

③ 각 소그룹별로 역방향 단계별 추론 및 검증 내용을 정리하여 발표하도록 한다.

④ 각 소그룹별 발표 후 중요한 공통 의견 강조, 새로운 시각에 대한 추가 질문 또는 토론 유도, 필요한 통찰과 해석 등을 제공한다.

4.2.4 엘리베이터 스피치(Elevator Speech, Elevator Pitch)

엘리베이터 스피치(엘리베이터 피치라고도 함)는 특정한 이슈나 상황의 핵심을 짧은 시간 동안 간명하고 설득력 있게 상대방에게 전달하는 화법 또는 그러한 행위를 일컫는 용어이다. 엘리베이터 스피치는 짧은 시간, 예를 들어 큰 빌딩의 엘리베이터 안에서 우연히 중요한 사람을 만나게 되었을 때 그(녀)와 함께 있는 30초 또는 1분 동안 자신의 아이디어나 사업 제안을 효과적으로 전달할 수 있어야 한다는 비즈니스적 은유이다. 복잡한 개념이나 다단의 프로세스 등의 핵심을 학습자들이 체계적으로 정리할 수 있도록 하기 위해 교육 현장에서 자주 사용되는 퍼실리테이션 기법이다.

좋은 엘리베이터 스피치는 엄청난 속도의 두뇌 운동의 결과이고, 이 두뇌 운동은 본인이 가진 지식을 빠른 시간 내에 분석, 종합, 평가하여 가장 핵심이 되는 포인트들을 도출해 내는 것을 의미한다. 따라서 내용에 대한 완전한 이해 없이는 좋은 엘리베이터 스피치를 기대하기 어렵다. 또한 평소에 본인이 이해한 내용의 핵심을 정리해 보는 훈련과 다양한 피드백을 통해 이해의 깊이와 폭을 심화하는 활동 등이 어떤 상황에서의 엘리베이터 스피치도 효과적으로 행할 수 있도록 하는 준비가 될 것이다. 교수/학습 상황에서는 엘리베이터 스피치 기법을 통해 학습자 각자가 학습 내용을 종합해 보는 기회를 가질 수 있고, 동료들의 스피치를 통해 서로의 이해를 보완 또는 심화할 수 있으며, 교수자의 피드백 등을 통해 부가적인 가치와 통찰을 얻을 수 있게 된다.

재무보고를 위한 개념체계와 전문가적 판단 프로세스 등은 여러 단계와 각 단계별 주요 고려사항 등으로 구성되어 있고, 판단을 요하는 경제적 현상 또한 다양한 요소들이 복잡다단하게 얽혀 있다. 이러한 점들을 감안할 때 엘리베이터 스피치는 학습자들의 체계적이고 종합적인 사고력 배양과 상호 학습을 촉진하는 효과적 퍼실리테이션 전략일 것이다.

운영방법

① 학습 전반에 관여하는 중심 이론이나 앞서 살핀 내용 등 엘리베이터 스피치를 위한 주제를 제시한다.

② 한 명의 학습자를 선정하여 30초나 1분 등 짧은 시간 동안 설명하도록 요구한다.

③ 시간 경과 즉시 설명을 종료시키고 주요 포인트를 칠판이나 플립차트 등에 적는다.

④ 다음 학습자를 선정하여 다시 엘리베이터 스피치를 요구한다.

⑤ 시간 경과 즉시 설명을 종료시키고 추가로 제시된 주요 포인트를 적는다.

⑥ 충분한 내용이 도출될 때까지 엘리베이터 스피치와 포인트 적기의 과정을 반복한 후 종합 정리 및 추가 통찰을 제시한다.

4.2.5 롤플레이(Role Playing)

롤플레이는 복수의 이해관계자가 존재하는 문제 상황을 제시하고 교육 참여자들 각각에게 그 상황 속에서의 특정한 역할을 부여한 후 그 역할에 상응하는 생각과 행동으로 상호작용하도록 함으로써 상황을 바라보는 다양한 시각과 객관적이고 종합적인 문제 접근법을 배울 수 있도록 돕기 위한 방법이다. 가장 일반적인 롤플레이의 형태로는 연극이나 최근 유행하는 각종 네트워크 게임 등을 들 수 있다. 롤플레이는 교육적으로도 기업, 학교 등에서 활발하게 활용되고 있다.

학습동기 증진을 위해서는 학습자의 주의를 유발하는(Attention) 적절한(Relevance) 내용과 문제 해결에 대한 확신(Confidence) 및 즐겁고 만족스러운 학습 경험의 제공(Satisfaction) 등 4요소가 중요하다(Keller, 1987). 사례를 활용한 롤플레이는 제시된 상황에 학습자가 직접 관여하게 되고 극적인 요소가 가미되는 등의 특징으로 이러한 요소들을 잘 충족하는 효과적인 교육 진행

방법이다. 롤플레이를 통한 교육 효과의 극대화를 위해서는 참여자 모두가 자신에게 부여된 역할에 최대한 충실함으로써 상황에 맥락을 부여함과 동시에, 이를 둘러싼 이해당사자간 생생한 관점과 다이나믹스를 체감하는 것이 중요하다. 또한 일반적인 사례교육이 기 종료된 사안의 결과를 분석함으로써 이제는 이미 답이 정해져 있는 정형화된 학습을 제공하였다면, 사례를 활용한 롤플레이는 참여자들 스스로에 의해 상황이 다양하게 변형되고 응용되는 과정 속에서 풍부하고 다면적인 사고 활동이 가능하다는 장점이 있다.

투명하고 합리적인 회계정보의 생성과 활용은 기업의 회계담당자뿐만 아니라 경영자, 감사인, 주주, 기관 및 일반 투자자 등 여러 이해관계자의 공통 관심사이다. 따라서 특정 사안에 대해 한 가지 정답이 아닌 다양한 관점과 의견이 존재할 수 있다. 원칙중심 K-IFRS 환경에서의 전문가적 판단을 위해서는 이러한 다양성과 맥락을 종합적이고 객관적으로 이해할 수 있는 역량이 기초가 되어야 한다는 점에서 롤플레이는 매우 유용한 학습 퍼실리테이션 전략이다.

운영방법

① 롤플레이를 위한 사례를 제시한다.

② 해당 사례에 관여되는 이해관계자(예 : 회계담당자, 경영자, 감사인, 주주, 기관 및 일반 투자자 등)를 식별한 후 클래스 수강생들에게 적절히 역할을 부여한다.

③ 일례로, 회계담당자가 특정 사안에 대해 판단을 내리는 토론의 과정과 결정된 내용을 경영자, 회계 감사인, 주주 등에게 공유하는 과정에서의 토론과 질의·응답 등의 형식으로 롤플레이를 진행할 수 있다.

④ 교수자는 전개되는 각각의 상황별로 적절한 퍼실리테이션을 통해 롤플레이가 순조롭고 역동적으로 진행되도록 촉진한다.

⑤ 대규모 클래스인 경우 인원을 적절히 배분하여 두세 가지의 사례를 동시에 진행한 후 결과를 공유하는 방법도 고려할 수 있다.

4.2.6 가르치며 배우기(Learning by Teaching, LbT)

가르침을 통한 학습(LbT)은 수업이나 워크숍 등의 진행에 있어 특정 주제에 대해 학습자들로 하여금 직접 동료 학습자를 대상으로 티칭을 수행하도록 하고, 이의 준비와 실행 및 피드백의 과정을 통해 학습 효과의 극대화를 도모하는 교수/학습 방법이다. 티칭 역할을 부여받은 학습자는 내용을 정리하여 발표하는 데에 그치지 않고, 동료 학습자의 정확한 정보 습득과 효과적 이해라는 암묵적으로 부여된 목표 또한 달성하여야 한다. 따라서 가르쳐야 할 내용에 대한 완전한 이해 및 높은 수준의 책임감과 준비가 필요하며, 이러한 측면에서 일반적인 프리젠테이션 방식의 교수/학습 방법과 차이가 있다.

활동적 학습(Active Learning 또는 Learning by Doing)의 일환인 LbT에서, 교수자 역할을 부여받은 학습자는 티칭을 위한 연구와 준비의 과정에서 자연스러우면서도 더욱 효과적인 학습을 할 수 있게 된다. 실제 교육 현장의 교수자가 가르치기 위해 어떤 준비들을 하며, 그 과정에서 어떻게 학습이 일어나는지 떠올려 보면 쉽게 수긍할 수 있을 것이다. 또한 동료 학습자는 상대적으로 수평적인 학습 환경과 유사한 수준의 이해도에 힘입어 더 깊이 학습에 몰입하게 되고, 비판적 분석과 다양한 관점의 개진 및 적극적 상호작용에 참여하게 됨으로써 이해의 폭과 스펙트럼을 넓힐 수 있게 된다. 교수/학습 모드의 변화로 인한 주의와 집중력 환기 효과 또한 부수적이지만 중요한 장점이라 하겠다.

복잡한 상황을 해석하고 어려운 문제를 해결하기 위해서는 관련 지식을 알고 있다는 것만으로는 부족하며, 이는 원칙중심의 K-IFRS 환경에서는 더욱 그러하다. 높은 수준의 전문가적 판단을 위해서는 알고 있는 내용의 적용, 분석, 종합, 평가의 역량이 절대적으로 필요한데, LbT를 통한 교수자와 학습자로서의 다양한 학습 활동들은 이러한 역량을 배양시키는 매우 유용한 기회가 될 것이다.

운영방법

① 클래스를 약 10명 미만의 소그룹들로 편성한다.
② 가르쳐야 할 주제와 적정 시간을 부여한 후 개인별로 티칭 준비를 하도록 요구한다. (아직은 누가 티칭을 하게 될지 지정하지 않음)
③ 해당 시간 경과 후 소그룹 내에서 티칭을 수행할 학습자를 지정한다.
④ 티칭 역할을 부여받은 학습자는 소그룹 내에서 티칭을 수행하고, 동료 학습자들은 질문, 내용 추가, 의견 개진, 토론 시도 등 다양하게 상호작용하도록 안내 및 촉진한다.
⑤ 소그룹별 교수/학습을 면밀히 모니터링한다.
⑥ 적정 시간이 경과하면 소그룹 교수/학습 활동을 종료시킨다.
⑦ 소그룹 교수/학습 활동 동안 해결되지 않거나 논쟁거리가 된 이슈, 질문 등을 제기하도록 요구하고, 이에 대해 해결 및 설명한다.
⑧ 종합 정리 및 추가 통찰을 제시한다.

4.2.7 기타 퍼실리테이션 기법

여기에서는 개념체계 기반의 K-IFRS 교육에 특히 적절해 보이는 기법들을 맥락을 부여하여 소개하였을 뿐, 퍼실리테이션 기반 교육을 위한 기법은 제시된 것들 외에도 다양하다. 사실 전통적인 방식에 약간의 변화를 가함으로써 교수자의 역할을 전달자에서 촉진자로, 학습자의 역할을 정보 수령자에서 적극적 참여자로, 교수/학습의 상황을 일방적인 전달이 아닌 역동적인 상호작용의 장으로 전환시키려는 일련의 시도는 모두 퍼실리테이션 기법이라 할 수 있다. 이러한 맥락에서 몇 가지 응용 기법을 아래와 같이 추가로 제시한다.

(1) 질문법(Questioning)

여러 상황에서 가장 쉽게 활용될 수 있을 뿐만 아니라 약간의 이해와 스킬을 더한다면 어떤 기법보다도 큰 효과를 볼 수 있는 퍼실리테이션 기법이다. 교수/학습 상황에서 수시로 제시되는 질문은 학습자들의 주의를 유지하고, 지적 도전을 제공하며, 이해한 내용의 확인 및 정리를 유도하는 효과를 갖는다. 특히, 산파술이라고 명명되는 소크라테스식 문답법(상대가 알고 있다고 생각하는 것에 대해 다각도의 질문을 던져 대답하도록 함으로써 스스로 모르는 부분을 자각하고 진전된 지혜를 얻을 수 있도록 돕는 방법으로, 산파가 산모의 출산을 돕듯 학습자가 앎을 완성할 수 있도록 촉진함)이나 확산 질문(눈덩이를 굴리듯 질문에 대한 학습자의 대답을 교수자가 간명하게 요약함과 동시에 연관 내용으로의 확산 질문을 던지고, 이에 대한 대답을 앞의 내용에 누적 요약하는 과정을 반복함으로써 전체 내용을 돌아볼 수 있도록 돕는 방법) 등은 어렵고 복잡한 개념의 종합과 정리를 돕는 효과적인 기법이다.

(2) 그룹 토론(Group Discussion)

질문법과 함께 가장 보편적으로 활용되는 퍼실리테이션 기법의 하나인데, 가장 많이 활용된다는 사실 자체가 이 기법의 유효성을 대변하고 있다고 해도 과언이 아닐 것이다. 그룹 토론의 장점은 토론의 과정과 결과에 대한 참가자들의 오너십과 수평적이고 깊이 있는 커뮤니케이션 및 무임승차자(Free Rider)의 예방 등이 있다. 따라서 주제를 명확하게 제시하고 결론의 형식에 대해 구체적인 지침을 제시하는 등 큰 틀에서의 룰을 제공하는 것으로 효과적인 운영과 성과를 기대할 수 있는 기법이다. 그룹 토론은 그 자체로서 효과적인 기법이자, 그룹간 논쟁을 위한 사전 단계로 활용될 수도 있을 것이다.

(3) 삼각법(Triangulation)

본래 여러 위치에서의 측정치를 수렴시키는 방식으로 특정 지점의 정확한 위치를 파악하기 위한 토지 측정 기법인데, 하나의 상황을 여러 앵글에서 바라보았을 때 동일한 결과가 나오는지를 살펴봄으로써 결론에 대한 신뢰도를 높일 수 있다는 의미로 두루 차용되고 있다. 회계정보는 작성자와 이용자 및 감독자가 각자의 관점에서 그 의미와 정확성 등을 판단하게 되는 속성이 있는데, 삼각법은 학습자들이 특정 사안에 대해 여러 관점에서 생각해 보도록 함으로써 더욱 균형 잡힌 전문가적 판단을 할 수 있도록 도울 수 있는 교수/학습 기법이다. 축소 버전의 롤플레이라 할 수도 있겠다.

(4) 게임화(Gamification)

게임에 활용되는 요소를 특정 상황에 적용하여 게임처럼 즐겁고 몰입하는 환경을 만드는 것을 의미하는 것으로, 마케팅, 정책 홍보, 교육 등 여러 분야에서 시도되고 있다. 특히 교수/학습 상황에서 게임화는 재미, 호기심, 도전, 경쟁, 협동, 보상, 숙달, 레벨 상승 등 게임의 요소를 적절히 활용하여 학습에 대한 흥미와 관여 및 효과를 제고하는 방법을 말한다. 스피드 퀴즈 식의 형성평가, 릴레이 식 조별 발표, 보너스 포인트 부여, 시상 등이 예가 될 수 있다.

4.3 퍼실리테이터 가이드

4.3.1 퍼실리테이터의 핵심 역량(Core Facilitator Competencies)

퍼실리테이터는 조직이나 그룹이 논리적 사고, 적극적 참여, 활발한 소통 및 상호작용 등을 통해 효과적으로 문제를 해결하고 시너지를 낼 수 있도록 돕는 전문가를 말한다. 퍼실리테이션 기반 교육의 성공을 위해서는 무엇보다 교수자의 역할 인식과 역량이 필수적인데, 이를 위해 국제 퍼실리테이션 협회(International Association of Facilitators)에서는 다음과 같이 퍼실리테이터의 핵심 역량을 제시하고 있다.

- 학습자 성향, 시간, 물리적 환경, 토픽 등을 적절히 고려한 방법론 선정 및 프로세스 기획 역량
- 좋은 질문과 적극적 경청, 통찰력 있는 피드백, 유대 증진과 갈등 관리 등 활발한 참여와 발전적 상호작용을 촉진하는 커뮤니케이션 역량
- 발산적 활동과 변화무쌍한 상황 중에도 참여자들이 과제에 집중하고 의미 있는 결과를 얻을 수 있도록 가이드하는 프로세스 관리 역량
- 주제(Subject Matter), 학습 이론(Learning Theory), 퍼실리테이션 방법론 및 스킬(Facilitation Methods and Skills) 등 교수/학습 전반에 작용하는 다양한 이론과 실제에 대한 학습 역량
- 학습자와 그룹의 잠재력에 대한 신뢰, 자기 진단과 프로세스 점검, 피드백의 활용과 원칙의 상기 등 지속적 개선과 발전을 추구하는 변화 관리 역량

4.3.2 효과적 퍼실리테이션을 위한 유용한 팁

위의 핵심역량에 더하여 퍼실리테이션 기반 교육을 위해 유용한 교수자 팁을 제시하면 다음과 같다.

- 교수자의 역할에 대해 스스로에게 지속적으로 묻고 답한다. 지식의 전달자인가? 학습의 촉진자인가?
- 학습자의 역할에 대해 스스로에게 지속적으로 묻고 답한다. 피동적 정보 수령자인가? 지식의 공유와 창출을 위한 적극적 참여자인가?
- 교수/학습의 목표, 최종 결과, 진행 과정에 대한 명확한 설계도를 준비한다.
- 교육 진행 시 학습자의 적극적 참여를 유도한다. 특히, 학습자 규모가 큰 경우 이들을 소그룹으로 편성하여 과제를 부여하면 상호 근접성과 관찰

가능성 및 각 구성원의 책임 비율이 높아지므로 효과적인 경우가 많다.

- 자료의 배포, 시각 및 동영상 자료 제시, 인터넷 검색, 체크리스트 점검, 플립차트 활용 등 보조 기재를 적절히 활용한다. 수업의 모드를 다양하게 하고 학습자의 주의력을 증진시키는 효과가 있다.
- 그룹 활동 등에 대한 안내는 간명한 것이 좋다. 3~4명보다 3명, 1~2시간 대신 2시간 등 표현이 구체적일수록 학습자의 혼란과 불필요한 시간의 낭비를 방지할 수 있다.
- 무임승차자(Free Rider)가 발생하지 않도록 학습자에게 역할을 부여하고 활동을 관찰한다.
- 갈등을 예방하고 해결한다.
- 준비된 질문, 목표가 있는 초점 질문을 한다. 설명하면 듣고 있으나 질문하면 생각하게 된다. 필수적으로 해야 할 질문은 미리 메모해 두는 것이 좋다.
- 적극적으로 경청하고 공유한다. 잘 듣고(Listen) 바꿔 말하기 및 확인(Paraphrase and Confirm) 후 모두와 공유하는(Share) 패턴은 참여와 이해를 높이는 데 효과적이다.
- 질문, 질문에 대한 대답, 의견 제시, 토론 참여 등 학습자의 기여를 인정하고 칭찬한다. 인정과 칭찬, 적절한 피드백은 학습자들에게 매우 큰 동기 유발 효과를 가진다. 대부분의 경우 교수자가 생각하는 것보다 그 효과가 훨씬 크다.
- 개방적 태도를 유지한다. 질문에 대한 대답이나 활동에 대한 반응은 교수자의 예상과 다를 수 있다. 이는 문제가 아니라 바람직한 상황이며 더 폭넓게 배울 수 있는 기회이다.
- 인내심을 갖고 침묵이나 소극적 참여에 적절히 대응한다.
- 시의 적절하게 유머를 활용한다. 유머는 긴장 완화제이자 사고의 청량제이다.
- 진행 속도, 학습자 참여 및 이해 등을 지속적으로 관찰하고, 이를 바탕으로 계획된 프로세스를 적절히 조정한다. 교수/학습 계획 시 플랜B도 항상 염두에 둔다.

Chapter

5 강의노트

5.1 강의노트의 활용

5.1.1 개요

본 강의노트는 교수자의 효과적인 수업 진행을 돕기 위한 참고 자료로 준비되었다. 일방적인 주입식 교육을 지양하고 학습자들의 적극적인 사고와 토론 및 참여를 유도하는 데에 초점을 두었다.

본 강의노트는 제2장에서 설명한 두 가지 사례(소송사건, 선불카드)에 대하여 강의용 파워포인트 자료, 강의 진행 내용 및 대사, 예상되는 반응에 대한 솔루션 및 예상 소요시간 등으로 구성되었다.

두 사례에 대하여 다음 표에서와 같이 제4장에서 제시된 퍼실리테이션 기법들이 다양하게 적용되었는데, 교수자가 효과적으로 활용하고 있는 다른 방식들도 적극적으로 응용할 것을 권장한다. 본 강의노트는 교수자용 참고 자료이므로, 학습자들의 지식 수준, 인원 수, 강의장 환경, 교수자의 강의 스타일 등에 따라 적절히 변형하여 적용한다면 더욱 효과적인 교육을 진행할 수 있을 것이다.

		강의노트	
		소송사건 사례 (Case 1)	선불카드 사례 (Case 2)
FBT 8단계	경제적 현상과 유용한 정보	그룹 토론	브레인스토밍
	식별	논쟁/강의	그룹 토론/가르치며 배우기
	분류	역분석	논쟁
	인식	엘리베이터 스피치	논쟁
	측정	그룹 토론/강의	논쟁/엘리베이터 스피치
	제거	브레인스토밍	브레인스토밍
	표시와 공시	롤플레이	강의
	원가와 효익의 균형	브레인스토밍	브레인스토밍

5.1.2 교수자 준비 사항

본 강의노트의 두 가지 사례는 주로 부채에 대한 사례이므로, 아래 K-IFRS 기준서의 내용을 다시 한 번 숙지하는 것이 필요하다.

- K-IFRS 재무보고 개념체계
- K-IFRS 제1037호 충당부채, 우발부채 및 우발자산
- K-IFRS 제1032호 금융상품 : 표시
- K-IFRS 제1039호 금융상품 : 인식과 측정
- K-IFRS 제1107호 금융상품 공시

5.1.3 학습자 준비 사항

효과적 학습과 참여를 위해 K-IFRS의 재무보고를 위한 개념체계 숙지 및 회계원리 수준의 전반적인 회계지식에 대한 이해가 필요하다.

5.1.4 강의노트 구성요소

(1) 파워포인트 자료

FBT의 개념에 대한 이해를 돕기 위한 이미지 및 질문이 제공된다.

(2) 강의 진행 가이드

- SAY : 해당 단계에서 교수자가 언급할 핵심 내용을 제공한다.
- DO : 조를 구성하거나 토의 및 발표를 유도하는 등 진행방법을 제공한다.
- ASK : 앞서 배운 내용을 상기하거나 새로 배울 내용을 도입하는 등 핵심 질문 내용을 제공한다.
- Facilitator Tips(Suggested Solution) : 해당 단계에서 예상되는 학습자의 답변과 반응 및 이에 대한 적절한 답안과 함께, 원칙과 프레임워크 중심의 사고와 판단을 유도하는 피드백 포인트를 제공한다.

5.2 소송사건 사례(Case 1)

순 번	단 계	예상 시간	교수법	교육 내용	참고자료
1	경제적 현상과 유용한 정보	20분	그룹 토론 (Group Discussion)	목적적합성의 의미 파악 및 유용한 정보의 목록 추출	개념체계
2	식별	20분	논쟁 (Debate)	• 개념체계에서 말하는 식별 요건 확인 • 경제적 현상에 대한 식별여부 검토	개념체계
3	전문가적 판단 프로세스	10분	강의 (Teaching)	전문가적 판단 프로세스에 대한 소개 및 연습	
4	미래 예상손실	20분	논쟁 (Debate)	미래 예상손실에 대한 부채 식별 여부 검토	
5	분류	20분	역분석 (Reverse Engineering)	충당부채와 우발부채의 의미 확인	K-IFRS 제1037호
6	인식	10분	엘리베이터 스피치 (Elevator Speech)	• 개념체계에서 말하는 인식 요건 확인 • 경제적 현상에 대한 인식여부 검토	개념체계
7	측정	20분	그룹 토론 (Group Discussion)	• 최선의 추정치에 대한 의미 확인 • 각각의 측정대안에 대한 검토	K-IFRS 제1037호 문단 36
8	측정 (추가사례)	10분	그룹 토론 (Group Discussion)	제조사에 대한 소송으로 경제적 효익의 유입이 기대될 경우 측정의 변경	K-IFRS 제1037호 문단 53 K-IFRS 제1001호 문단 32
9	측정 (후속측정)	5분	강의 (Teaching)	후속측정시 최선의 추정치에 대한 의미 확인	
10	제거	10분	브레인스토밍 (Brainstorming)	기준서의 제거규정 검토	K-IFRS 제1001호 문단 61
11	표시와 공시	10분	롤플레이 (Role play)	충당부채에 대한 표시와 공시방법 검토	
12	원가와 효익의 균형	10분	브레인스토밍 (Brainstorming)	원가와 효익의 균형에 대한 토론	
	총 소요시간	165분			

5.2.1 경제적 현상과 유용한 정보

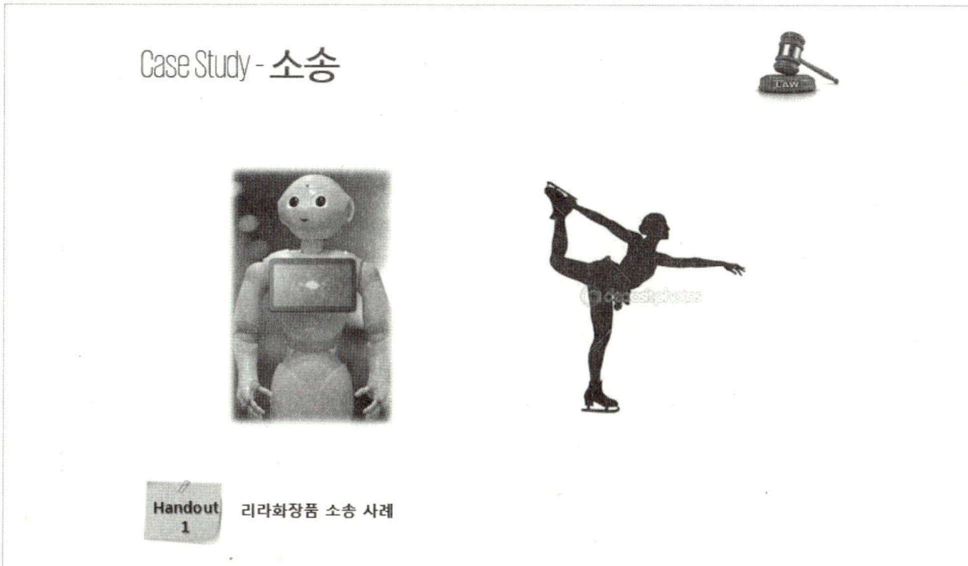

Guide 리라화장품 소송사건 사례 개요 설명 (총 소요시간 : 10분)

Do

- 각 조별로 '리라화장품' 매장에서의 광고홍보 로봇 베타고의 오작동으로 인한 고객의 부상과 소송 제기의 내용을 정리한 Handout 1을 배포한다.
- Handout 1을 학습자들과 같이 보면서 상황을 설명한다.

Handout 1 리라화장품 소송사건 사례

20X1년 1월 1일, 리라화장품(LILA Cosmetics)은 미국의 G사로부터 최신식 광고홍보 로봇인 베타고를 구입하였다. 베타고는 뛰어난 인공지능을 가진 로봇으로, 이 로봇의 도입은 온 국민의 관심을 모았다.

리라화장품은 이러한 관심이 자사제품에 대한 홍보로 이어지기를 원했으며, 베타고 작동개시일에 인기 스포츠스타 김여나를 초대하여 대대적인 오픈행사를 열기로 하였다.

그러나 리라화장품은 베타고의 운용방법 및 사전점검 매뉴얼을 완전히 숙지하지 않은 채 행사를 진행하였다. 이로 인해 20X1년 3월 31일 오픈행사 중 베타고는 사용자의 운용 미숙으로 오작동을 일으켰고, 매장에서 오픈행사를 진행중이던 김여나 선수를 밀어 넘어뜨렸다.

세계 최고의 피겨스케이팅 선수인 김여나 선수는 이 사건으로 발목에 부상을 입었다.

김여나 선수 소속사인 (주)여나스포츠는 20X1년 6월 30일 리라화장품에 손해배상금 10억 원을 청구하는 소송을 제기하였다.

보안카메라는 그 사건을 녹화하였고, 녹화내용은 (주)여나스포츠의 주장을 뒷받침하였다.

리라화장품은 이 소송 대응을 위해 법무법인 시민의 김원책 변호사에게 이 사건을 의뢰하였다. 김원책 변호사는 상해소송 전문가로서 업계에서 큰 명성을 가지고 있으며, 유사한 사례의 다양한 소송을 승소한 경험이 있다. 김원책 변호사는 과거 사례를 통해 판단해 볼 때 소송의 결과에 대해 아래와 같은 배상금액 및 발생확률을 예상하였다.

소송결과	배상금액	발생확률
리라화장품 승소	–	20%
상호 합의	4억 원	60%
리라화장품 부분패소	8억 원	10%
리라화장품 패소	10억 원	10%

이 사건은 언론에 보도되어 큰 이슈가 되었고, 인기 스포츠스타인 김여나의 부상에 대한 국민들의 분노는 리라화장품에게 향했다.

리라화장품 기획조정실의 내부리포트에 따르면 이 사건으로 인한 리라화장품의 이미지 하락은 불가피하며, 이로 인해 향후 5년간 매년 약 100억 원의 영업손실을 입게 될 것이라고 보고하였다.

리라화장품은 이 사건과 관련하여, 베타고의 제조사인 G사에게 피해보상 소송을 제기할 예정이며, (주)여나스포츠에게 지급할 금액의 약 80%를 보상받을 수 있을 것이라고 기대하고 있다.

5.2.1 경제적 현상과 유용한 정보(계속)

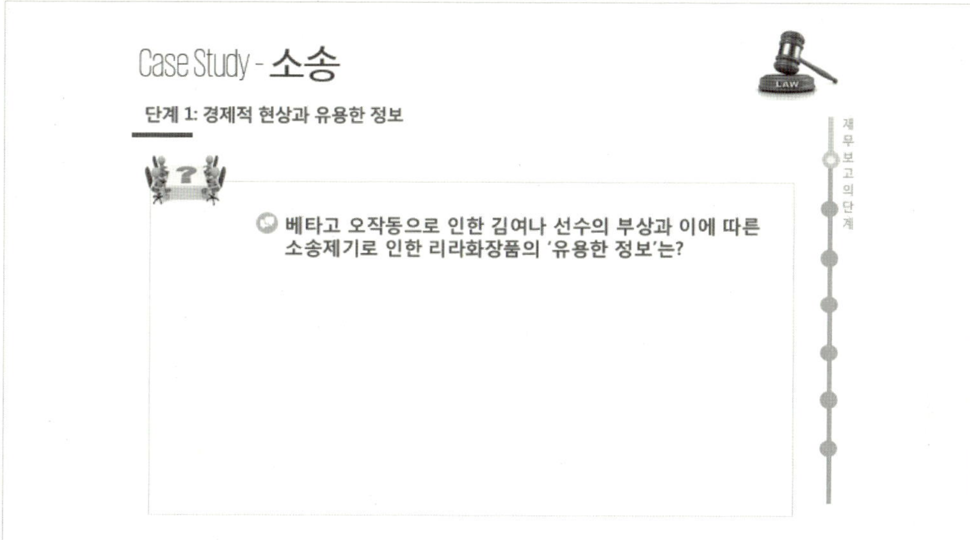

Guide	'유용한 정보'에 대한 그룹 토론(Group Discussion) 퍼실리테이션 (총 소요시간 : 20분)

Say

우리는 지금까지 유용한 정보(useful information)를 파악하기 위해서는 범위를 제한하는 것이 필요하며, 동시에 목적적합성(relevance)과 충실한 표현(faithful representation)이 있어야 한다는 것을 배웠습니다. 이를 바탕으로 지금 '리라화장품'의 경제적 현상과 관련하여 유용한 정보로는 어떠한 것들이 있는지 조별로 토론하고 발표해 보도록 하겠습니다.

Do

- 토론 내용을 조별 노트나 플립차트 등에 기록하게 한 후 1~2개 조가 발표하도록 한다.
- Facilitator Tips를 참고하여 조별 발표에 대한 피드백 및 핵심 사항에 대해 설명한다.

Facilitator Tips 유용한 정보에 대한 Suggested Solution

아래 세 가지 정도의 학습자들의 Discuss 결과가 나올 것으로 예상된다.

1) 김여나 선수 부상으로 인한 소송에 따른 미래 예상 현금유출액
2) 베타고 제조사인 G사에 대한 소송 제기로 인해 예상되는 미래 현금유출액의 감소부분
3) 기업이미지 실추로 인한 미래 영업으로부터의 예상손실에 따른 미래 현금유출액

위의 세 가지 답변에 대해서는 모두 잘했다고 칭찬해 준다. 이어서, 각각 유용한 정보라고 판단한 근거에 대해서 발표자에게 간략하게 설명하게 한다.

유용한 정보의 질적특성인 목적적합성(relevance)의 예측가치, 확인가치, 중요성이 각 조별로 논의한 정보들에 고려되었는지 물어본다.

한편, 유용한 정보를 파악하기 위해서는 '범위를 제한'하는 것이 필요하고, 우리는 이번 토론에서는 2) 리라화장품의 G사에 대한 소송으로 인해 예상되는 미래 현금유출액의 감소는 논하지 않기로 하자고 학습자들에게 동의를 구한다.

미래 예상손실 100억 원은(결론적으로는 유용한 정보가 아닐 가능성이 많지만) 일단은 단계 2(식별)에서 소송부채와 같이 논하기 위해서 유용한 정보이므로 계속 생각해 보자고 제안한다.

Do

• 애니메이션 효과를 이용하여 suggested solution을 보여준다.
• 이후 세 가지 유용한 정보 suggested solution에 대한 반대의견이 있으면 발표하게 한다.

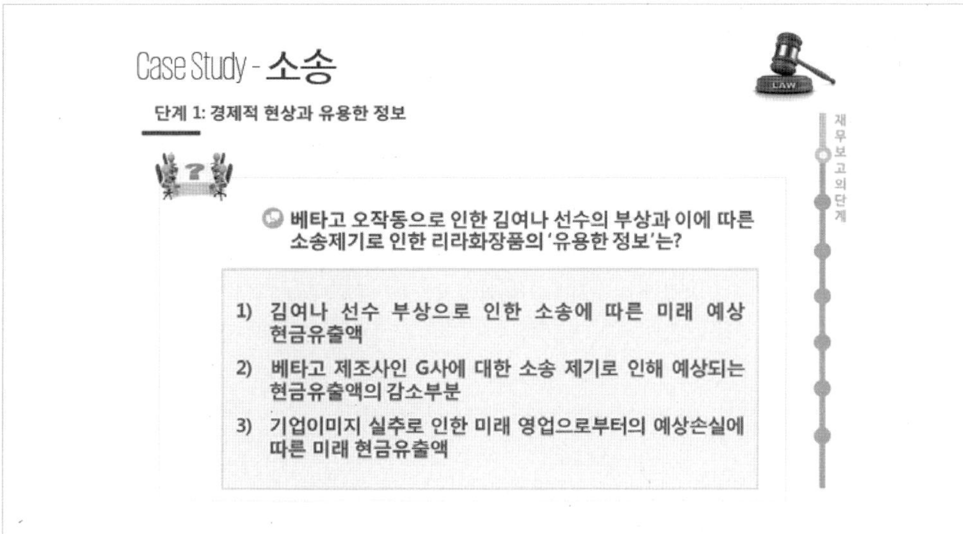

Say

이제 우리는 2개의 유용한 정보(소송에 따른 미래 예상 현금유출액과 기업이미지 실추로 인한 미래 예상손실액 예측)를 가지고, FBT 8단계의 두 번째인 식별(Identification)로 넘어가 봅시다.

5.2.2 식별

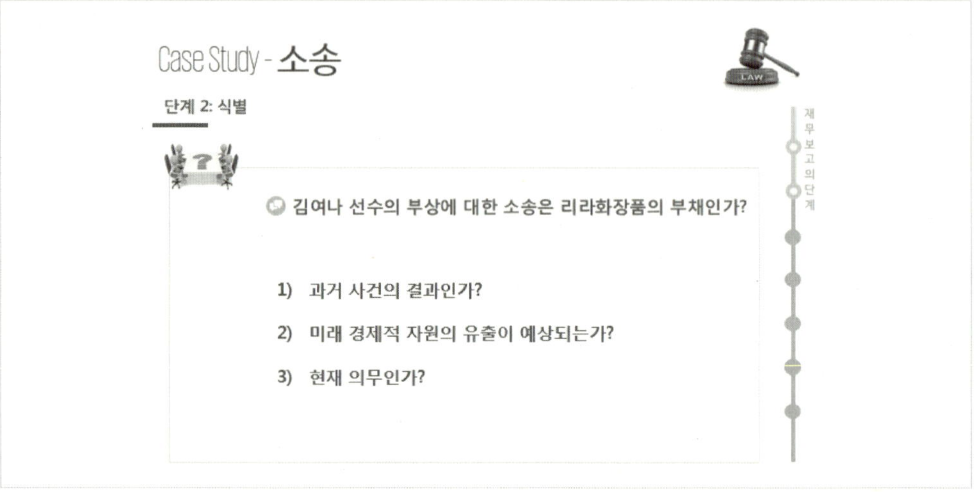

Guide '부채로 식별' 여부에 대한 논쟁(Debate) 퍼실리테이션 (총 소요시간 : 20분)

Say

앞 단계에서 확인한 경제적 현상을 부채로 식별할 수 있을지 검토해 봅시다.

Ask

먼저, 개념체계에서 말하는 부채 식별의 요건에는 어떤 것들이 있을까요?

Do

- 학습자들로 하여금 잠시 개념체계의 내용을 찾아보도록 한다. (기준원 홈페이지에 접속하여 기준서 다운로드 또는 Handout 배포)
- 몇몇 학습자로 하여금 부채 식별의 요건에 대해 설명해 보도록 한 후 종합하여 다시 설명한다.

Say

화면에서 보듯이 부채로 식별하기 위해서는 ① 과거사건의 결과, ② 미래경제적효익이 있는 자원의 유출 예상, ③ 현재의무라는 세 가지 요건이 필요한 것을 확인할 수 있습니다. 이러한 각 요건의 내용을 충족한다면 부채로 식별할 수 있을 것이고, 하나라도 충족하지 않는다면 식별이 불가능할 것입니다.

Do

찬성 및 반대의 2개 팀으로 나누어 리라화장품 및 베타고와 관련한 본 경제적 현상이 부채로 식별되어야 하는지에 대해 논쟁(Debate)을 유도한다.

- 전체 학습자들을 부채로 식별하는 것에 대한 찬성과 반대의 두 팀으로 나눈다.
- 각 팀 내에서 토론을 통해 자신들의 주장 및 방어 논리를 개발하도록 유도한다.
- 양 팀의 대표가 자신이 속한 팀의 주장(식별 찬성 vs. 식별 반대)과 논리를 간략히 설명하도록 한다.
- 교수자는 논쟁 포인트인 부채 식별의 세 가지 요건(과거사건의 결과, 경제적효익이 있는 자원의 유출 예상, 현재의무) 각각에 대해 두 진영이 자신들의 주장과 방어를 펴도록 촉진한다. (또는, 세 가지 요건 중 하나만을 중점적으로 논쟁하게 할 수도 있다. 예를 들어, 과거사건의 결과이고 경제적효익이 있는 자원의 유출이 예상된다는 것까지는 두 팀 모두 동의한 후, 현재의무이냐의 여부를 놓고 논쟁을 하게 하는 형식이다)
- 논쟁 중 감정적으로 치닫지 않도록 관리하고, 양측의 논리가 모두 소진되거나 한 측이 상대측의 논리에 수긍하게 되면 논쟁을 종료시키고 심판관으로서의 판단과 그 근거 및 추가 통찰을 제시한다.

Facilitator Tips 부채의 식별에 대한 Suggested Solution

아래 각 요건들에 대한 논의 및 강조사항은 다음과 같다

① 과거사건의 결과인가?
리라화장품은 '리라화장품의 실수로 인한 김여나 선수의 부상'과 이에 따른 '김여나 선수측의 손해배상 소송 제기'라는 과거사건이 있었다. 리라화장품이 (주)여나스포츠로부터 소송을 제기당하지 않더라도 김여나 선수의 부상이라는 과거사건만으로도 부채의 정의 요소인 과거사건의 결과를 충족한다고 볼 수 있다.

② 경제적효익이 있는 자원의 유출이 예상되는가?
리라화장품은 소송에서 패소하거나 합의를 하게 된다면 경제적효익이 있는 자원의 유출이 발생한다고 볼 수 있다. 이 단계에서는 자원유출의 가능성은 확인하지 않는다. '예상되는'이라는 의미는 경제적효익이 있는 자원의 지급시기 및 지급금액이 확정이 되지 않았더라도 어느 정도 기대되고 있다면 부채로 식별할 수 있다는 의미이다.

③ 현재의무인가?
리라화장품의 경우 미래에 경제적효익이 있는 자원의 유출이 발생할 수도 있는(확실한 가능성은 아니지만) 상황이 존재하며, 이는 리라화장품이 회피할 수 없는 의무이므로 현재의무가 존재한다고 볼 수 있다.

Do

- 애니메이션 효과를 이용하여 suggested solution을 보여준다.
- 이후 개념체계의 부채의 정의 요소 세 가지 정보 suggested solution에 대한 반대의견이 있으면 발표하게 한다.

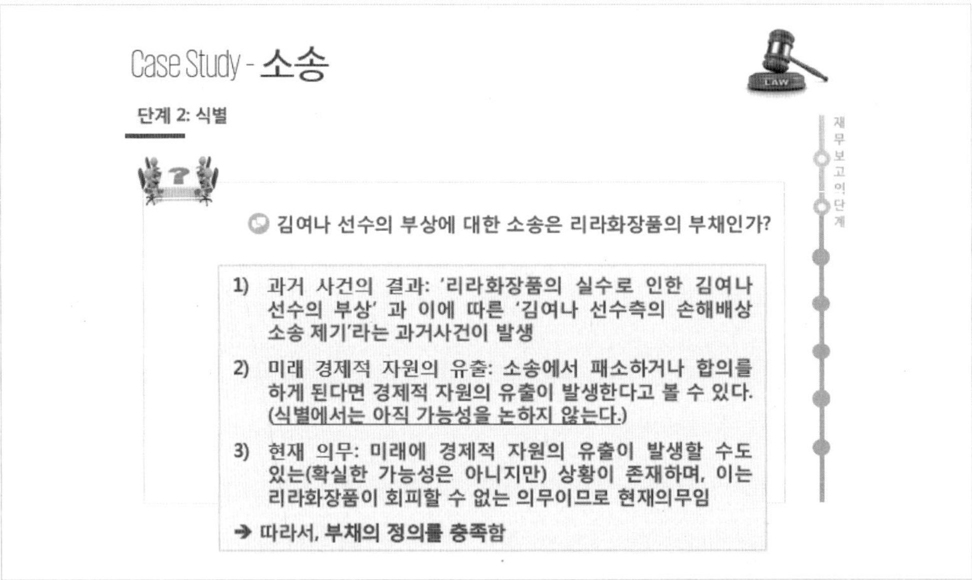

Say

지금까지 우리는 소송 및 손해배상이라는 경제적 현상이 회계상 부채에 해당한다는 것을 알았습니다.

이러한 전문가적 판단을 효과적으로 내리기 위해서는 일련의 사고 프로세스를 거치는 것이 바람직한데, 이를 한번 살펴보도록 합시다.

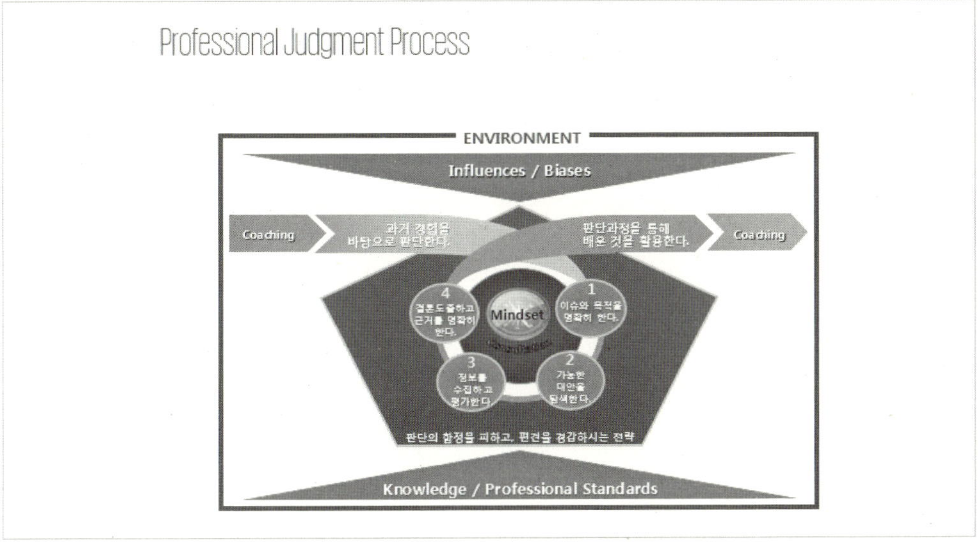

Guide '전문가적 판단(Professional Judgment) 프로세스' 강의 (총 소요시간 : 10분)

Say

'전문가적 판단(Professional Judgment) 프로세스'는 효과적인 판단을 내리기 위한 일련의 사고 과정으로 다음과 같은 절차로 구분하여 진행할 수 있습니다.

① Step 1. 이슈와 목적의 명확화(Clarify Issues & Objectives)
② Step 2. 대안 탐색(Consider Alternatives)
③ Step 3. 정보의 수집 및 평가(Gather & Evaluate Information)
④ Step 4. 결론의 도출 및 근거의 명확화(Reach and Rationalize Conclusion)

Do

앞서 부채의 식별과 관련한 논쟁은 이러한 프로세스와 무관하게 진행되었던 점을 학습자들에게 상기시키고, 동 사례를 본 프로세스를 밟아가며 다시 한 번 판단해 보도록 조별 토론을 유도한다.

- 토론결과를 조별 노트나 플립차트 등에 정리하게 한 후 1~2개 조가 발표하도록 한다.
- 조별 발표에 대한 피드백 및 핵심 사항에 대해 설명한다.

Say

한편, 위 사례에서는 손해배상뿐만 아니라 미래 영업손실도 예상된다고 하였는데, 이러한 손실도 부채로 식별할 수 있을까요? 다음 사례를 통해 논의해 봅시다.

5.2.2 식별(계속)

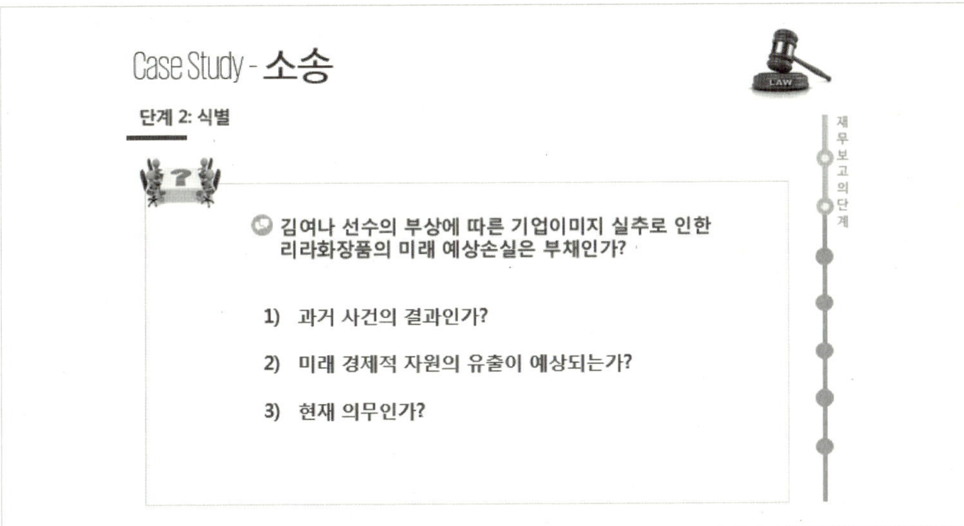

Guide '부채로 식별' 여부에 대한 논쟁(Debate) 퍼실리테이션 (총 소요시간 : 10분)

Say

앞선 내용과 별개로 리라화장품 기획조정실은 기업이미지 실추로 인해 향후 5년간 매년 100억 원의 영업손실을 예상하였습니다. 이러한 상황이 부채의 요건에 해당할까요?

앞에서 살펴 보았듯이 부채로 식별하기 위해서는 ① 과거사건의 결과, ② 미래경제적효익이 있는 자원의 유출 예상, ③ 현재의무의 세 가지 요건이 필요합니다. 이러한 각 요건의 내용을 충족한다면 부채로 식별할 수 있을 것이고, 하나라도 충족하지 않는다면 식별이 불가능할 것입니다.

Do

추가 이슈인 기업이미지 실추로 인한 영업손실을 부채로 식별해야 하는지의 여부에 대해 다시 한 번 논쟁을 유도한다. 이때 전문가적 판단 프로세스 및 부채 성립의 세 가지 요건을 잘 검토할 수 있도록 강조한다.

- 앞의 2개 팀을 그대로 유지하거나, 새로운 2개의 팀으로 재편성한다.
- 각 팀 내에서 토론을 통해 자신들의 주장 및 방어 논리를 개발하도록 유도한다(약 5분).
- 양 팀의 대표가 자신이 속한 팀의 주장(부채 찬성 vs. 부채 반대)과 논리를 간략히 설명하도

록 한다.

- 교수자는 논쟁 포인트인 부채 식별의 세 가지 요건 각각에 대해 양 진영이 자신들의 주장과 방어를 펴도록 촉진한다. (또는 세 가지 요건 중 하나만을 중점적으로 논쟁하게 할 수도 있다)
- 논쟁 중 감정적으로 치닫지 않도록 관리하고, 양측의 논리가 모두 소진되거나 한 측이 상대측의 논리에 수긍하게 되면 논쟁을 종료시키고 심판관으로서의 판단과 그 근거 및 추가 통찰을 제시한다.

Facilitator Tips 부채의 식별에 대한 Suggested Solution

회계상 부채로 식별되기 위해서는 ① 과거사건의 결과, ② 경제적효익을 갖는 자원유출이 예상되는, ③ 현재의무가 필요하다. 즉 세 가지 요건을 충족해야 부채로 식별할 수 있는데 각각의 요건에 해당하는지 여부를 검토하면 다음과 같다.

① 과거사건의 결과인가?
김여나 선수의 부상과 그로 인한 손해배상 소송 제기라는 과거사건으로 인해 리라화장품을 비난하는 여론이 형성되어 미래 영업손실이 예상되는 것이므로 이는 과거사건의 결과라는 요건을 충족한다.

② 경제적효익이 있는 자원의 유출이 예상되는가?
미래 예상 영업손실의 의미가 미래 영업이익에서 영업비용을 차감한 계산상의 결과치이긴 하나, 이는 수익의 감소 등으로 인한 경제적 자원의 순유출(유입에서 유출을 차감)이 예상되는 것이다. 따라서 경제적효익이 있는 자원의 유출이라는 요건을 충족한다.

③ 현재의무인가?
현재의무라 함은 법적 강제력이 있거나, 정상적인 거래실무나 관행 등의 유지를 위한 의도에서 발생한 의무로 정의되는데, 미래 예상 영업손실은 이러한 책무나 책임의 개념이 아닌 여러 의무들의 이행을 통한 순유출의 결과치이므로 현재의무라고 보긴 어렵다. (개념체계 4.15)
또한 의무에는 자원의 유출을 회피할 여지가 거의 없는 약정 등이 포함되는데, 리라화장품이 미래 획기적인 신상품 화장품을 개발 판매하는 등 여러 방법으로 회피할 가능성이 있기 때문에 의무라고 보기 어렵다. (개념체계 4.16)

결론적으로 첫 번째와 두 번째 요건은 충족되지만 세 번째 요건은 충족되지 않으므로 예상되는 미래 영업손실은 부채로 식별되지 않는다.

Do

- 애니메이션 효과를 이용하여 suggested solution을 보여준다.

• 미래 예상 영업손실이 개념체계상 부채의 정의 요소 세 가지를 충족하는지에 대한 suggested solution에 대하여 반대의견이 있으면 발표하게 한다.

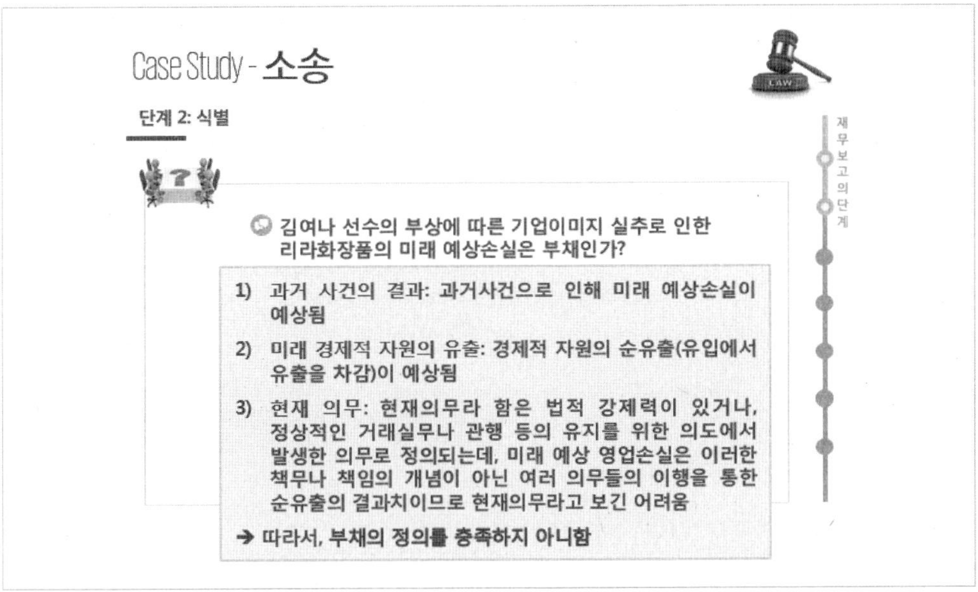

5.2.3 분류

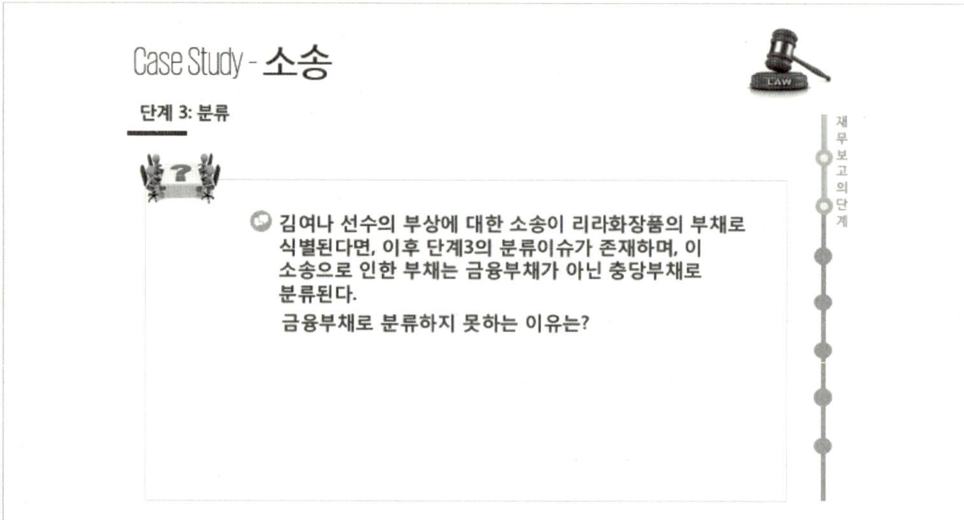

Guide	'충당부채 분류'에 대한 역분석(Reverse Engineering) 퍼실리테이션 (총 소요시간 : 10분)

Facilitator Tips 단계 3. 분류(Classification) 이슈

분류는 식별이라는 대분류에서 한 걸음 더 나아가 중분류와 소분류로 구분하는 것을 의미한다. 또한 어떤 기준서가 적용되어야 하는지를 결정하는 과정이다.

단계 2(식별)의 과정을 거쳐 리라화장품은 소송결과 예측에 따른 현재의무를 부채로 식별하여야 한다. 이 식별과정을 거쳐 '부채'로 식별된 리라화장품의 소송사건은 부채 중 어느 부채로 분류되어야 하는지가 단계 3(분류)에서 다루어야 할 이슈이다.

단계 3(분류)의 결론은 "충당부채와 우발부채"로 귀결될 것이다.

Say

단계 2(식별)에서 우리는 현재의 경제적 현상이 부채임을 식별했습니다. 단계 3(분류)에서는 이 부채가 어느 부채로 분류되는지에 대한 검토가 필요합니다.

결론은 본 부채는 충당부채입니다. 그러나 잠정적으로 본 부채는 '충당부채 및 우발부채'로 분류될 수 없다고 가정하고, 본 결론에 도달하기까지의 과정을 논리적으로 추적해 보도록 하겠습니다. 본 활동은 K-IFRS 기준서의 내용들이 실제 어떤 과정을 통해 결론에 이르게 되었는지를 파악하는 데 도움이 될 것이라 믿습니다.

Do

- 금융부채의 정의를 알려준다.
- 금융부채가 아닌 부채가 무엇인지를 논한다. (확정비금융부채 또는 충당부채 및 우발부채)
- 모든 과정이 종료되면 애니메이션을 이용하여 아래 PPT 슬라이드를 보여주면서 정리한다.

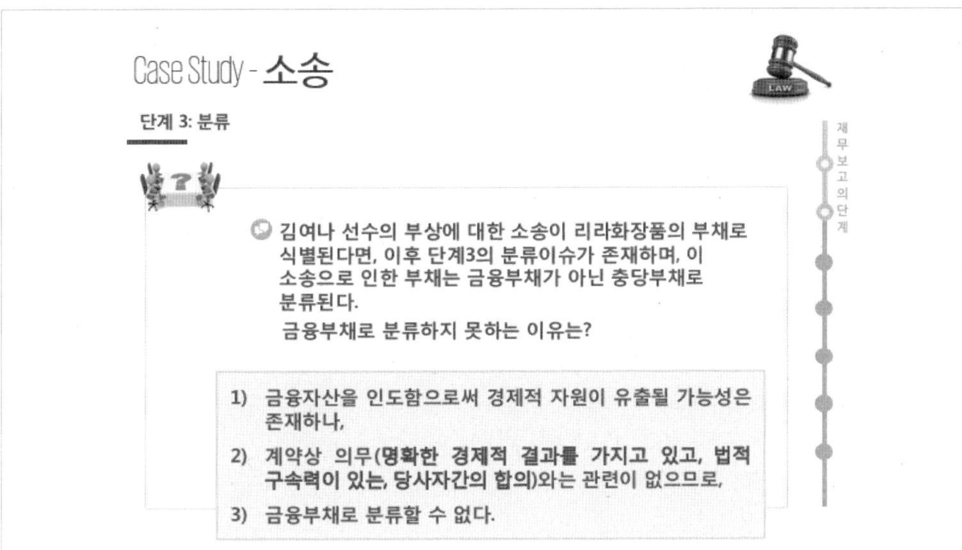

5.2.4 인식

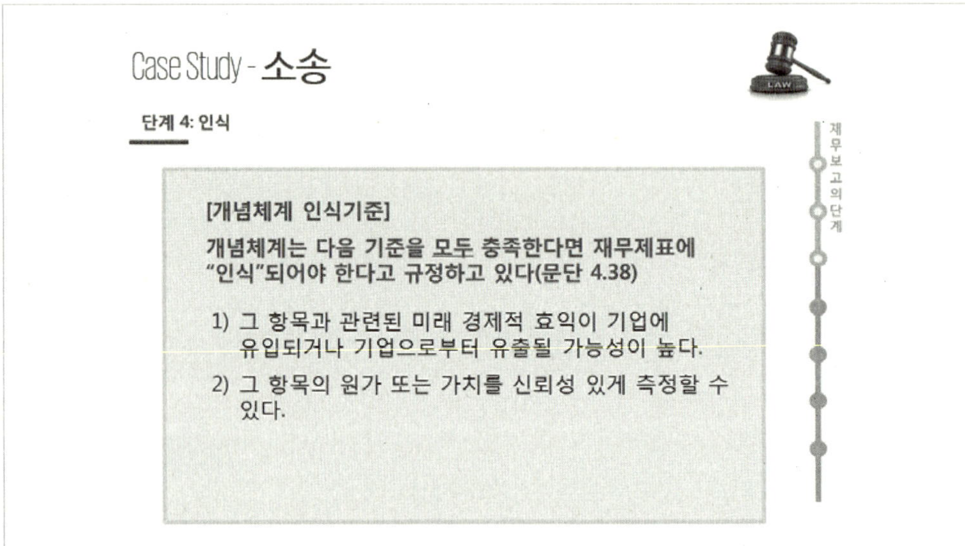

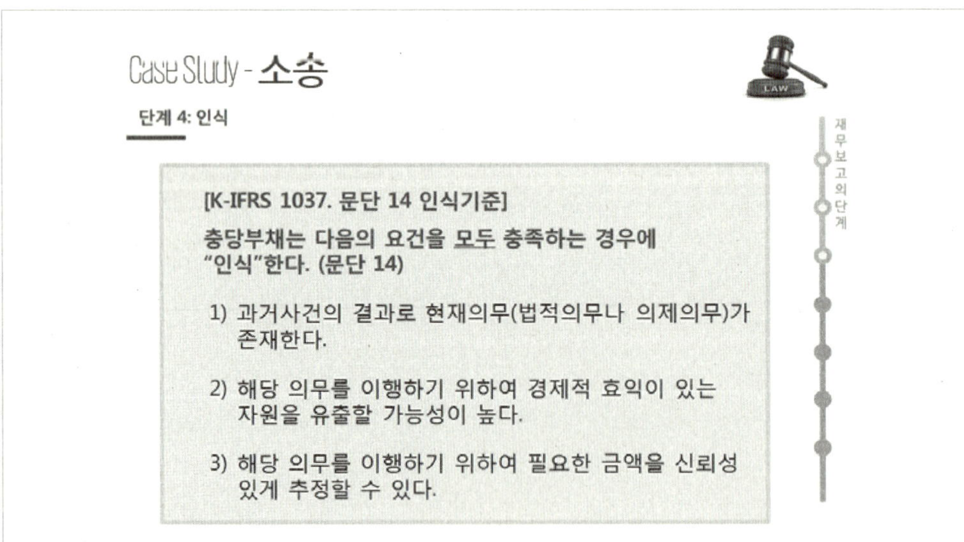

Guide	'충당부채 인식'에 대한 엘리베이터 스피치(Elevator Speech) 퍼실리테이션 (총 소요시간 : 10분)

Say

앞 단계에서 우리는 현재의 '경제적 현상'과 관련된 '부채를 식별'하였고, 특히 '충당부채 및 우발부채로 분류'할 수 있다는 점을 확인하였습니다. 개념체계접근법의 그 다음 단계는 '인식'입니다.

Ask

개념체계와 충당부채 기준서에서 말하는 '인식'은 무슨 차이가 있을까요?

Do

- 개념체계의 인식기준 PPT 슬라이드와 충당부채의 인식기준 PPT 슬라이드를 번갈아가면서 보여준다.
- 몇몇 학습자로 하여금 '인식'의 개념과 요건에 대해 말해 보도록 한 후, 종합하여 다시 설명한다.

Do

전문가적 판단 프로세스에 따라 현재의 경제적 현상이 부채의 두 가지 인식 요건을 충족하는지 학습자들로 하여금 직접 설명해 보도록 진행한다. 단, 부채의 금액이 얼마가 될지 결정하는 것은 다음 단계에서 진행하므로, 지금은 금액을 측정하는 수단의 신뢰성을 확인하는 것에 초점을 둔다.

- 한 명의 학습자를 지목하여 1분간 설명하도록 요구한다.
- 1분 후 설명을 종료시키고 전문가적 판단 프로세스 및 부채의 두 가지 인식 요건과 관련된 주요 포인트를 칠판이나 플립차트 등에 적는다.
- 다음 학습자를 지목하여 다시 1분간 설명하도록 요구한 후 추가로 제시된 주요 포인트를 적는다.
- 충분한 내용이 도출될 때까지 발표와 포인트 적기의 과정을 반복한 후 종합 정리 및 추가 통찰을 제시한다.

Say

잘 설명되었듯이, 앞의 단계에서 우리는 '경제적 현상'의 확인과 '부채의 식별' 및 '분류'까지 판단을 했는데, 그 내용을 실제로 재무제표에 반영할 것인가를 결정하는 문제가 인식입니다. 그럼 리라화장품의 소송사건은 충당부채의 인식요건을 충족할까요?

Do

- 다음의 PPT 슬라이드를 보여주고, 리라화장품의 소송사건이 세 가지 충당부채 인식요건을 각각 충족하는지를 답변하게 한다. (질문법 Facilitation)

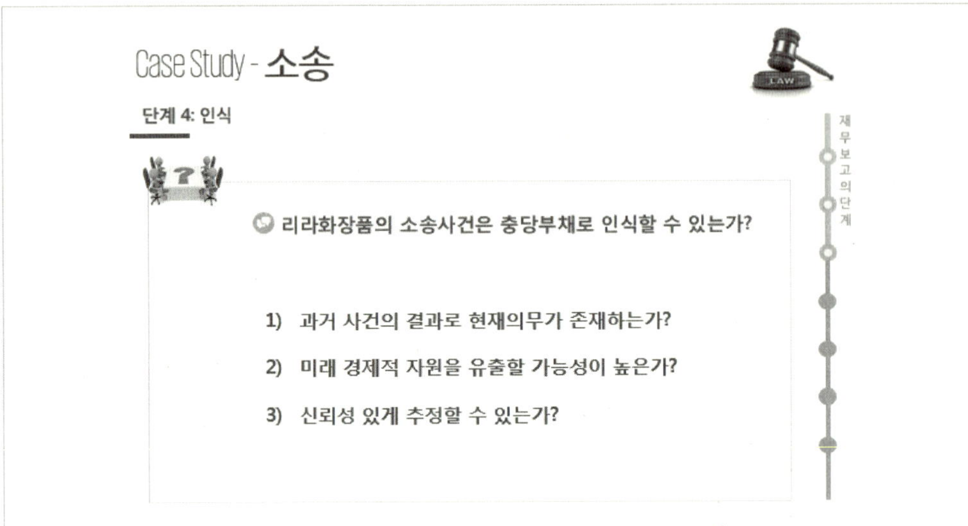

Facilitator Tips 충당부채의 인식에 대한 Suggested Solution

충당부채 인식기준의 충족여부를 각각 구분해서 분석하면 다음과 같다.

① 현재의무가 존재하는가?

리라화장품의 소송사건이 현재의무가 존재하는지는 단계 2(식별)에서 이미 확인하였으므로 추가적으로 논할 필요는 없어 보인다.

다만, 보충적으로 충당부채의 인식기준에 근거해서 K-IFRS 제1037호 문단 16에 기준하여 다음과 같은 판단도 도움이 될 것으로 보인다.

리라화장품의 소송사건도 문단 16과 같이 어떤 사건이 실제로 발생하였는지 혹은 당해 사건으로 현재의무가 발생하였는지의 여부가 분명하지 아니한 경우라 할 수 있다. 그러나 리라화장품은 상해소송 전문가인 김원책 변호사의 소송에 대한 전망이라는 중요한 증거에 근거하여, 20X1년 말 현재의무가 존재할 가능성이 높다고 볼 수 있다.

② 경제적효익이 있는 자원이 유출될 가능성이 높은가?

K-IFRS 제1037호 문단 23에서는 경제적효익이 있는 자원의 유출 가능성이 높다는 것을 '특정 사건이 일어날 가능성이 일어나지 않을 가능성보다 높은 경우(more likely than not to occur)'로 규정하고 있다.

인식의 단계에서 주의할 것은 소송의 결과에 따라 손해배상액을 10억 원 지급할 것인지 100억 원 지급할 것인지의 이슈가 아니라(이는 이후 단계인 단계 5(측정)에서 다룰 예정이다), 그 이전에 손해배상액을 지급할 가능성 자체가 지급하지 않을 가능성보다 높은지를 고려해야 하는 것이다.

소송결과	배상금액	발생확률
리라화장품 승소	–	20%
상호 합의	4억 원	60%
리라화장품 부분패소	8억 원	10%
리라화장품 패소	10억 원	10%

김원책 변호사의 소송에 대한 전망을 분석해 보면, 리라화장품이 승소해서 미래경제적효익이 유출되지 않을 가능성(20%)보다 유출될 가능성(80%)이 높기 때문에 경제적효익이 있는 자원의 유출 가능성은 높다고 할 수 있다.

③ 경제적효익이 있는 자원의 유출을 신뢰성 있게 추정할 수 있는가?
리라화장품의 경우, 베타고 오작동으로 인한 김여나 선수의 부상을 지켜본 행인이 '아, 저거 소송 걸면 10억 원은 지급해야 할 것 같은데'라고 했다고, 10억 원을 리라화장품의 재무제표에 충당부채로 인식하면 안 될 것이다. 이유는 행인의 주장에 대한 신뢰성을 검증할 수 없기 때문이다.
김원책 변호사의 소송결과에 대한 예측을 통하여 리라화장품의 경제적효익이 있는 자원의 유출 가능성에 대하여 신뢰성을 부여할 수 있을 것이다.

Do

• 애니메이션 효과를 이용하여 suggested solution을 보여준다.

Case Study - 소송

단계 4: 인식

재무보고의단계

리라화장품의 소송사건은 충당부채로 인식할 수 있는가?

1) 과거 사건의 결과로 현재의무가 존재하는가? **Yes**
2) 미래 경제적 자원을 유출할 가능성이 높은가? **Yes**
3) 신뢰성 있게 추정할 수 있는가? **Yes**

5.2.5 측정

Case Study - 소송

단계 5: 측정

상해 관련 소송 전문가로 명성이 높은 김원책 변호사는 소송 결과를 다음과 같이 예측하고 있다. 소송충당부채는 얼마로 측정해야 하는가?

소송결과	배상금액	발생확률
리라화장품 승소	-	20%
상호 합의	4억원	60%
리라화장품 부분패소	8억원	10%
리라화장품 패소	10억원	10%

재무보고의 단계

Guide '측정'에 대한 그룹 토론(Group Discussion) 퍼실리테이션 (총 소요시간 : 20분)

Say

우리는 '인식(Recognition)' 단계에서 이 소송사건의 경우 충당부채로 인식하는 것이 타당하다고 결론을 내렸습니다. 이제 충당부채로 인식하고자 할 때 20X1년 말 리라화장품의 재무제표에 얼마의 금액으로 '측정' 및 기록해야 하는지 생각해 봅시다.

Do

소송결과 예측 정보를 근거로 전문가적 판단 프로세스에 따라 '측정'을 위한 결론을 도출해 보도록 한다.

- 5~10명 단위로 그룹을 편성한다.
- 그룹 토론을 통해 예시된 소송결과 예측을 포함하여 가능한 모든 결과를 생각해 보도록 한다.
- 그룹 토론을 통해 모든 대안들을 분석한 후 1개의 대안을 최종적으로 선택하도록 한다.
- 최종 대안과 선택 이유를 그룹별로 발표하며 전체와 공유한다.
- Facilitator Tips를 참고하여 발표 포인트들에 대한 종합 정리 및 추가 통찰을 제시한다.

Facilitator Tips 측정금액에 대한 Suggested Solution

아래 네 가지 정도의 측정의 대안이 나올 것으로 예상된다.

(1) 보수적인 관점에서 발생가능한 가장 큰 금액인 10억 원으로 측정한다.
(2) 발생확률과 배상금액을 가중평균한 값으로 측정한다.
(0원×20%+4억 원×60%+8억 원×10%+10억 원×10%)
(3) 발생하지 않을 확률(20%)도 낮지 않다고 판단하여 0원으로 측정한다.
(4) 발생확률이 가장 높은 4억 원으로 측정한다.

물론 위의 네 가지 대안 이외의 대안을 선택하더라도 그 대안에 대한 정보를 수집하고 평가하도록 한다.

Facilitator Tips 측정금액에 대한 Suggested Solution

K-IFRS 제1037호 문단 36에서는 충당부채로 인식하는 금액은 현재의무를 보고기간 말에 이행하기 위하여 소요되는 지출에 대한 '최선의 추정치'라고 말한다.

측정하고자 하는 충당부채가 다수의 항목과 관련되는 경우에 당해 의무는 모든 가능한 결과와 그와 관련된 확률을 가중평균하여 추정한다('기댓값'). 예를 들어, 수리비용에 대한 보증을 포함하여 제품 1,000개를 판매하였다면 사소한 결함, 중대한 결함 등 발생확률이 각각 달라질 것이며, 기업의 입장에서는 각각의 발생확률을 가중평균하여 제품보증충당부채를 추정하는 것이 최선의 추정치가 될 수 있을 것이다.

그러나 리라화장품 소송처럼 하나의 의무를 측정하는 경우에는 <u>가장 가능성이 높은 단일의 결과를 당해 부채에 대한 최선의 추정치로 판단할 수 있도록 하고 있다</u>. 따라서 이 리라화장품의 소송사건과 같이 하나의 의무인 경우, 기댓값보다 가능성이 높은 금액이 더 잘 예측할 것으로 예상된다면 4억 원으로 추정할 수 있다.

물론 다른 대안을 선택하고 그 평가결과를 발표한 조에게도 칭찬하고, 논거의 중요한 문제점이 있는 경우에만 지적해 준다.

Do

• 애니메이션 효과를 이용하여 suggested solution을 보여준다.

Case Study - 소송

단계 5: 측정

재무보고의 단계

상해 관련 소송 전문가로 명성이 높은 김원책 변호사는 소송 결과를 다음과 같이 예측하고 있다. 소송충당부채는 얼마로 측정해야 하는가?

소송결과	배상금액	발생확률
리라화장품 승소		20%
상호 합의	4억원	60%
리라화장품 부분패소	8억원	10%
리라화장품 패소		

- 하나의 의무를 측정하는 경우에는 **가장 가능성이 높은 단일의 결과**가 최선의 추정치임

5.2.5 측정(계속)

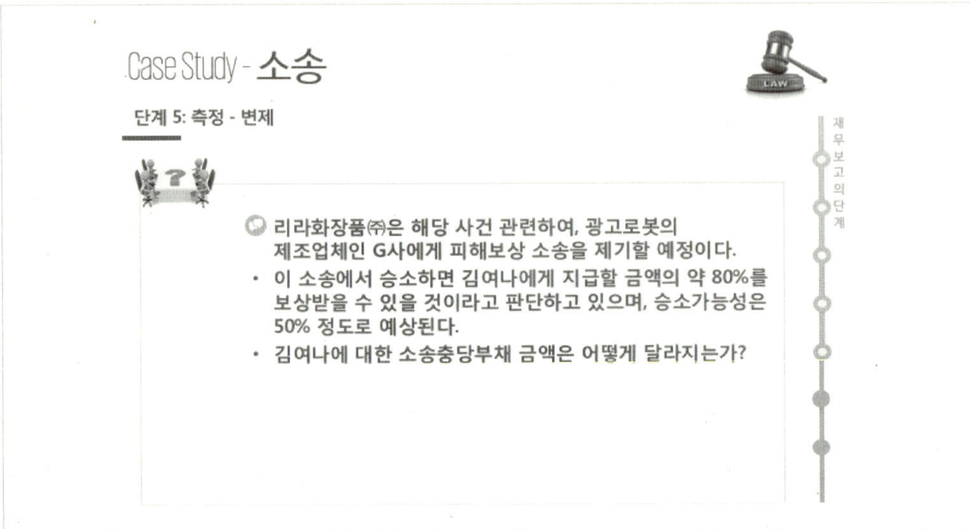

Guide	'측정'에 대한 그룹 토론(Group Discussion) 퍼실리테이션 (총 소요시간 : 10분)

Say

사례에서 보듯 베타고의 오작동은 전적으로 리라화장품만의 책임은 아닐 수도 있습니다.

만약, 오작동의 원인이 리라화장품의 관리, 운영의 이슈라기보다는 제품 자체의 하자에 의한 것이라면 제품 제조사의 책임이 있을 수 있고, 이로 인해 리라화장품의 미래경제적효익이 있는 자원의 유출금액 규모를 줄여줄 가능성이 존재할 수 있습니다.

또한, 베타고 구입시 품질보증약정이 존재하는지도 중요한 변수일 수 있습니다.

리라화장품이 베타고의 오작동에 대해 제조사에게 변제를 요구하는 소송을 제기한다고 할 경우, 충당부채 측정금액은 달라질까요? 조별 토론 후 발표해 봅시다.

Do

- 조별로 가능한 모든 대안을 고려해 보도록 한다. (프로세스 Step 2. 대안 탐색)
- 토론결과를 조별 노트나 플립차트 등에 정리하게 한다. (교재에서는 세 가지 정도로 예상하고 있으나, 그 이상이어도 모두 적는다)
- 각각의 조에서 나온 모든 가능한 대안을 Class 전체와 공유한 후 각 조별로 대안들을 분석하

도록 한다. (프로세스 Step 3. 정보의 수집 및 평가)

- 조별로 1개의 대안을 선택한 후 이에 대한 판단의 근거를 발표하게 한다. (프로세스 Step 4. 결론의 도출 및 근거의 명확화)
- Facilitator Tips를 참고하여 발표 포인트들에 대한 종합 정리 및 추가 통찰을 제시한다.

Facilitator Tips 변제로 인한 측정금액에 대한 Suggested Solution

리라화장품은 (주)여나스포츠와의 소송에서 경제적효익이 있는 자원의 유출 가능성이 존재하며, 이와 별개로 베타고 제조사인 G사에 제품하자로 인한 소송을 제기할 예정이다. 이 두 개의 소송은 별도로 진행되며, 서로 독립적이다.

독립적인 소송이라는 것은 만약 G사에 제기한 제품하자 소송에 대한 변제예상액이 있다 하더라도 이는 (주)여나스포츠에 지급해야 할 손해배상액과는 별개라는 의미이다. 따라서 G사의 변제예상액을 차감하여 (주)여나스포츠 소송의 충당부채를 측정하는 안은 타당하지 않다. 즉, 리라화장품이 승소하여 일부 경제적 자원의 유입이 기대된다면 부채의 차감이 아니라 별도 자산의 증가로 인식하는 것이 타당하다.

그러나 K-IFRS 제1037호 문단 53에 따라 제삼자로부터 변제를 받을 것이 거의 확실하게 되는 때에만 변제금액을 별도의 자산(우발자산)으로 인식해야 한다.

결론적으로 G사의 변제예상액은 소송충당부채의 측정에 영향을 미치지 않는다. 변제예상액을 별도의 자산으로 인식할 수 있는지는 결론을 내릴 수 없다. 본 사례의 주어진 정보하에서는 변제 가능성이 거의 확실한지 여부는 알 수 없기 때문이다.

Do

- 애니메이션 효과를 이용하여 세 가지 대안을 먼저 보여준다.

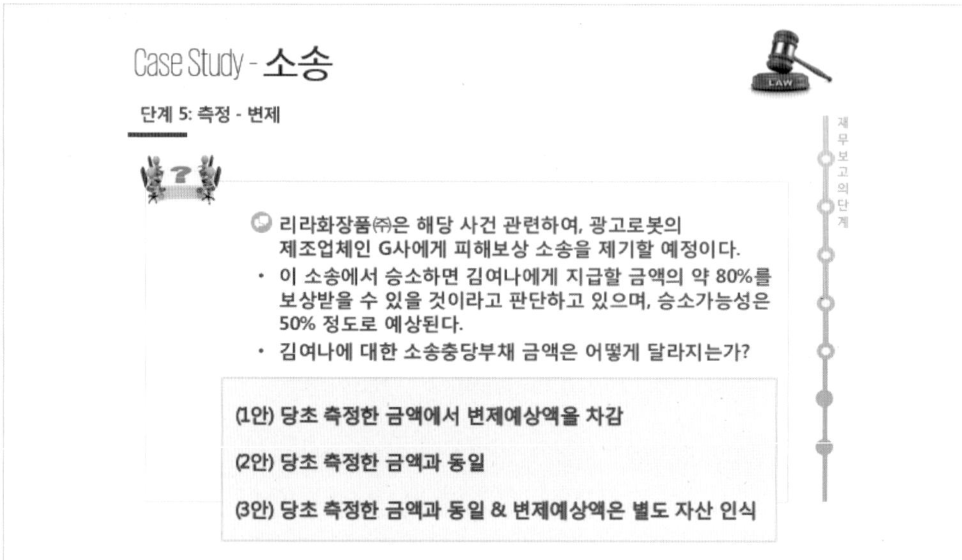

Do

• 애니메이션 효과를 이용하여 suggested solution을 보여준다.

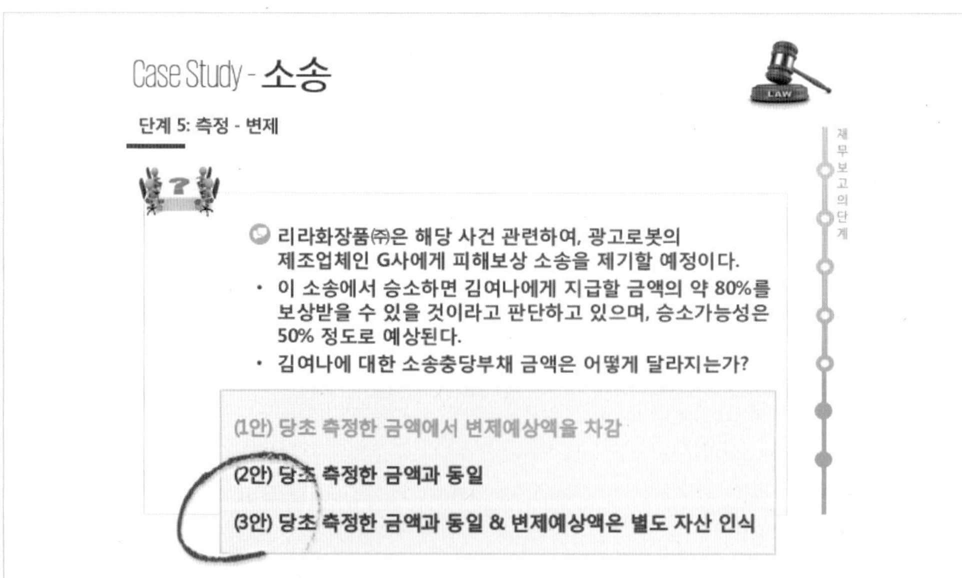

5.2.5 측정(계속)

Case Study - 소송

단계 5: 측정

재무보고의단계

일정시간이 경과한 후 새롭게 습득한 정보에 따라 측정금액은 달라질까요?

소송결과	최초정보		후속정보	
	배상금액	발생확률	배상금액	발생확률
리라화장품 승리	-	20%	-	5%
상호 합의	4억원	60%	4억원	5%
리라화장품 부분패소	8억원	10%	8억원	10%
리라화장품 패소	10억원	10%	10억원	80%

Guide '후속측정' 관련 내용 강의 Facilitation (총 소요시간 : 5분)

Say

만약 일정 기간이 경과한 후에 본 사건과 관련하여 새로운 정보가 입수될 경우에는 어떻게 할지에 대해 고민해 봅시다. 물론 방법은 ① 최초 정보로 측정한 값을 유지하거나 ② 후속 정보로 재측정하여 금액을 변경하는 두 가지 중의 하나일 것입니다.

Ask

앞서 살펴본 충당부채의 측정 기준은 무엇입니까?

Say

맞습니다. '최선의 추정치'로 측정하는 것입니다. 여기서 '최선의 추정치'란 어느 한 기간의 추정만을 이야기하는 것은 아닙니다. K-IFRS 제1037호는 최초측정 이후 후속측정에 대한 별개의 규정을 두고 있지는 않습니다. 그러나 최선의 추정치라고 함은 결국 매 측정시기에 입수가능한 정보를 이용하여 최선의 추정을 해야 한다는 의미이므로, 후속 정보로 확인되는 확률 중 가장 높은 확률인 10억 원으로 재측정하는 것이 바람직합니다.

Do

- 애니메이션 효과를 이용하여 suggested solution을 보여준다.

Case Study - 소송

단계 5: 측정

일정시간이 경과한 후 새롭게 습득한 정보에 따라 측정금액은 달라질까요?

소송결과	최초정보		후속정보	
	배상금액	발생확률	배상금액	발생확률
리라화장품 승리	-	20%	-	5%
상호 합의	4억원	60%	4억원	5%
리라화장품 부분패소	8억원	10%	8억원	10%
리라화장품 패소	10억원	10%	10억원	80%

재무보고의 단계

5.2.6 제거

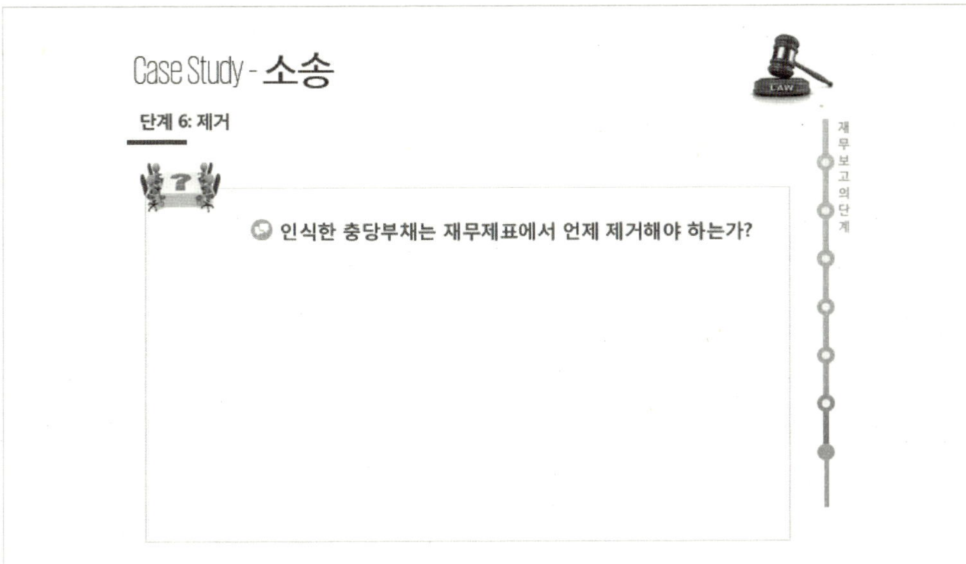

Guide	'부채의 제거'에 대한 브레인스토밍(Brainstorming) 퍼실리테이션 (총 소요시간 : 10분)

Say

다시 돌아와서 최초측정한 값인 4억 원으로 충당부채를 계상했다고 가정합시다. 그럼 언제쯤 이 충당부채를 제거할 수 있을까요? 아이디어를 한번 모아봅시다.

Do

- 손을 들거나 생각하고 있는 학습자를 지목하여 의견을 묻는다.
- 가능한 한 많은 아이디어를 들을 수 있도록 여러 학습자들을 순차적으로 지목하여 의견을 묻는다.
- 더 이상 새로운 의견이 없으면 브레인스토밍을 종료한다. (합의금을 지급하거나, 소송에서 패소함으로 인해 손해배상금을 지급할 때 제거할 수 있다는 답변 등이 있을 것으로 예상된다)

Say

타당한 의견들이지만 더 생각해 볼 점이 있습니다. 개념체계는 부채를 재무상태표에서 제거해야 할 때의 기준은 제공하지 않기 때문에 단계 3(분류)에서 파악한 적용가능한 기준서(K-IFRS

제1037호)에 규정된 제거 규정을 사용해야 합니다. 따라서 해당 기준서에서 충당부채는 언제 제거하도록 하는지 살펴봅시다.

Facilitator Tips 충당부채 제거에 대한 Suggested Solution

K-IFRS 제1037호에서 기술하는 바와 같이 최초인식과 관련 있는 지출이라 함은 충당부채를 인식하게 된 과거사건과 관련이 있는 지출을 의미한다.

① 최초인식이란

최초인식이란 충당부채 인식을 하게 된 결정적인 사건(event)이 발생하여 이에 대한 충당부채를 인식한 것을 말한다.

예를 들면, 베타고를 구입한 사건은 충당부채와 관련이 없으며, 김여나의 부상이 충당부채를 인식하게 된 결정적인 사건이다.

② 관련된 지출이란

관련된 지출이란 최초인식 사건과 관련된 지출을 말한다. 리라화장품이 충당부채를 인식한 이유는 최초인식 사건(김여나의 부상)으로 인하여 미래 발생이 예상되는 비용(손해배상액)을 현재시점에 인식하기 위한 것이다. 즉, 손해배상액 등 최초인식 시점에 예상한 비용 지출과 관련 있는 지출이다.

③ 충당부채 제거의 시기

K-IFRS 제1037호 문단 61에서 설명하는 바와 같이 충당부채를 제거하기 위해서는 최초인식과 관련 있는 지출에 사용할 때 제거한다. 만일, 당초 추정한 금액보다 적은 금액이 발생하였고 그 이후 지급의무가 존재하지 않는다면, 잔여금액을 환입하여 제거해야 한다. 이와 반대로 추정 금액보다 더 큰 금액이 발생하였다면, 모든 충당부채를 제거하고, 추가 발생한 금액은 즉시 비용으로 인식해야 할 것이다. 만일 당초 추정한 바와 달리 어떠한 지급의무도 발생하지 않았다면, 기존금액을 환입하여 제거할 수 있을 것이다.

5.2.7 표시와 공시

Guide	'부채의 표시와 공시'에 대한 롤플레이(Role play) 퍼실리테이션 (총 소요시간 : 20분)

Say

표시와 공시는 개념체계에서 구체적인 언급을 하고 있지는 않습니다. 다만, 완전하고 중립적이며 오류가 없어야 한다는 '충실한 표현'의 개념만 보여주고 있습니다. 따라서 충당부채 기준서에서 언급하는 표시와 공시 관련 내용을 확인하고, 충실한 표현을 활용하여 표시와 공시를 하여야 합니다.

Do

여러 조들에 각각 리라화장품의 회계팀 및 리라화장품의 감사인 역할을 부여한 후 롤플레이를 진행한다.

- 리라화장품 회계팀 역할을 부여받은 조들로 하여금 충당부채 주석을 작성하도록 한다. (교수자는 주석 작성에 어려움을 겪는 조들에게 개별적으로 도움을 준다)
- 리라화장품 감사인 역할을 부여받은 조들은 Dart 홈페이지에서 주요 기업의 감사보고서들을 찾아 참고하도록 한다.

- 회계팀 조들이 작성한 주석에 대해 감사인 조들로 하여금 피드백을 제공하도록 한다.
- 교수자가 주석과 피드백 사항들을 종합하여 정리해 주는 것으로 롤플레이를 종료한다. 특히, 기준서에서 요구하는 사항을 누락한 주석의 경우 누락 내용과 보강 방법을 설명해 준다.
- 충당부채의 주석 공시사항은 K-IFRS 제1037호 문단 84~86을 학습자들과 같이 공유하면서, 앞선 롤플레이에서 학습자들이 적었던 내용이 적절한지를 공유한다.

5.2.8 원가와 효익의 균형

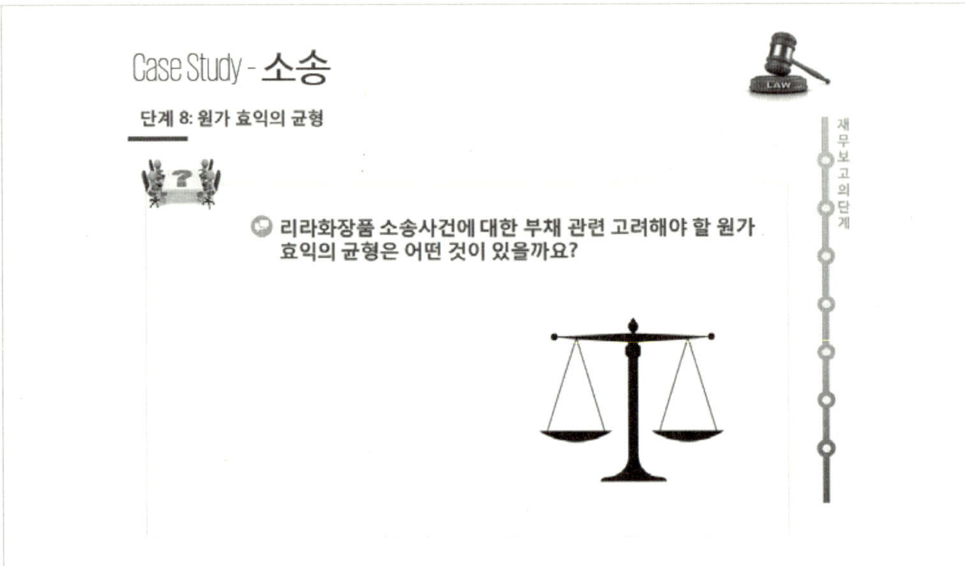

Guide	'원가와 효익의 균형' 관련 브레인스토밍(Brainstorming) 퍼실리테이션 (총 소요시간 : 10분)

Say

기업은 정보이용자에게 목적적합한 정보를 제공해야 할 의무가 있습니다. 하지만 재무정보의 보고에는 비용이 소요되며, 목적적합한 정보의 보고로 인한 효익이 그 원가를 정당화해야 합니다. 이러한 문제는 본질적으로 주관적이기 때문에 각 기업의 상황에 따라 원가와 효익에 대한 평가가 달라질 수 있습니다.

Ask

화면에 보이는 상황의 경우, 재무보고의 원가와 효익 중 어떤 것이 중요할까요?

Do

학습자들에게 자유롭게 원가 효익의 균형과 관련된 요소가 있는지 의견을 내도록 한다.

Say

추정하여 산출될 것으로 예상되는 부채의 금액보다 그 조사비용이 더 크다면 일반적으로 원가가 더 중요하다고 생각하여 해당 내용을 표시하지 않거나 축소하여 표시할 수 있는 유인을 제공하긴 합니다. 본 예시의 경우에도 제공한 가정의 극단적인 상황으로 인해 원가가 더 중요하다고 볼 수 있습니다.

하지만 정보이용자가 다수이거나, 공시하는 기업의 영업환경에 중요한 영향을 미치는 사건이거나, 기업의 규모에 비해 공시금액이 중요하거나 등 여러 가지 주변환경 및 기업의 상황 등을 고려하여 원가와 효익의 균형문제를 결정해야 합니다. 즉, 단편적인 정보로 판단하면 안 된다는 점을 기억해야 합니다.

Facilitator Tips 원가 효익의 균형에 대한 Suggested Solution

K-IFRS 제1037호에서 기술하는 바와 같이 최초인식과 관련 있는 지출이라 함은 충당부채를 인식하게 된 과거사건과 관련이 있는 지출을 의미한다.

IFRS 재단(IFRS foundation)의 Due Process Handbook의 문단 3.75에서 원가와 효익에 대한 평가 기준을 제시하고 있는데, 그에 근거한 리라화장품의 원가 효익 균형 고려시 다음 사항들이 논의될 수 있을 것이다.

(1) 효익 측면

⑤ 동일한 보고기업에 대해 다른 보고기간간 및 동일한 보고기간에 다른 보고기업들간에 재무정보의 비교 가능성 향상
충당부채의 측정으로 인해 리라화장품의 당기 재무제표가 전기 재무제표와의 비교 가능성을 높이게 되는 것인지 또는 다른 유사 업종의 회사들간의 재무정보의 비교 가능성을 높이는 결과를 가져오는 것인지를 판단한다.

⑥ 기업의 미래 현금흐름을 평가하기 위한 재무제표 이용자의 능력 향상 및 개선된 재무보고의 결과에 따른 경제적 의사결정능력 향상
충당부채의 산정이 리라화장품의 미래 현금흐름의 평가에 유용한 정보를 제공하고 재무제표 이용자에게 이에 대한 유용한 정보를 제공하는지를 판단한다.

(2) 원가 측면

⑦ 재무제표 이용자의 분석 원가
충당부채 측정과 관련하여 재무제표 이용자가 해당 정보를 분석, 이용하는 데 소요되는 비용이 얼마나 되는지 평가한다.

⑧ 작성자의 작성 원가
작성자인 리라화장품이 해당 충당부채를 측정하기 위해 소요되는 비용을 말하며, 김원책 변호사의 선임료 등 추정에 들어가는 비용도 포함하여 평가한다.

단, 원가는 정보생산자의 원가뿐만 아니라 정보이용자의 원가도 포함하여 고려하여야 하며 효익 측면에서는 정보이용자의 효익에 중심을 두어 정보이용자의 경제적 의사결정에 영향을 미치는지에 대한 종합적인 판단이 필요할 것이다.

5.3 선불카드 사례(Case 2)

순 번	주 제	예상 시간	교수법	교육 내용	참고자료
1	경제적 현상과 유용한 정보	20분	브레인스토밍 (Brainstorming)	목적적합성의 의미 파악 및 유용한 정보의 목록 추출	개념체계
2	식별	20분	그룹 토론 (Group Discussion)	• 개념체계에서 말하는 식별 요건 확인 • 경제적 현상에 대한 식별여부 검토	개념체계
3	전문가적 판단 프로세스	10분	가르치며 배우기 (Learning by Teaching)	전문가적 판단 프로세스에 대한 소개 및 연습	
4	분류	20분	논쟁 (Debate)	확정부채와 미확정부채, 충당부채와 우발부채의 의미 확인	K-IFRS 제1032호 K-IFRS 제1037호
5	인식	20분	논쟁 (Debate)	• 개념체계에서 말하는 인식 요건 확인 • 경제적 현상에 대한 인식여부 검토	개념체계
6	측정	20분	엘리베이터 스피치 (Elevator Speech)	• 최선의 추정치에 대한 의미 확인 • 각각의 측정대안에 대한 검토	K-IFRS 제1037호 문단 36
7	제거	10분	브레인스토밍 (Brainstorming)	기준서의 제거규정 검토	K-IFRS 제1039호 문단 39 IFRIC 질의회신
8	표시와 공시	5분	강의 (Teaching)	금융부채 및 충당부채에 대한 표시와 공시방법 검토	
9	원가와 효익의 균형	10분	브레인스토밍 (Brainstorming)	원가와 효익의 균형의 사례 설명	
	총 소요시간	135분			

5.3.1 경제적 현상과 유용한 정보

Guide 선불카드 사례 개요 설명 (총 소요시간 : 10분)

Do

- 각 조별로 선불카드 발행의 프로세스에 대한 내용을 정리한 Handout 2를 배포한다.
- Handout 2를 학습자들과 같이 보면서 상황을 설명한다.

Handout 2 무한정은행 선불카드 사례

무한정은행(주)는 선불카드 프로그램을 운용하고 있다. 이 프로그램의 특징은 다음과 같다 :

a. 카드(이하 선불카드)의 발급시 현금이 입금되어야 한다. 즉, 무한정은행(주)는 현금의 수령과 동시에 수령한 현금과 동일한 액면금액의 선불카드를 발행한다. 선불카드의 소지자는 발행 즉시 사용할 수 있다.
b. 무한정은행(주)는 재화나 용역의 공급자로 구성된 가맹점들과 네트워크를 형성한다. 따라서 이 선불카드는 네트워크에 속해 있는 모든 가맹점들에게 방문을 하든지 또는 인터넷을 이용하여 사용될 수 있다.
c. 무한정은행(주)는 선불카드 소지자가 가맹점에게 재화나 서비스를 구매하면 가맹점에게 현금을 지급하며 일정 금액의 수수료를 가맹점으로부터 받는다.

d. 무한정은행(주)나 가맹점은 선불카드의 사용으로 제공되는 재화나 용역에 불량이 발생하여도 책임지지 않는다.
e. 선불카드의 소지자는 환불이나 현금 환급이 불가능하다.
f. 선불카드는 누구에게나 양도가능하다. 소지자에게 특별히 통고받지 않는 한, 사용자가 법적으로 정당한 사용자로 간주된다.
g. 선불카드는 현금과 동일하다고 볼 수 있기 때문에 소지자는 잃어버리지 않도록 조심해야 한다. 분실했을 경우에 신고를 하면 기존의 선불카드를 정지시키고 소정의 수수료를 제하고 새로운 선불카드를 발행할 수 있다.
h. 선불카드는 만기일이 없다. 사용하지 않는다고 하여도 추가적인 수수료를 부담하지 않는다.

무한정은행(주)는 총액 1천만 원의 선불카드를 20X1년에 발행하였다. 과거의 경험에 의해, 무한정은행(주)는 24개월 이내에 판매금액 중 95%가 사용되지만, 그 후에 나머지 5%는 사용되지 않은 채로 남아 있을 것이라고 판단한다. 무한정은행(주)가 영업을 하고 있는 국가에서는 사용되지 않은 선불카드의 잔액에 대한 법적인 만기가 인정되고 있지 않다.

5.3.1 경제적 현상과 유용한 정보(계속)

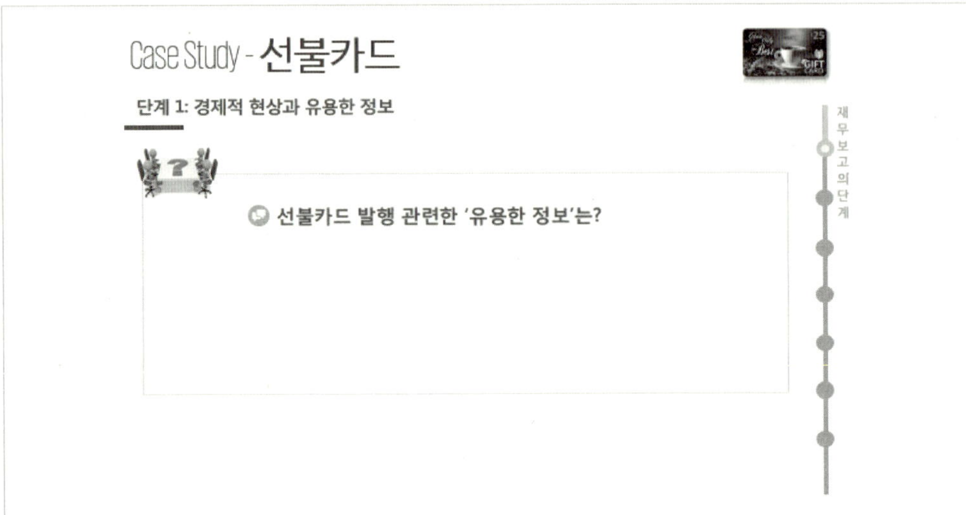

Guide	'유용한 정보'에 대한 브레인스토밍(Brainstorming) 퍼실리테이션 (총 소요시간 : 20분)

Say

우리는 유용한 정보(useful information)를 파악하기 위해서는 범위를 제한하는 것이 필요하며, 동시에 목적적합성(relevance)과 충실한 표현(faithful representation)이 있는 정보이어야 한다는 것을 배웠습니다. 지금 '무한정은행(주)의 선불카드 발행'이라는 경제적 현상과 관련하여 유용한 정보로는 어떠한 것들이 있는지 아이디어를 한번 모아봅시다.

Do

- 손을 들거나 생각하고 있는 학습자를 지목하여 유용한 정보로는 어떤 것들이 있는지 묻는다.
- 가능한 한 많은 아이디어를 들을 수 있도록 여러 학습자들을 순차적으로 지목하여 의견을 묻는다.
- 필요한 유용한 정보가 모두 나오고 더 이상 새로운 의견이 없으면 브레인스토밍을 종료한다.
- Facilitator Tips를 참고하여 의견들에 대한 피드백 및 핵심 사항에 대해 설명한다.

Facilitator Tips 유용한 정보에 대한 Suggested Solution

아래 세 가지 정도의 학습자들의 Discuss 결과가 나올 것으로 예상된다.

- 선불카드의 발행으로 인한 현금유입액
- 선불카드의 발행으로 인하여 기업이 미래에 지급해야 할 현금유출액
- 미래의 현금유출액과 관련하여, 일반적으로 모든 발행된 선불카드가 사용되지는 않을 것이므로, 발행한 선불카드 중 지불되지 않을 금액

위의 세 가지 답변에 대해서는 모두 잘했다고 칭찬해 준다. 이어서, 각각 유용한 정보라고 판단한 근거에 대해서 발표자에게 간략하게 설명하게 한다.

유용한 정보의 질적특성인 목적적합성(relevance)의 예측가치, 확인가치, 중요성이 각 조별로 논의한 정보들에 고려되었는지 물어본다.

추가적으로 충실한 표현(faithful representation)의 완전성, 중립성, 무오류에 대한 논의를 유도해 본다.

이어서 본 사례는 부채관련 사례이므로, 현금유입액보다는 미래의 현금유출액에 대하여 집중할 것을 설명한다.

Do

- 애니메이션 효과를 이용하여 suggested solution을 보여준다.
- 이후 suggested solution에 대한 반대의견이 있으면 발표하게 한다.

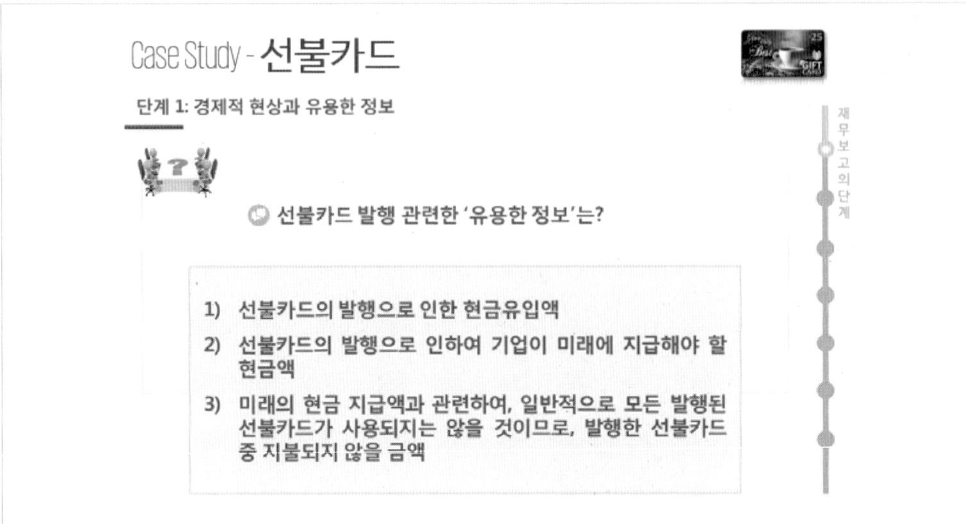

Say

이제 우리는 파악한 유용한 정보를 가지고, FBT 8단계의 두 번째인 식별(Identification)로 넘어가 봅시다.

5.3.2 식별

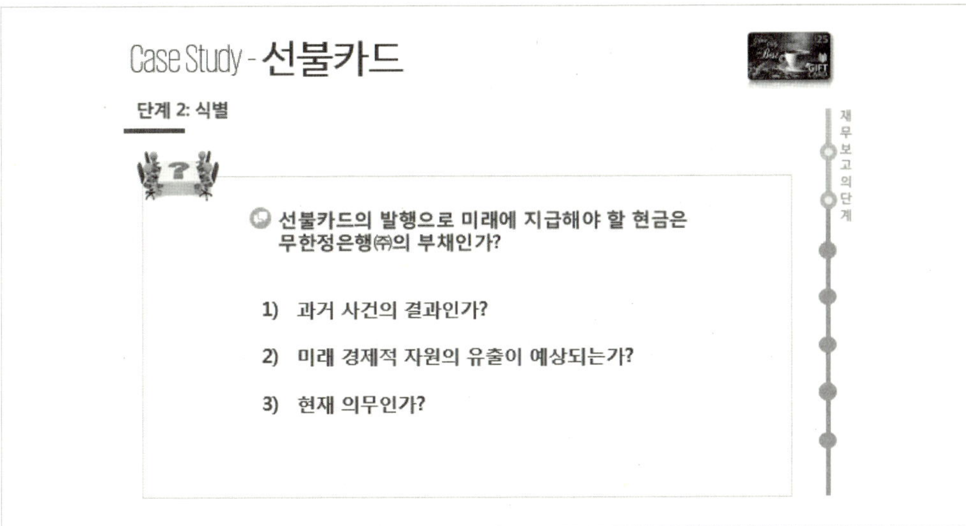

Guide	'부채로 식별' 여부에 대한 그룹 토론(Group Discussion) 퍼실리테이션 (총 소요시간 : 20분)

Say

앞 단계에서 확인한 무한정은행(주)의 선불카드를 부채로 식별할 수 있을지 검토해 봅시다.

Ask

먼저, 개념체계에서 말하는 부채 식별의 요건에는 어떤 것들이 있을까요?

Do

- 학습자들로 하여금 잠시 개념체계의 내용을 찾아보도록 한다. (기준원 홈페이지에 접속하여 기준서 다운로드 또는 Handout 배포)
- 몇몇 학습자로 하여금 부채 식별의 요건에 대해 설명해 보도록 한다.
- 슬라이드에 부채 식별의 3요소를 보여주며 정리한 후, 무한정은행(주) 선불카드 사례로 이어간다.

Facilitator Tips 부채의 식별에 대한 Suggested Solution

아래 각 요건들에 대한 논의 및 강조사항은 다음과 같다.

① 과거사건의 결과인가?

예를 들어, 물건을 구입하거나 서비스를 제공받는 경우 그 대가에 대한 지급의무가 발생하며, 은행대출을 받은 경우에는 상환의무가 발생한다. 즉 지급의무를 발생시키는 직접적인 사건을 회계에서는 사건이라고 한다. 본 사례의 경우 선불카드 발행은 가맹점에게 재화나 용역의 대가를 지급할 의무를 발생시키는 과거사건이다.

② 경제적효익이 있는 자원의 유출이 예상되는가?

선불카드 소지자가 가맹점으로부터 재화나 용역을 공급받는 경우 무한정은행(주)가 그 가맹점에게 대가를 지급해야 하므로 경제적효익이 있는 자원의 유출이 발생한다. 이 단계에서는 자원유출의 가능성은 확인하지 않는다. '예상되는'이라는 의미는 경제적효익이 있는 자원의 지급시기 및 지급금액이 확정이 되지 않았더라도 예상되고 있다면 부채로 식별할 수 있다는 의미이다.

③ 현재의무가 있는가?

의무란 특정 방법으로 실행하거나 수행할 책무 또는 책임을 말한다. 의무는 법적의무와 의제의무 모두를 포함한다. 의무란 일반적으로 물건이나 서비스를 제공받은 시점에 발생한다. 본 사례의 경우 선불카드 발행으로 수취한 현금은 환불이 불가능하며, 카드소지자에게 재화나 용역이 공급되는 시점에 가맹점에게 지급할 의무가 발생한다. 즉, 무한정은행(주)는 선불카드를 발행하는 시점에 계약에 따라 지급의무가 발생한다고 볼 수 있다.

세 가지 요건이 모두 충족되므로, 무한정은행(주)의 선불카드를 부채로 식별할 수 있다.

Do

• 애니메이션 효과를 이용하여 suggested solution을 보여준다.
• 이후 suggested solution에 대한 반대의견이 있으면 발표하게 한다.

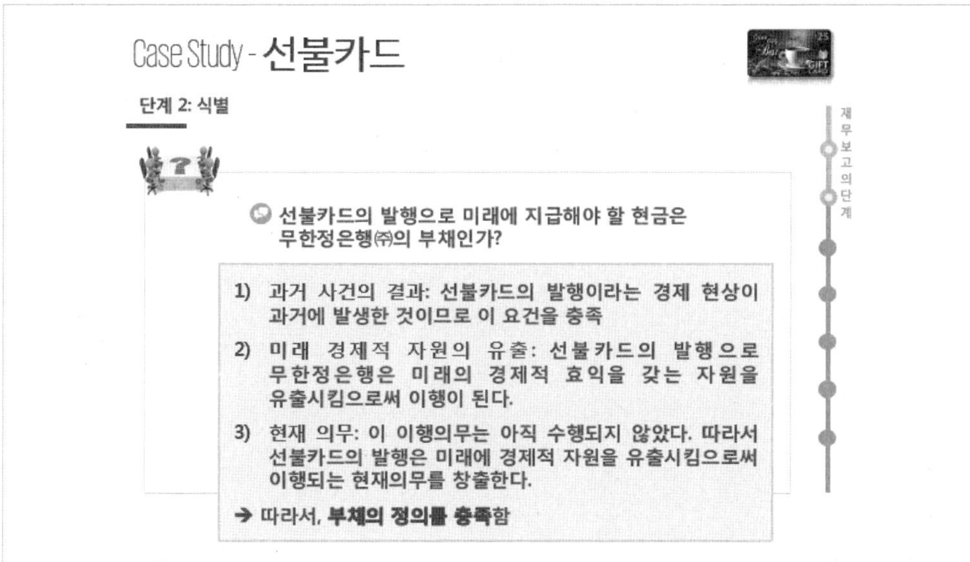

Say

지금까지 우리는 선불카드 발행이라는 경제적 현상이 회계상 부채에 해당한다는 것을 알았습니다.

이러한 전문가적 판단을 효과적으로 내리기 위해서는 일련의 사고 프로세스를 거치는 것이 바람직한데, 이를 한번 살펴보도록 합시다.

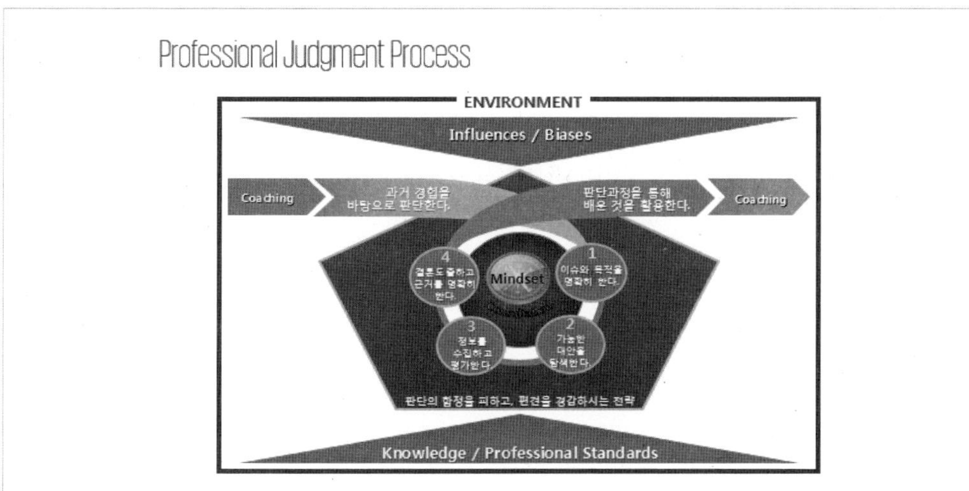

Guide	'전문가적 판단(Professional Juegment) 프로세스' 가르치며 배우기(Learning by Teaching) 퍼실리테이션 (총 소요시간 : 10분)

Say

'전문가적 판단(Professional Judgment) 프로세스'는 효과적인 판단을 내리기 위한 일련의 사고 과정으로 다음과 같은 절차로 구분하여 진행할 수 있습니다.

① Step 1. 이슈와 목적의 명확화(Clarify Issues & Objectives)
② Step 2. 대안 탐색(Consider Alternatives)
③ Step 3. 정보의 수집 및 평가(Gather & Evaluate Information)
④ Step 4. 결론의 도출 및 근거의 명확화(Reach and Rationalize Conclusion)

Do

전문가적 판단 프로세스 및 이에 따른 무한정은행(주) 선불카드의 부채 식별 과정에 대해 학습자 상호간 가르치고 배우는 활동을 할 수 있도록 유도한다.

- 클래스를 약 10명 미만의 소그룹들로 편성한다.
- 적정 시간을 부여한 후 개인별로 티칭 준비를 하도록 요구한다. (아직은 누가 티칭을 하게 될지 지정하지 않음)
- 해당 시간 경과 후 소그룹 내에서 티칭을 수행할 학습자를 지정한다.
- 티칭 역할을 부여받은 학습자는 소그룹 내에서 전문가적 판단 프로세스 4단계 및 이에 따른 무한정은행(주) 선불카드 부채 식별 과정을 설명하고, 동료 학습자들은 질문, 내용 추가, 의견 개진, 토론 시도 등 다양하게 상호작용하도록 안내 및 촉진하며, 교수자는 모든 소그룹들의 교수/학습을 모니터링한다.
- 적정 시간이 경과하면 소그룹 교수/학습 활동을 종료시키고, 소그룹 활동 중 해결되지 않거나 논쟁거리가 된 이슈, 질문 등을 제기하도록 요구하고, 이에 대해 해결 및 설명한다.
- 종합 정리 및 추가 통찰을 제시한다.

5.3.3 분류

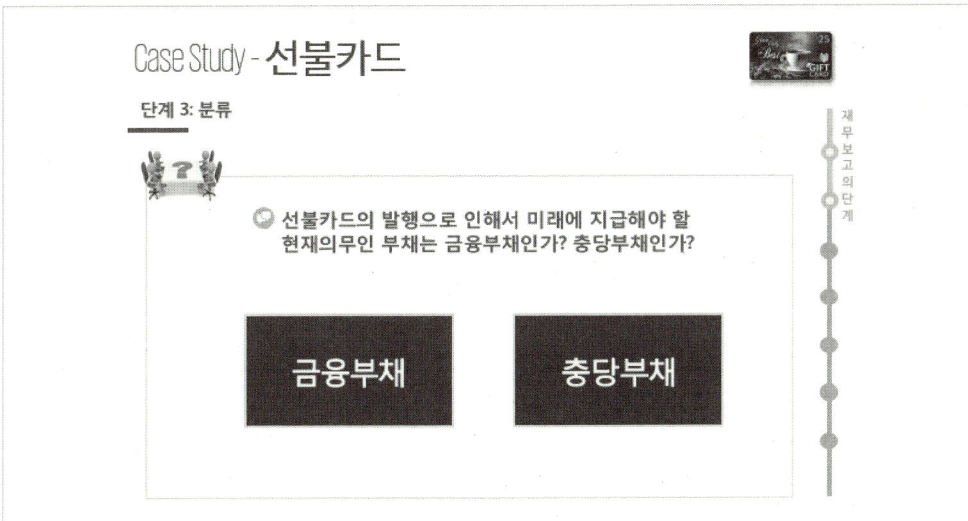

Guide '부채의 분류'에 대한 논쟁(Debate) 퍼실리테이션 (총 소요시간 : 20분)

Facilitator Tips 단계 3. 분류(Classification) 이슈

분류는 식별이라는 대분류에서 한 걸음 더 나아가 중분류와 소분류로 구분하는 것을 의미한다. 또한 어떤 기준서가 적용되어야 하는지를 결정하는 과정이다.

단계 2(식별)의 과정을 거쳐 선불카드는 부채로 식별하여야 한다. 이 식별과정을 거쳐 '부채'로 식별된 선불카드는 부채 중 어느 부채로 분류되어야 하는지가 단계 3(분류)에서 다루어야 할 이슈이다.

단계 3(분류), 단계 4(인식), 단계 5(측정)에 대한 교육에서는 퍼실리테이션 기법 중 논쟁기법을 사용한다. 따라서 이 단계부터는 class를 2개의 팀으로 나누는 것이 중요하다. 즉, 선불카드 발행으로 인한 무한정은행(주)의 부채를 '금융부채'로 분류할 팀과, '충당부채'로 분류할 팀을 정하여 팀간의 토론을 통해 부채에 대한 이해를 넓혀나가는 것이 중요하다.

Say

단계 2에서 우리는 무한정은행(주)의 선불카드가 부채임을 식별했습니다. 다음 단계 3인 분류

단계에서는 이 부채가 어느 부채로 분류되어야 하는지에 대한 검토가 필요합니다.

부채는 지출시기와 금액의 불확실성 정도에 따라 확정부채와 비확정부채로 분류될 수 있습니다. 확정부채는 다시 비금융 확정부채와 금융부채로 분류될 수 있으며, 비확정부채는 다시 충당부채와 우발부채로 분류될 수 있다.

무한정은행(주)의 선불카드는 확정부채 중의 금융부채 또는 비확정부채 중의 충당부채로 분류될 수 있습니다.

Say

무한정은행(주)의 선불카드가 금융부채인지, 충당부채인지를 그룹 토론을 통해 판단해 보도록 하겠습니다.

Do

- 5～10명 단위로 그룹을 편성한다.
- 조별로 금융부채, 충당부채의 정의와 관련한 Handout을 배포하거나 인터넷 검색을 하도록 한다.
- 토론을 통해 무한정은행(주)의 선불카드를 금융부채와 충당부채 중 어떤 것으로 분류할지 판단하도록 한다.
- 조별 토론의 결론(금융부채 vs. 충당부채)을 확인한다. (만약 모든 조의 결론이 동일하면 편의상 최소 한 개 조는 다른 결론을 가지도록 유도하는 것도 고려할 수 있음)
- 각각의 조들로 하여금 금융부채 또는 충당부채로 분류하게 된 근거를 발표하게 한다.

Facilitator Tips 금융부채 및 충당부채의 논거 예시

금융부채 주장 논거

- 선불카드의 발행으로 무한정은행(주)는 카드 구매자 대신 공급업체에게 현금이라는 금융자산을 인도하기로 하는 계약상 의무를 진다. (K-IFRS 제1032호 문단 11(1)(가))
- 또한 계약상 의무를 결제하기 위한 현금 등 금융자산의 인도를 회피할 수 있는 무조건적인 권리를 무한정은행(주)가 가지고 있지 않다. (K-IFRS 제1032호 문단 19)
- 아래 금융상품의 정의에 충족한다. 즉, 아래 동시에라는 의미에 자유로울 수 있을 것이다.

➢ 금융상품 : 거래당사자 일방에게 금융자산을 발생시키고 동시에* 다른 거래상대방에게 금융부채나 지분상품을 발생시키는 모든 계약

* 동시에의 의미

K-IFRS에서는 과거에 "거래당사자 일방에게 금융자산을 발생시키고 동시에 다른 거래

상대방에게 금융부채나 지분상품을 발생시키는 모든 계약"이라고 금융상품의 정의를 번역하였었다. 그러나 IFRS의 영어 원문을 보면 "A financial instrument is any contract that gives rise to a financial asset of one entity and a financial liability or equity instrument of another entity"라고 하여 '동시에'라는 표현이 없다. 아마도 뜻을 명확히 하기 위하여 한글 번역시 '동시에'라는 단어가 추가되었는데, 이는 2016년 5월 30일자로 발표한 수정목록 16-2 연차개선을 통해 수정되었다.

충당부채 주장 논거

- 충당부채의 특성을 가진다.
  - ➢ 지출의 시기가 불확실하다.
  - ➢ 지급할 금액이 불확실하다. (일부 미사용(breakage)이 예상됨)
- 만약, 금융부채로 분류한다면, 미사용액은 인식 및 측정되지 않는다. 미사용액이라고 해서 금융부채에서 제거되지 않아 계속 무한정은행(주)의 재무제표에 부채로 남고, 선불카드를 판매하면 할수록 부채가 계속 증가하는 문제점이 있다.

Do

- 애니메이션 효과를 이용하여 금융부채와 충당부채의 주장 논거의 suggested solution을 보여준다.

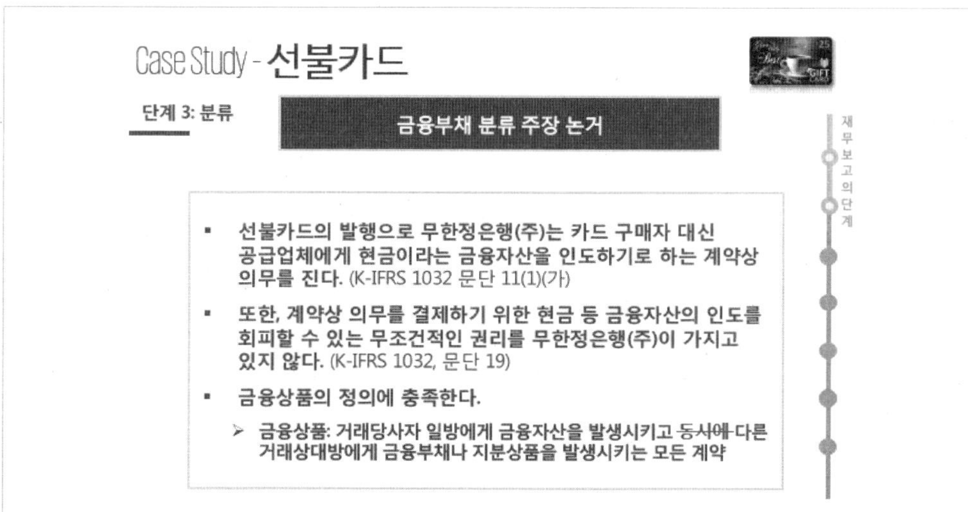

Case Study - 선불카드

단계 3: 분류

충당부채 분류 주장 논거

재무보고의단계

- 충당부채의 특성을 가진다.
  - 지출의 시기가 불확실하다.
  - 지급할 금액이 불확실하다. (일부 미사용(breakage)이 예상됨)
- 만약, 금융부채로 분류한다면, 미사용액은 인식 및 측정되지 않으며, 미사용액이라고 해서 금융부채에서 제거되지 않아 계속 무한정은행㈜의 재무제표에 부채로 남고, 선불카드를 판매하면 할수록 부채가 계속 증가하는 문제점이 있다.

5.3.3 분류(계속)

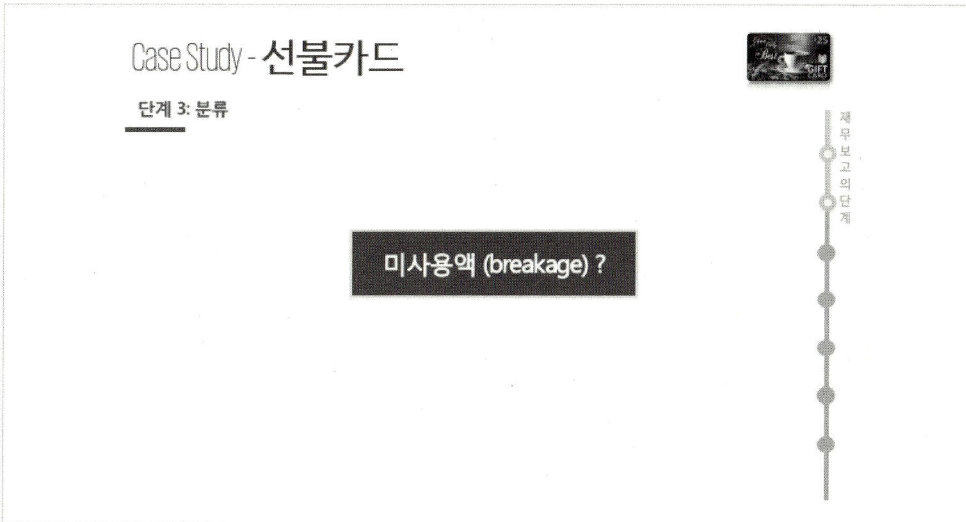

Do

- 금융부채와 충당부채 구분의 중심에는 "미사용액(breakage)"을 어떻게 바라볼 것인가의 이슈가 있을 수 있으므로, 각 조별로 미사용액을 어떻게 다루었는지에 대해 추가로 논의하도록 한다.
- 효과적 운영을 위해 이 단계에서 금융부채인지 충당부채인지 최종 결론을 내지 않고, 각 조의 주장을 단계 5(측정)까지 이어가도록 유도한다.

Facilitator Tips 미사용액(breakage)에 대한 각 금융부채 및 충당부채의 논거 예시

금융부채의 미사용액 논거

- 금융상품은 금융계약에 대한 정보를 제공해야 한다.
- 미사용액(breakage)이 오랫동안 사용되지 않는다고 하여도 언젠가는 사용될 수도 있다면 지급해야 하므로 지급의무가 없어지는 것이 아니다.
- 즉, 카드구매자는 언제라도 다시 미사용액을 사용할 수 있으며, 그럴 경우 은행은 반드시 지급의무를 이행해야 하므로, 부채로 표시하고 있어야 한다.

충당부채의 미사용액 논거

- 판매금액 중 일부는 영원히 사용되지 않을 것이라는 추정이 더 중요하다.
- 미사용액(breakage)을 인식하지 않는다면 부채가 과대계상되어 기업의 재무상태를 정

확하게 보여주지 못한다.

- 미사용될 것으로 예상했던 금액이 후에 실제로 사용된다고 하여도, 이는 회계추정의 변경의 영역이다.
- 무한정은행(주)는 선불카드를 설계하고 가격 결정할 때 이미 미사용액을 고려했을 것이다.

5.3.4 인식

Case Study - 선불카드

단계 4: 인식

재무보고의단계

[개념체계 인식기준]

개념체계는 다음 기준을 모두 충족한다면 재무제표에 "인식"되어야 한다고 규정하고 있다(문단 4.38)

1) 그 항목과 관련된 미래 경제적 효익이 기업에 유입되거나 기업으로부터 유출될 가능성이 높다.
2) 그 항목의 원가 또는 가치를 신뢰성 있게 측정할 수 있다.

Case Study - 선불카드

단계 4: 인식

재무보고의단계

[K-IFRS 1037. 문단 14 인식기준]

충당부채는 다음의 요건을 모두 충족하는 경우에 "인식"한다. (문단 14)

1) 과거사건의 결과로 현재의무(법적의무나 의제의무)가 존재한다.
2) 해당 의무를 이행하기 위하여 경제적 효익이 있는 자원을 유출할 가능성이 높다.
3) 해당 의무를 이행하기 위하여 필요한 금액을 신뢰성 있게 추정할 수 있다.

[K-IFRS 1039. 문단 14 인식기준]

금융자산이나 금융부채는 금융상품의 계약당사자가 되는 때에만 재무상태표에 인식한다.

Guide	'금융부채 또는 충당부채 인식'에 대한 논쟁(Debate) 퍼실리테이션 (총 소요시간 : 20분)

Do

무한정은행(주)의 선불카드에서 인식가능한 것과 인식가능하지 않은 것을 구분하고, 그 논거에 대해 논쟁을 유도한다.

- 금융부채로 결론을 낸 조들과 충당부채로 결론을 낸 조들의 두 진영으로 구분한다.
- 양 진영의 대표가 자신이 속한 진영의 주장과 논리를 간략히 설명하도록 한다.
- 두 진영이 자신들의 주장을 근거로 논리적 공격과 방어를 하도록 논쟁을 촉진한다.
- 논쟁 중 감정적으로 치닫지 않도록 관리하고, 양측의 논리가 모두 소진되거나 한 측이 상대측의 논리에 수긍하게 되면 논쟁을 종료시키고 심판관으로서의 판단과 그 근거 및 추가 통찰을 제시한다.

Facilitator Tips 인식(Recognition)에 대한 각 금융부채 및 충당부채의 논거 예시

금융부채

- 금융자산이나 금융부채는 금융상품의 계약당사자가 되는 때에만 재무상태표에 인식한다.
- 계약금액, 즉 판매금액 자체를 인식하면 된다.

충당부채

- 선불카드의 구매자가 카드를 사용하지 않을 가능성은 낮기 때문에 무한정은행(주)의 현금유출 가능성이 높다.
- 경험에 의하여 미사용액을 포함한 가치를 신뢰성 있게 추정하는 것은 어렵지 않을 것이다.

Do

- 금융부채 주장과 충당부채 주장시 인식기준 충족여부에 대한 아래 PPT 슬라이드를 보여주면서 각 팀별 의견을 확인한다.

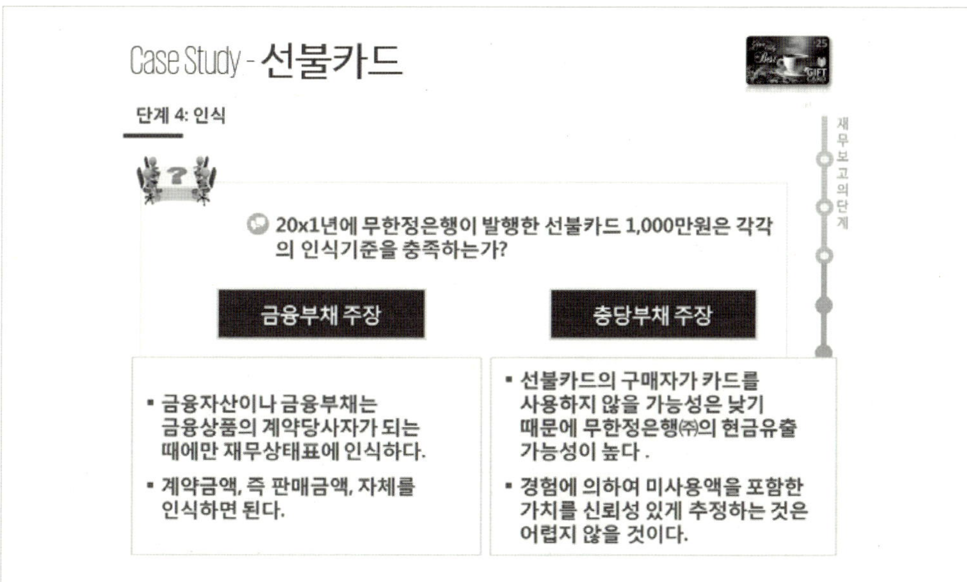

5.3.5 측정

Guide	'금융부채 또는 충당부채 측정'에 대한 엘리베이터 스피치(Elevator Speech) 퍼실리테이션 (총 소요시간 : 20분)

Do

최초측정에 대해 금융부채 진영과 충당부채 진영 각각의 학습자들로 하여금 직접 설명해 보도록 엘리베이터 스피치를 진행한다.

- 금융부채 진영의 한 명의 학습자를 지목하여 1분간 설명하도록 요구한다.
- 최초인식과 관련된 주요 포인트를 칠판이나 플립차트 등에 적는다.
- 다음 학습자를 지목하여 다시 1분간 설명하도록 요구한 후 추가로 제시된 주요 포인트를 적는다.
- 충당부채 진영에 대해서도 동일한 과정을 진행한다.
- 충분한 내용이 도출될 때까지 발표와 포인트 적기의 과정을 반복한 후 종합 정리 및 추가 통찰을 제시한다. 단, 이 지점부터 자연스럽게 금융부채로의 암시를 던지는 것을 고려할 수 있다.

Facilitator Tips 최초측정에 대한 각 금융부채 및 충당부채의 논거 예시

금융부채

- 금융자산이나 금융부채는 최초인식시점에 공정가치로 측정한다.
- 특정 기업의 환경이나 상황을 반영하지 않는다. (market-based measurement)
- 선불카드는 가맹점이 청구하면 언제든지 지불해야 하는 의무가 있다.
- 발행액 전액을 부채로 측정한다.

충당부채

- 충당부채는 현재의무를 이행하기 위하여 지출되는 자원의 최선의 추정치로 측정한다.
- 현재의무를 이행하기 위해 소요되는 지출에 대한 최선의 추정을 해야 한다.
- 미사용 예상분을 고려해서 부채를 측정한다.

Do

- 금융부채 주장과 충당부채 주장시 측정 기준 충족여부에 대한 아래 PPT 슬라이드를 보여주면서 각 팀별 의견을 확인한다.

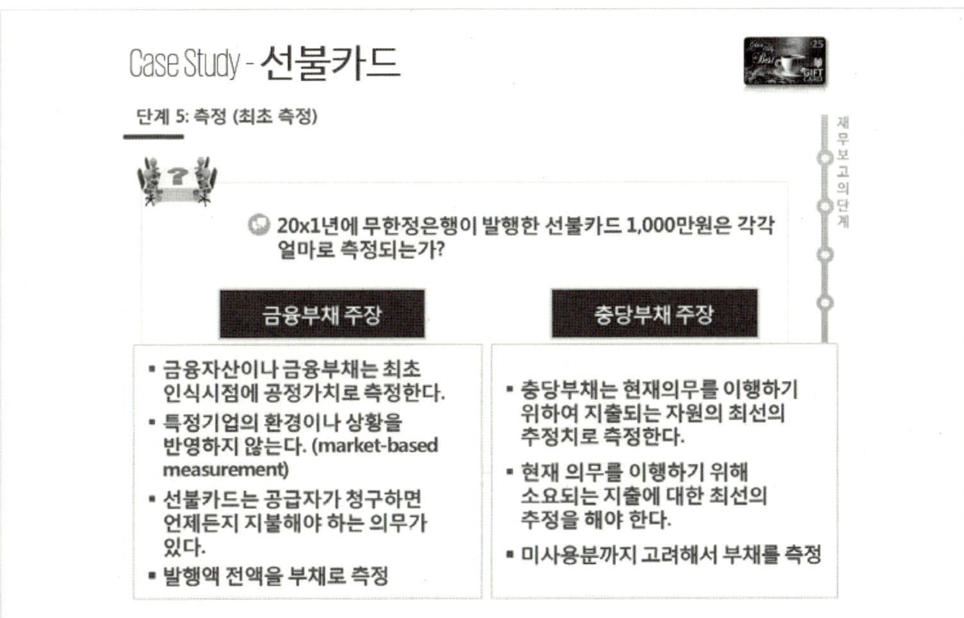

5.3.5 측정(계속)

Do

- 최초측정에 이어 후속측정에 대해서도 동일한 방법으로 엘리베이터 스피치를 진행한다.
- 이 지점에서 역시 자연스럽게 금융부채로의 암시를 던지는 것을 고려할 수 있다.

Facilitator Tips 후속측정에 대한 각 금융부채 및 충당부채의 논거 예시

금융부채

- 당기손익인식금융부채 등 일부의 경우를 제외하고는 최초인식 후 모든 금융부채는 상각후원가로 측정한다.
- 언제든지 의무를 이행해야 하는 요구불 금융부채라 이자율의 영향이 없다.
- 후속측정시 상각 또는 재측정할 것이 없다.

충당부채

- 후속측정에 대한 별개의 규정이 없다. (최초측정의 규정이 후속측정에도 그대로 적용)
- 매기간말 추정시에 예상 미사용액뿐만 아니라, 할인율도 고려해야 한다.

Do

- 금융부채 주장과 충당부채 주장시 후속측정 기준 충족여부에 대한 아래 PPT 슬라이드를 보여주면서 각 팀별 의견을 확인한다.

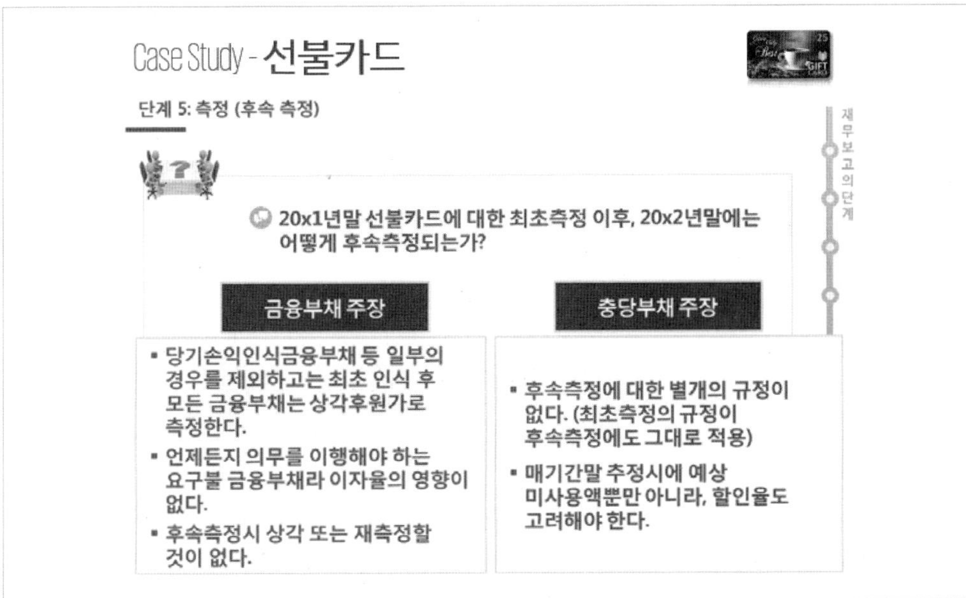
Case Study - 선불카드
단계 5: 측정 (후속 측정)
재무보고의단계
20x1년말 선불카드에 대한 최초측정 이후, 20x2년말에는 어떻게 후속측정되는가?
금융부채 주장
충당부채 주장
▪ 당기손익인식금융부채 등 일부의 경우를 제외하고는 최초 인식 후 모든 금융부채는 상각후원가로 측정한다.
▪ 언제든지 의무를 이행해야 하는 요구불 금융부채라 이자율의 영향이 없다.
▪ 후속측정시 상각 또는 재측정할 것이 없다.
▪ 후속측정에 대한 별개의 규정이 없다. (최초측정의 규정이 후속측정에도 그대로 적용)
▪ 매기간말 추정시에 예상 미사용액뿐만 아니라, 할인율도 고려해야 한다.

5.3.6 제거

Guide	'금융부채 또는 충당부채 제거'에 대한 브레인스토밍(Brainstorming) 퍼실리테이션 (총 소요시간 : 10분)

Say

마지막으로 금융부채팀과 충당부채팀 각각 이 부채를 언제 제거하는 것이 맞을지에 대해서 아이디어를 한번 모아봅시다.

Do

- 손을 들거나 생각하고 있는 학습자를 지목하여 의견을 묻는다.
- 가능한 한 많은 아이디어를 들을 수 있도록 여러 학습자들을 순차적으로 지목하여 의견을 묻는다.
- 더 이상 새로운 의견이 없으면 브레인스토밍을 종료한다.

Facilitator Tips 제거(Derecognition)에 대한 각 금융부채 및 충당부채의 논거 예시

금융부채

- 금융부채(또는 금융부채의 일부)는 소멸한 경우(즉, 계약상 의무가 이행, 취소, 만료된 경우)에만 재무상태표에서 제거한다. (K-IFRS 제1039호 문단 39)
- 미사용 부분은 영원히 재무제표에서 없어지지 않고 계속 표시된다.

충당부채

- K-IFRS 제1037호에서는 충당부채의 제거에 대한 구체적인 규정을 제시하고 있지 않다.
- 개념체계의 인식의 정의를 거꾸로 생각해서, 발생 가능성이 높지 않으면 제거한다는 의미를 적용할 수 있다.

Do

- 금융부채 주장과 충당부채 주장시 제거 요건에 대한 아래 PPT 슬라이드를 보여주면서 각 팀별 의견을 확인한다.

5.3.7 표시와 공시

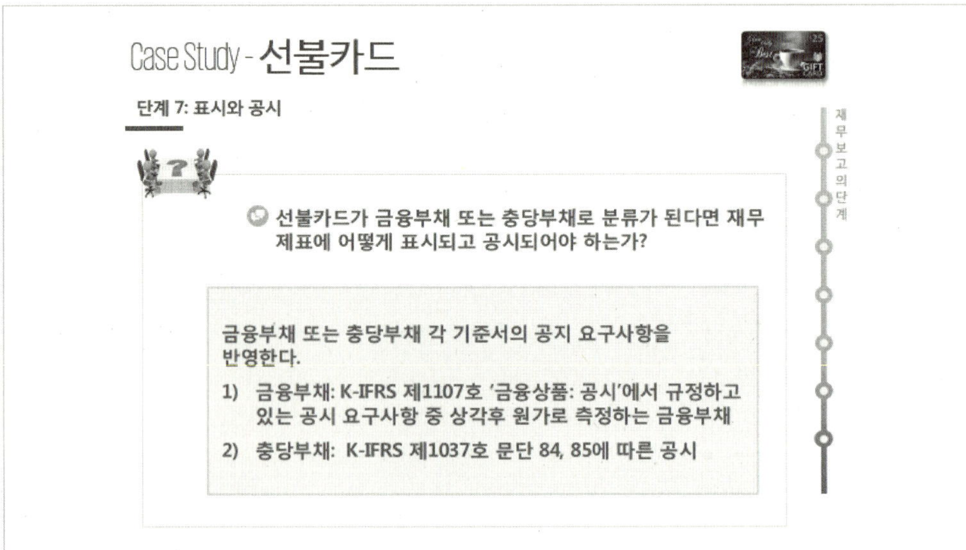

Guide '표시와 공시' 관련 강의(Teaching) 퍼실리테이션 (총 소요시간 : 5분)

Do

• 표시와 공시에 대해 금융부채와 충당부채 각각의 공시 요구사항을 기준서 문단 등을 언급하며 정리한다.

Facilitator Tips **표시와 공시(Presentation and Disclosure)에 대한 내용 예시**

금융부채

• 금융부채 : K-IFRS 제1107호 '금융상품 : 공시'에서 규정하고 있는 공시 요구사항 중 상각후원가로 측정하는 금융부채

충당부채

• 충당부채 : K-IFRS 제1037호 문단 84, 85에 따른 공시

5.3.8 원가와 효익의 균형

Guide '원가와 효익의 균형' 관련 브레인스토밍 Facilitation (총 소요시간 : 10분)

Say

기업은 정보이용자에게 목적적합한 정보를 제공해야 할 의무가 있습니다. 하지만 재무정보의 보고에는 비용이 소요되며, 목적적합한 정보의 보고로 인한 효익이 그 원가를 정당화해야 합니다. 이러한 문제는 본질적으로 주관적이기 때문에 각 기업의 상황에 따라 원가와 효익에 대한 평가가 달라질 수 있습니다.

Ask

화면에 보이는 상황의 경우, 재무보고의 원가와 효익 중 어떤 것이 중요할까요?

Do

학습자들에게 자유롭게 원가 효익의 균형과 관련된 요소가 있는지 의견을 내도록 한다.

Say

추정하여 산출될 것으로 예상되는 부채의 금액보다 그 조사비용이 더 크다면 일반적으로 원가가 더 중요하다고 생각하여 해당 내용을 표시하지 않거나 축소하여 표시할 수 있는 유인을 제공하긴 합니다. 본 예시의 경우에도 제공한 가정의 극단적인 상황으로 인해 원가가 더 중요하다고 볼 수 있습니다.

하지만 정보이용자가 다수이거나, 공시하는 기업의 영업환경에 중요한 영향을 미치는 사건이거나, 기업의 규모에 비해 공시금액이 중요하거나 등 여러 가지 주변환경 및 기업의 상황 등을 고려하여 원가와 효익의 균형문제를 결정해야 합니다. 즉, 단편적인 정보로 판단하면 안 된다는 점을 기억해야 합니다.

Facilitator Tips 기타 고려사항

본 사례에서 선불카드로 인한 부채의 측정이 가져올 수 있는 효익은 이러한 회계정보가 무한정은행(주) 재무제표의 기간비교 또는 업종간 비교 가능성을 높이는 정보인지, 또는 재무정보 이용자의 미래 현금흐름 추정에 유용한 정보인지에 여부에 달려 있다. 한편 이들 정보의 원가는 무한정은행(주)가 상기 추정모형에 따라 동 정보를 산출해 내는 작성 비용을 말하며, 원가와 효익의 균형이란 이들 정보의 효익과 정보 작성의 원가를 종합적으로 판단하여야 함을 말한다.

본 사례에서는 금융부채라고 결론지었지만, 미국의 경우에는 예외를 인정하였다. 따라서 미국과 같이 예외를 인정해서 충당부채로 인식한다면 최선의 추정치를 예측하는 것이 매우 중요하다. 최선의 추정치를 예측하는 방법에는 최소한 다음의 두 가지 방법이 있을 것이다. 첫 번째는 사용일을 예측하고 이에 따라 사용일별 금액을 예측해서 현재가치로 할인하는 정교한 모형이다. 두 번째는 경험률에 따라 미사용액을 예측하고 이를 발행액에서 차감하는 방법이다. 이 두 방법 이외에도 여러 가지 추정의 기법이 있을 것인데, 어느 방법을 선택하는가에는 선불카드로 인하여 발생하는 부채의 금액의 크기와 중요성에 따라서 달라질 것이다. 따라서 어떤 추정모형을 채택할 것인가를 결정함에 있어서 이러한 효익과 원가를 고려하여 결정해야 할 것이다.

Do

- 금융부채와 충당부채의 분류부터 2개 이상의 팀으로 구분하여 논쟁(debate)했던 것을 마무리한다.
- IFRIC에서는 질의자의 의견과 달리 금융부채라고 결론을 내렸고, 반면 미국에서는 예외를 인정하였다는 사실도 학습자들에게 공유한다.

Case Study - 선불카드

재무보고의단계

- 이 선불카드 사례는 국제회계기준해석위원회(IFRS Interpretations Committee)에서 2012년 11월에 질의를 받아 2016년 3월에 결론을 내린 안건이다.
- 결론은 IFRIC UPDATE 2016년 3월호에 "IAS 32 Financial Instruments: Presentation—Classification of liability for a prepaid card in the issuer's financial statements"라는 제목으로 수록되어 있다.

부록 토론

사례 1-1 장기근속 임직원에게 순금 지급

토론을 위한 회계이슈 |

잠재적 투자자가 좋은세상(주)의 지분에 투자하려고 한다면, 회사가 임직원에게 제공하는 복지에 대해 어떠한 정보를 원할 것인가?

토론 좋은세상(주)의 근무환경과 복지제도가 좋다는 것은 향후 미래 현금유출이 상당할 수 있음을 의미하므로, 잠재적 투자자는 근무환경과 복지제도로 인해 미래 현금유출이 언제 얼마만큼 이루어지는지 파악하고 이러한 효과가 주가에 적절히 반영되었는지 평가하고 싶을 것이다.

구체적으로 ① 장기근속정책에 관한 내용 ② 임직원 수 ③ 임직원의 평균 근속연수 ④ 예상 근속기간에 대한 경영진의 추정치 ⑤ 현재 금 시세 ⑥ 미래 현금유출을 현재가치로 환산하기 위한 할인율 등의 정보는 유용한 정보가 될 것이다.

만약 좋은세상(주)가 다음과 같은 정보를 제공하고 있다면,

- 20X1년 12월 31일 현재 임직원들의 평균 근속연수 15년
- 임직원 수 500명
- 임직원들의 향후 추정 근무연수 10년
- 우량회사채의 시장이자율 3%
- 현재 금 시세 200,000원/1돈

잠재적 투자자는 이러한 정보들이 현재 주가에 적절히 반영되었는지 등을 검토하여 좋은세상(주)의 주식을 매수할지 결정할 때 한 요소로 활용할 수 있을 것이다.

사례 1-2 스마트폰 제작기술 사용료 분쟁

토론을 위한 회계이슈 |

(주)차이나전자의 회사채를 보유하고 있는 채권자는 (주)차이나전자와 미국의 M사 간의 기술사용료 협상과 관련하여 어떠한 정보를 원할 것인가?

토론 채권자는 (주)차이나전자의 기술사용료 지급으로 채권자가 보유하고 있는 회사채 상환에 문제가 없을 것인지 파악하고 싶을 것이다. 따라서 (주)차이나전자가 'C7' 개발 전에 이미 타 업체의 특허기술을 사용한 것에 대한 수수료 지급 가능성은 없는지, 또한 당장 미국 M사의 기술사용료 지급 요구와 관련하여 미래 (주)차이나전자의 자금상황이 악화될 것인지 등과 관련한 정보를 알고 싶을 것이다.

구체적으로 ① 예상되는 기술사용료 금액이 얼마가 될 것인지 추정가능한 금액 ② 이러한 추정을 하게 된 근거 등에 대한 정보는 채권자에게 유용한 정보가 될 것이다.

예를 들어, (주)차이나전자가 다음과 같은 정보를 제공하고 있다면,

- 향후 지급 예상 기술사용료 : 약 2,000천억 원 추정
- 예상 기술사용료 지급 범위별 확률
- 다른 회사가 M사에 지불하고 있는 기술사용료

채권자는 이 예상 유출금액이 (주)차이나전자의 자금상황에 미칠 영향에 따라 (주)차이나전자의 회사채를 당장 처분할 것인지, 원래대로 만기까지 보유하여 회수할 것인지 결정할 때 한 요소로 활용할 수 있을 것이다.

사례 1-3 법적 제재를 받는 대신 사회공헌출연금 약속

토론을 위한 회계이슈 |

(주)그린세상의 주식을 보유하고 있는 투자자는 (주)그린세상으로부터 공정거래법 위반에 대한 어떠한 정보를 원할 것인가?

토론 이 사건으로 (주)그린세상의 주가가 하락하였거나 하락이 예상된다면, 주식투자자는 보유하고 있는 (주)그린세상의 주식을 처분할지 심각히 고민할 것이다. 구체적으로 ① 공정거래법 위반내용 ② 법적 제재 및 추정 과징금의 규모 ③ 회사의 대응방안에 대한 내용을 필요로 할 것이며 이 정보는 주식투자자에게 유용한 정보가 될 것이다.

예를 들어, (주)그린세상이 다음과 같은 정보를 제공하고 있다면,

- 공정거래법 위반 내용
- 과징금 추정치 : 1,000억 원
- 검색서비스 개선을 하기 위한 기술적 문제점 여부
- 법률적 처벌을 면하기 위한 노력(공정거래위원회 동의) : 향후 3년간 약 1,000억 원을 출연하여 공익법인 기금지원 및 소비자 후생제고 사업에 기여

주식투자자는 공정거래법 위반과 그 이후 해결과정으로 향후 (주)그린세상의 주가에 미치는 영향을 판단할 수 있을 것이며, 이는 주식 보유 여부를 결정하는 한 요소로 활용할 수 있을 것이다.

사례 1-4 의류의 반품 추정

토론을 위한 회계이슈 |

(주)주원패션이 K은행에서 자금을 차입하고자 한다면, K은행은 상기 사안에 대해 어떠한 정보를 원할 것인가?

토론 패션업은 특성상 반품이 빈번하므로 반품의 규모를 파악해야만 (주)주원패션의 유동성을 파악할 수 있을 것이다. 따라서 K은행은 (주)주원패션의 반품 규모나 이러한 규모가 패션업 동종업계에서 어느 정도인지 등의 정보를 파악하고 싶을 것이다.

예를 들어 (주)주원패션이 다음과 같은 정보를 제공하고 있다면,

- 오랜 경험에 따른 반품비율 약 5% 예상
- 반품비율 5%는 동종업계 평균

K은행은 이 상황으로 (주)주원패션의 유동성에 문제가 없는지 파악하여 자금을 대여할지 결정할 때 한 요소로 활용할 수 있을 것이다.

사례 2-1 결혼축의금

토론을 위한 회계이슈 |

김주혁 사원은 결혼축의금과 관련하여 부채를 식별할 수 있는가?

토론 부채로 식별하기 위한 세 가지 요건을 충족하는지 살펴보아야 한다.

(1) 과거사건의 결과인가? 결혼축의금으로 100만 원의 현금(경제적 자원)이 유입되었다.

(2) 현재의무인가? 축의금 반환에 대한 법적의무는 없다. 그러나 김주혁 사원은 거래처 박거성 사장의 아들 결혼식에 참석하겠다는 약속을 하였고, 보통 결혼식에 가면 축의금을 내는 것이 관습이므로, 박거성 사장이 정당한 기대를 할 것이라고 볼 수 있다. 따라서 의제의무가 성립된다.

(3) 경제적효익의 유출이 예상되는가? 거래처 사장의 아들 결혼식에 축의금 지출이라는 현금유출이 발생할 것으로 예상된다.

부채를 식별하기 위한 세 가지 요건을 모두 충족하므로 김주혁 사원은 거래처 사장의 아들 결혼과 관련한 부채를 식별할 수 있다.

사례 2-2 결함이 발생한 자동차의 리콜

토론을 위한 회계이슈 |

(주)S모토는 20X1년 12월 31일 현재 결함이 발생한 자동차의 리콜과 관련하여 부채를 식별할 수 있는가?

토론 부채로 식별하기 위한 세 가지 요건을 충족하는지 살펴보아야 한다.

(1) 과거사건의 결과인가? 결함이 있는 자동차를 판매하여 리콜이 발생하였다.

(2) 현재의무인가? 법이나 계약에서 리콜 의무를 부과하고 있지 않다고 하더라도 (주)S모토는 리콜이 발생할 경우 전액 환불해주는 정책을 가지고 있다. 20X1년 12월 31일 현재 리콜이 공표되었는지 여부와 관계 없이 결함이 있는 자동차를 판매한 이상 리콜을 해야 하며, (주)S모토의 고객은 (주)S모토의 제품에 결함이 발생하여 리콜이 실시되는 경우 전액 환불받을 수 있다는

정당한 기대를 할 것이므로 의제의무가 성립한다.

(3) 경제적효익의 유출이 예상되는가? 리콜이 실시되는 경우 판매대금을 전액 환불해 줘야 한다.

부채로 식별하기 위한 세 가지 요건을 모두 충족하므로 (주)S모토는 리콜과 관련한 부채를 식별할 수 있다.

사례 2-3 법률적 요구가 있는 항공기 수선원가

토론을 위한 회계이슈 |

(주)에어항공은 법률에 따라 항공기를 매 3년마다 수리하여야 하며 이때 거액의 지출이 발생하는데, 예상되는 이 지출을 회사는 20X1년 초 현재 부채로 식별할 수 있는가?

토론 부채로 식별하기 위한 세 가지 요건을 충족하는지 살펴보아야 한다.

(1) 과거사건의 결과인가? 항공기를 리스하고 있다.

(2) 현재의무인가? 개념체계 문단 4.15에서는 의무를 특정 방법으로 실행하거나 수행할 책무 또는 책임으로 정의하고 있다. (주)에어항공은 법률에 따라 매 3년마다 보유항공기에 대한 대수선을 할지, 해당 항공기에 대해 리스계약을 해지할지, 새로운 항공기로 대체할지 선택할 수 있다. 따라서 (주)에어항공은 법률적 수선의무를 회피할 수 있는 방안이 있어 정기적 수선 의무는 (주)에어항공의 현재의무에 해당하지 않는다.

(3) 경제적효익의 유출이 예상되는가? 항공기를 정비하기 위하여 경제적효익이 유출될 것이다.

부채로 식별하기 위한 요건 중 두 번째 요건을 충족하지 못하므로 (주)에어항공은 수선 의무를 부채로 식별할 수 없다.

사례 2-4 기업의 사회적 책임

토론을 위한 회계이슈 |

(주)제인홀딩스는 20X1년 말 현재 CSR(기업의 사회적 책임) 계획과 관련하여 부채를 식별할 수 있는가?

토론 부채로 식별하기 위한 세 가지 요건을 충족하는지 살펴보아야 한다.

(1) 과거사건의 결과인가? (주)제인홀딩스는 기자회견을 통해 반대급부 없는 경제적 자원의 유출을 공식화하였다.

(2) 현재의무인가? (주)제인홀딩스의 기자회견을 통한 사회적 책임의 이행은 (주)제인홀딩스의 법적의무 또는 의제의무가 존재해야 현재의무의 요건이 성립된다. (주)제인홀딩스의 기자회견 자체는 대중 또는 상대방(저소득층 선발자녀)과의 별도의 계약을 체결하거나 법률에 의한 이행을 약속한 것이 아니므로 법적의무가 존재한다고 보기는 어렵다. 그러나 (주)제인홀딩스는 기자회견을 통해 구체적이고 유효한 약속을 상대방(특정인이 아닌 대중이어도 됨)에게 표명하였으며, 대중은 (주)제인홀딩스가 그 약속을 이행할 것이라는 정당한 기대를 가질 것이므로 의제의무가 성립한다.

(3) 경제적효익의 유출이 예상되는가? 매년 저소득층 가정 대학생의 학비에 대한 경제적 자원의 유출이 예상된다.

부채로 식별하기 위한 세 가지 요건을 모두 충족하므로 (주)제인홀딩스는 기자회견을 통한 사회적 책임 이행과 관련한 부채를 식별할 수 있다.

사례 2-5 식중독 사건에 대한 정부당국의 수사

토론을 위한 회계이슈 |

(주)싱싱야채는 20X1년 12월 31일 현재 식중독 사건과 관련하여 부채를 식별할 수 있는가?

토론 부채로 식별하기 위한 세 가지 요건을 충족하는지 살펴보아야 한다.

(1) 과거사건의 결과인가? (주)싱싱야채가 제품을 공급하는 일부 학교에서 식중독이 발생하였다.

(2) 현재의무인가? 과거사건의 결과 현재의무가 있는지 분명하지 않은 경우에는 사용할 수 있는 증거를 모두 고려하여 보고기간 말에 현재의무가 존재할 가능성이 존재하지 않을 가능성보다 높으면 과거사건이 현재의무를 생기게 한 것으로 본다(K-IFRS 제1037호 문단 15). 이 사례의 경우 모든 이용가능한 정보를 고려했음에도 불구하고 보건복지당국의 수사가 종료되기 전까지 책임 소재를 밝히는 것이 불가능한 상황이므로 현재의무가 존재한다고 결론을 내릴 수 없다(다만, (주)싱싱야채에 책임이 있다는 보건복지당국의 수사 결과가 재무제표 발행승인일 전에 발표된다면 이는 수정을 요하는 보고기간 후 사건이 될 수 있다).

(3) 경제적효익의 유출이 예상되는가? 조사 결과 (주)싱싱야채의 책임으로 밝혀질 경우에는 경제적효익이 유출될 것이다.

부채로 식별하기 위한 세 가지 요건 중 두 번째 요건을 충족하지 못하므로 (주)싱싱야채는 식중독 사건과 관련한 부채를 식별할 수 없다.

사례 2-6 일부 편의점의 점포 정리

토론을 위한 회계이슈 |

(주)247편의점은 20X1년 12월 31일 현재 점포 정리와 관련하여 부채를 식별할 수 있는가?

토론 부채로 식별하기 위한 세 가지 요건을 충족하는지 살펴보아야 한다.

(1) 과거사건의 결과인가? 점포 정리를 하기로 한 결정이 이루어졌다.

(2) 현재의무인가? 구조조정을 하기로 한 결정만이 이루어졌을 뿐, 구체적으로 어떤 점포가 정리 대상이 되는지조차 결정이 되지 않았으므로 영향을 받는 사업장, 인원 및 점포 정리에 필요한 지출금액도 아직 알 수 없다. 구조조정과 관련한 의제의무는 기업이 구체적이고 공식적인 계획을 구조조정의 영향을 받을 당사자들에게 공표하는 시점에서 발생한다. 이 사례의 점포 정리 계획은 의제의무를 발생시키기에 충분히 구체적이지 못하다.

(3) 경제적효익의 유출이 예상되는가? 점포 정리가 이루어질 경우 종업원의 해고 또는 이전, 사업장의 폐쇄 등과 관련한 경제적효익의 유출이 발생할 것이다.

부채로 식별하기 위한 세 가지 요건 중 두 번째 요건을 충족하지 못하므로 (주)247편의점은 점포 정리와 관련한 부채를 식별할 수 없다.

사례 2-7 정리 해고 전 노사협약이 진행되고 있는 경우

토론을 위한 회계이슈

(주)한길제철은 20X1년 12월 31일 현재 진행중인 구조조정과 관련하여 부채를 식별할 수 있는가?

토론 부채로 식별하기 위한 세 가지 요건을 충족하는지 살펴보아야 한다.

(1) 과거사건의 결과인가? 경영정상화 약정에 따라 구조조정을 하기로 결정하였다.

(2) 현재의무인가? 구조조정의 영향을 받는 당사자들을 대표하는 노동조합에 통보가 이루어진 상황이다. 또한, 구조조정 대상과 시기가 모두 결정되었으며 최종 보상 수준 등에 대한 최종 협상이 이루어지고 있기는 하나 원래의 보상 수준을 크게 벗어날 가능성이 크지 않다. 따라서 구조조정의 영향을 받는 당사자에게 통보가 이루어짐에 따라 그들이 구조조정에 대한 정당한 기대를 갖게 되는 상황이라고 볼 수 있다.

(3) 경제적효익의 유출이 예상되는가? 구조조정의 수행을 위하여 경제적효익이 유출될 것이다.

부채로 식별하기 위한 세 가지 요건을 모두 충족하므로 (주)한길제철은 진행중인 구조조정과 관련한 부채를 식별할 수 있다.

사례 2-8 임대기간 종료시 개량자산에 대한 원상복구 조항이 있는 경우

토론을 위한 회계이슈

(주)휴먼마케팅은 20X1년 12월 31일 현재 원상복구와 관련하여 부채를 식별할 수 있는가?

토론 부채로 식별하기 위한 세 가지 요건을 충족하는지 살펴보아야 한다.

(1) 과거사건의 결과인가? 인테리어 공사가 완료되어 사무실 구조가 변경되었다.

(2) 현재의무인가? 리스계약에 따라 리스기간 종료시 개량한 자산을 모두 원상복구해야 하므로, 사무실에 변경이 가해진 이상 (주)휴먼마케팅의 미래 의사결정에 따라 회피할 수 없는 법적 의무가 발생한다.

(3) 경제적효익의 유출이 예상되는가? 향후 원상복구를 위해 3백만 원의 경제적효익이 유출될 것이다.

부채로 식별하기 위한 세 가지 요건을 모두 충족하므로 (주)휴먼마케팅은 원상복구와 관련한 부채를 식별할 수 있다.

사례 2-9 구조조정을 위한 아웃소싱

토론을 위한 회계이슈 |

(주)역삼은 20X1년 6월 30일 현재 아웃소싱 계약과 관련하여 부채를 식별할 수 있는가?

토론 부채로 식별하기 위한 세 가지 요건을 충족하는지 살펴보아야 한다.

(1) 과거사건의 결과인가? 아웃소싱 계약이 체결되었다.

(2) 현재의무인가? K-IFRS 제1037호 문단 72에서는 기업이 구조조정의 영향을 받는 사업, 당사자, 지출금액, 실행시기 등 구조조정에 대한 구체적인 공식 계획을 가지고 있으며, 구조조정에 착수하였거나 구조조정의 주요 내용을 공표하여 영향을 받을 당사자가 구조조정에 대한 정당한 기대를 가져야만 의제의무가 성립한다고 규정하고 있다. 아웃소싱 계약만으로는 IT부서가 구조조정될 가능성이 있다는 것 이외에는 구조조정의 영향을 받게 될 구체적인 당사자, 지출금액, 실행시기 등을 알 수 없으며, 실제로 구조조정이 실행되기 전에 아웃소싱 계약이 취소될

가능성도 있으므로 의제의무가 성립하지 않는다.

(3) 경제적효익의 유출이 예상되는가? 구조조정을 실행하기 위해서는 해고되는 종업원 보상 등을 위하여 경제적효익이 유출될 것이다.

부채로 식별하기 위한 세 가지 요건 중 두 번째 요건을 충족하지 못하므로 (주)역삼은 아웃소싱 계약과 관련한 부채를 식별할 수 없다.

사례 2-10 철강제품 공급 전 미리 수령한 대금

토론을 위한 회계이슈 |

(주)인천제강은 20X1년 말 현재 이 선수금을 부채로 식별할 수 있는가?

토론 부채로 식별하기 위한 세 가지 요건을 충족하는지 살펴보아야 한다.

(1) 과거사건의 결과인가? 제품대금으로 1억 원의 현금(경제적 자원)이 유입되었다.

(2) 현재의무인가? 이 거래는 (주)인천제강과 (주)영종스틸의 법률적 강제력이 있는 계약에 따른 것이기 때문에 개념체계에서 정의하는 현재의무이다.

(3) 경제적효익의 유출이 예상되는가? (주)인천제강은 계약에 따라 경제적효익이 있는 철강제품을 20X2년 1월 말에 인도해야 한다.

부채로 식별하기 위한 세 가지 요건이 모두 충족되므로 (주)인천제강은 선수금 1억 원을 부채로 식별할 수 있다.

사례 3-1 철강제품 공급 전 미리 수령한 대금

토론을 위한 회계이슈 |

(주)인천제강은 20X1년 말 현재 선수금 1억 원을 재무제표상 어떤 부채로 분류해야 하는가?

토론 부채로 식별되면 다음 단계로 재무제표에 어떻게 분류해야 하는지를 결정한다. 어떻게 분류되느냐에 따라 후속측정, 표시, 주석공시, 제거 기준 등이 달라지기 때문이다.

부채는 지출의 시기와 금액이 확실하느냐에 따라 크게 확정부채와 비확정부채로 나뉜다. 확정부채는 금융상품 등으로 결재해야 의무가 소멸되는 금융부채와 그 외 비금융확정부채로 분류하며, 비확정부채는 경제적효익을 갖는 자원의 유출 가능성 및 측정의 신뢰성에 따라 충당부채와 우발부채로 분류한다.

사례의 선수금은 20X2년 1월 말에 1억 원에 해당하는 제품을 인도해야 하므로, 지출의 시기와 금액이 확실한 확정부채에 해당한다. 확정부채 중 이 부채는 현금 등 금융자산을 인도할 의무가 아니라, 철강제품을 인도하여야만 비로소 소멸하는 의무이므로 비금융확정부채에 해당한다.

따라서 (주)인천제강은 선수금 1억 원을 비금융확정부채로 분류한다.

사례 3-2 온실가스배출권

토론을 위한 회계이슈 |

(주)서울발전은 20X1년 말에 초과 배출한 온실가스에 대해 부과받을 것으로 예상되는 과징금을 재무제표상 어떻게 분류해야 하는가?

토론 온실가스 초과 배출로 인한 과징금은 (할당 초과 물량×물량당 과징금)으로 결정되는데, 20X1년 12월 31일 현재 초과 물량 및 물량당 과징금 모두 확실히 정해지지 않았다. 따라서 (주)서울발전은 상기 과징금 추정액을 충당부채로 분류한다.

사례 3-3 미지급비용

토론을 위한 회계이슈

(주)시크릿컨설팅은 20X1년 말 현재 20X1년 12월의 보안 및 경비서비스에 대한 지급의무를 재무제표상 어떻게 분류해야 하는가?

토론 부채로 식별되면 단계로 재무제표에 어떻게 분류해야 하는지를 결정한다.

사례의 경우, ① 보안 및 경비서비스를 제공받았고 ② 계약에 따라 제공받은 서비스에 대한 수수료 지급의무가 현재 존재하며 ③ 20X2년 1월에 수수료지급이 예상되므로, (주)시크릿컨설팅은 보안 및 경비서비스에 대하여 부채로 식별할 수 있다.

이때 자원의 유출시기는 20X2년 1월 15일로 확정되어 있으나 서비스 내용의 세부사항이 확정되고 수수료가 청구되는 것은 20X2년 1월 10일이라, 20X1년 말 현재 정확히 얼마의 금액이 지출될지는 불확실하다.

K-IFRS 제1037호 문단 11에서는 미지급비용의 경우 지급하는 시기나 금액의 추정이 필요한 경우가 있지만 일반적으로 충당부채보다는 불확실성이 훨씬 작기 때문에 충당부채로 분류하지 않는다고 규정하고 있다.

따라서 실제 확정금액과 현재 추정하는 금액이 다를 수 있음에도 불구하고 그 차이는 미미할 것으로 예상되므로 확정부채로 분류하는 것이 적절할 것이다.

사례 3-4 차입금의 유동성 분류

토론을 위한 회계이슈 |

(주)아주편한건설은 20X1년 말 현재 상기의 차입금을 유동부채로 분류하여야 하는가, 비유동부채로 분류하여야 하는가?

토론 부채를 분류할 때는 유동과 비유동의 구분을 고려해야 한다. 주로 정상영업주기 또는 12개월 이내에 결제할 것으로 예상되는 부채는 유동부채로, 그 외는 비유동부채로 분류한다.

상기 사례의 경우 문서상으로만 만기 1년일 뿐 차입금의 상환이 이루어지지 않은 채 매년 재약정되고 있으므로 사실상 장기차입금인 것처럼 보일 수 있다.

그러나 차입약정서상 차입자에게 차환 여부에 대한 Option이 없다면, 대출자인 건설공제조합이 재약정을 거부하는 경우 반드시 1년 내에 상환해야 한다(K-IFRS 제1001호 문단 69에서는 보고기간 후 1개월 이상 부채의 결제를 연기할 수 있는 무조건의 권리를 가지고 있지 않은 이상 유동부채로 분류하도록 규정하고 있다).

따라서 (주)아주편한건설은 상기 차입금을 유동부채로 분류한다.

사례 4-1 위조문서로 인한 세금환급 초과금

토론을 위한 회계이슈 |

중개인이 위조한 문서로 인해 (주)미래정유는 초과하여 환급받은 교통세를 20X1년 12월 31일 현재 재무제표에 부채로 인식해야 하는가?

토론 부채로 인식하기 위한 두 가지 요건을 충족하는지 살펴보아야 한다.

(1) 미래경제적효익이 유출될 가능성이 높은가? (주)미래정유는

국세청에서 동일 건에 대해 과세예고통지를 받은 이상, 현재 관세청으로부터 아무런 조치를 받고 있지 않지만 초과하여 환급받은 교통세를 납부해야 할 가능성이 높다.

(2) 원가를 신뢰성 있게 측정할 수 있는가? 위조된 문서가 파악되었으므로 납부할 금액을 신뢰성 있게 측정할 수 있다.

두 가지 요건을 모두 충족하므로 (주)미래정유는 초과 환급된 부가가치세를 부채로 인식한다.

사례 4-2 종속기업에 대한 지급보증

토론을 위한 회계이슈 |

(주)호령건설은 20X1년 12월 31일 및 20X3년 6월 30일 각각의 일자에 종속기업 (주)분당지하철에 제공한 지급보증 1,000억 원을 부채로 인식해야 하는가?

토론 20X1년 12월 31일

부채로 인식하기 위한 두 가지 요건을 충족하는지 살펴보아야 한다.

(1) 미래경제적효익이 유출될 가능성이 높은가? (주)분당지하철의 재무상태에 문제가 없으므로 (주)호령건설이 차입금을 대신 갚아야 할 가능성이 높지 않다.

(2) 원가를 신뢰성 있게 측정할 수 있는가? 채무불이행이 발생할 경우에는 1,000억 원 전액을 대신 갚아야 한다.

첫 번째 요건을 충족하지 못하므로 (주)호령건설은 지급보증과 관련한 부채를 인식하지 않는다.

20X3년 6월 30일

부채로 인식하기 위한 두 가지 조건별로 충족 여부를 살펴보아야 한다.

(1) 미래경제적효익이 유출될 가능성이 높은가? (주)분당지하철의 재무상태가 악화되어 워크아웃을 신청하였으므로 (주)호령건설이 차입금을 대신 갚아야 할 가능성이 높다.

(2) 원가를 신뢰성 있게 측정할 수 있는가? 채무불이행이 발생할 경우에는 1,000억 원 전액을 대신 갚아야 한다.

두 가지 요건을 모두 충족하므로 (주)호령건설은 지급보증과 관련한 부채를 인식한다.

사례 4-3 구조조정을 위한 아웃소싱

토론을 위한 회계이슈 |

(주)역삼은 20X1년 8월 1일 현재 구조조정과 관련하여 부채를 인식할 수 있는가?

토론 부채로 인식하기 위한 두 가지 요건을 충족하는지 살펴보아야 한다.

(1) 미래경제적효익이 유출될 가능성이 높은가? K-IFRS 제1037호 문단 72에서는 기업이 구조조정의 영향을 받는 사업, 당사자, 지출금액, 실행시기 등 구조조정에 대한 구체적인 공식 계획을 가지고 있으며, 구조조정에 착수하였거나 구조조정의 주요 내용을 공표하여 영향을 받을 당사자가 구조조정에 대한 정당한 기대를 가져야만 의제의무가 성립한다고 규정하고 있다. 20X1년 8월 1일 현재 IT부서의 종업원에게 구조조정과 관련한 구체적인 내용을 공표하는 등 구조조정에 착수하였으므로 구조조정에 대한 의제의무가 발생하며, 따라서 미래경제적효익이 유출될 가능성이 높다.

(2) 원가를 신뢰성 있게 측정할 수 있는가? 구체적인 계획에 따라 지출이 예상되는 금액을 신뢰성 있게 측정할 수 있다.

따라서 (주)역삼은 구조조정과 관련하여 부채를 인식한다.

사례 4-4 패소할 가능성이 낮은 소송사건

토론을 위한 회계이슈 |

(주)바비성형은 남주인공이 제기한 소송에 대하여 (충당)부채를 인식해야 하는가?

토론 K-IFRS 제1037호 문단 16에서는 진행중인 소송과 같이 어떤 사건이 실제로 일어났는지 또는 해당 사건으로 현재의무가 생겼는지 분명하지 않을 경우, 사용할 수 있는 증거(예 : 전문가의 의견)를 모두 고려하여 보고기간 말에 현재의무가 존재하는지를 판단하도록 규정하고 있다. 그리고 보고기간 말에 현재의무가 존재할 가능성이 존재하지 않을 가능성보다 높고 인식기준을 충족하는 경우에 충당부채를 인식하도록 요구하고 있다.

따라서 이 사례의 경우 다음 세 가지 요건을 충족하는지 살펴보아야 한다.

(1) 과거사건의 결과로 현재의무(법적의무나 의제의무)가 존재하고 (2) 미래경제적효익이 유출될 가능성이 높은가?
이 사례의 경우 (주)바비성형의 과거 경험과 전문가의 판단을 고려할 때 이번 소송에서 승소할 가능성이 패소할 가능성보다 높으며, 따라서 미래경제적효익이 유출될 가능성도 높지 않은 것으로 판단할 수 있다.

(3) 원가를 신뢰성 있게 측정할 수 있는가? 과거 패소금액이 존재하지 않더라도 원고가 제기한 소송금액을 알 수 있다면 구간을 생성하여 구간별 확률을 추정함으로써 기댓값을 산출할 수도 있을 것이다. K-IFRS 제1037호 문단 25에서는 극히 드문 경우를 제외하고는 원가를 신뢰성 있게 추정할 수 있다고 규정하고 있다.

첫 번째와 두 번째 요건을 충족하지 못하므로 (주)바비인형은 이 소송과 관련한 부채를 인식하지 않는다. 다만, 패소할 가능성이 희박하지 않은 이상은 우발부채로 공시해야 할 것이다.

사례 5-1 미지급 연차수당

토론을 위한 회계이슈 |

(주)행복은 매년 말 다음 연도에 사용할 수 있는 연차휴가에 해당하는 급여 전부를 미지급급여로 측정할 수 있는가?

토론 (주)행복이 부여한 연차를 종업원이 해당 기간 내에 사용하지 않는다면 휴가는 소멸되므로 회사는 관련 급여를 지급하지 않아도 된다.

K-IFRS 제1037호 문단 38에서는 결과와 재무적 영향의 추정은 비슷한 거래에 대한 과거의 경험이나 경우에 따라 독립적인 전문가의 보고서를 고려하여 경영자의 판단으로 결정한다고 기술하고 있다. 따라서 (주)행복의 경영진은 종업원이 다음 연도 말까지 유급휴가를 사용하지 않는 과거의 경험치를 반영하여 미지급급여를 측정하는 것이 적절하다.

사례 5-2 복구충당부채의 현재가치

토론을 위한 회계이슈 |

(주)세곡ENC는 20X1년 1월 1일 현재, 복구충당부채를 얼마로 측정하는가? 단, 세효과는 고려하지 않는다.

토론 유류저장탱크의 설치에 따른 토지 원상복구 대가는 10년 후에 지급될 것이므로 화폐의 시간가치 영향이 중요하다.

K-IFRS 제1037호 문단 45에서는 화폐의 시간가치 영향이 중요한

경우에 충당부채는 의무를 이행하기 위하여 예상되는 지출액의 현재가치로 평가하도록 하고 있다. 따라서 (주)세곡ENC는 충당부채를 현재가치로 측정해야 한다.

K-IFRS 제1037호 문단 47에서는 부채의 특유한 위험과 화폐의 시간가치에 대한 현행시장의 평가를 반영한 세전 이율을 할인율로 사용하도록 하고 있으므로, (주)세곡ENC는 20X1년 1월 1일에 10년 후 지출할 금액 10억 원을 10% 현가계수 0.38554를 적용하여 약 358백만 원을 충당부채로 측정한다.

사례 5-3 미래 기술의 발전에 대한 고려

토론을 위한 회계이슈 |

(주)세아발전은 20X1년 1월 1일 현재 오염된 지하수 정화원가에 대한 복구충당부채를 얼마로 측정하는가? 단, 세효과는 고려하지 않는다.

토론 K-IFRS 제1037호 문단 48에서는 현재의무를 이행하기 위하여 필요한 지출금액에 영향을 미치는 미래사건이 일어날 것이라는 충분하고 객관적인 증거가 있는 경우에는 그 미래사건을 고려하여 충당부채 금액을 추정하도록 하고 있다.

10년 후 정화원가에 대한 외부 전문가의 검토보고서가 충분하고 객관적인 증거를 제공한다고 가정한다면, 10년 뒤 오염된 지하수를 정화하기 위한 원가는 미래 기술의 발전을 고려하여 10억 원으로 추정한다. 다만, 오염된 지하수의 정화의무에 고유한 위험 및 화폐의 시간가치가 중요하므로 (주)세아발전은 20X1년 1월 1일에 10년 후 지출할 금액 10억 원에 10% 현가계수 0.38554를 적용하여 약 358백만 원을 충당부채로 측정한다.

사례 5-4 지급보증 : 제삼자의 변제가 있는 경우

토론을 위한 회계이슈 |

(주)호령건설은 20X3년 6월 30일 현재 지급보증충당부채를 얼마로 측정해야 하는가?

토론 충당부채를 결제하기 위하여 필요한 지출액의 일부나 전부를 제삼자가 변제할 것으로 예상되더라도 충당부채에서 차감할 수 없다(K-IFRS 제1037호 문단 53).

다만, 제삼자로부터 변제를 받을 것이 거의 확실하다면 그 변제금액을 별도의 자산으로 인식한다.

따라서 (주)호령건설은 1,000억 원 전액을 지급보증충당부채로 측정하고 변제가 예상되는 600억 원은 그 변제 가능성이 거의 확실하다면 별도의 자산으로 측정한다. 변제 가능성이 이에 미치지 못한다면 우발자산으로서 추가 공시가 필요할 수 있을 것이다.

사례 5-5 관련 자산 손상검사에서 이미 고려된 원가

토론을 위한 회계이슈 |

(주)한길제철은 20X1년 12월 31일 현재 (주)대한가스와의 장기구매계약에 대한 충당부채를 얼마로 측정해야 하는가?

토론 K-IFRS 제1037호 문단 69에서는 손실부담계약에 대한 충당부채를 인식하기 전에 해당 손실부담계약을 이행하기 위하여 사용하는 자산에서 생긴 손상차손을 먼저 인식하도록 규정하고 있다. 상기 장기구매계약의 해지에 따른 위약금 지급에 대한 의무가 관련 자산에서 이미 차감되었으므로 동일한 의무에 대하여 손실부담계약 충당부채로 인식할 금액은 없다. 만약 관련 자산에서 손상을 인식한 이후에도 남는 금액이 있다면 손실부담계약에 따른 충당부채를 별도로 인식하는 것을 고려할 필요가 있을 것이다.

사례 5-6 운용리스한 건물의 일부를 전대하여 손실이 발생하는 경우

토론을 위한 회계이슈 |

(주)정직은 20X1년 12월 31일 현재 상기 임차계약과 관련하여 충당부채를 인식해야 한다면 얼마로 측정해야 하는가? (단, 1~4층의 면적과 구조 및 각 층에 대하여 시장에서 형성된 가격은 서로 동일하며, 시간의 화폐가치는 중요하지 않다고 가정한다)

토론 K-IFRS 제1037호 문단 66에서는 기업이 손실부담계약을 체결하고 있는 경우에는 관련된 현재의무를 충당부채로 인식하고 측정하도록 하고 있으며, 동 기준서 문단 68에 따르면, 손실부담계약이란 계약상 의무이행에 필요한 회피불가능 원가가 그 계약에서 받을 것으로 예상되는 경제적효익을 초과하는 계약이다.

이 사례의 경우, 운용리스계약 해지시 남은 기간에 상당하는 임차료를 위약금으로 지불해야 하므로, 사실상 20X1년 말 현재 이 계약의 회피불가능한 원가는 연 리스료 4억 원×남은 기간 9년=36억 원이며, 그중 18억 원은 자체 영업에 사용하는 1~2층에, 나머지 18억 원은 재임대하고 있는 3~4층에 귀속시킬 수 있다.

자체 영업에서는 지속적으로 이익이 발생하고 있기 때문에 1~2층의 경우 계약상 회피불가능한 원가가 그 계약으로 인해 받을 것으로 예상되는 경제적효익을 초과하지 않으므로 손실부담계약이 아니다.

그러나 재임대(전대)를 하고 있는 3~4층의 경우 계약상 회피불가능한 원가 18억 원이 그 계약으로 인해 받을 것으로 예상되는 경제적효익 13.5억 원(=연 임대료 1.5억 원×9년)을 초과하므로 이는 손실부담계약에 해당한다. 따라서 (주)정직은 4.5억 원(=18억 원−13.5억 원)을 충당부채로 인식한다.

사례 6-1 두 개의 소송사건

토론을 위한 회계이슈 |

(주)미래로봇은 C사 관련 소송충당부채를 공터 관련 소송에 대한 지불에 사용할 수 있을까?

토론 K-IFRS 제1037호 문단 61~62에서는 당초에 다른 목적으로 인식된 충당부채를 다른 목적의 지출에 사용하면 서로 다른 두 사건의 영향이 적절하게 표시될 수 없기 때문에 충당부채는 최초인식과 관련 있는 지출에만 사용한다고 규정하고 있다.

따라서 (주)미래로봇은 C사 관련 소송충당부채를 공터 관련 소송 패소금의 지불에 사용할 수 없다. C사 관련 소송충당부채는 환입시키고, 공터 관련 소송 패소금은 별도로 인식해야 한다.

사례 7-1 우발부채 공시 사례

토론을 위한 회계이슈 |

(주)가공사는 종속기업을 위하여 제공한 상기 담보와 관련하여 투자자들에게 어떤 정보를 어떤 방식으로 제공해야 하는가?

토론 (주)가공사는 종속기업에 대해 담보를 제공하고 있으나, 유출 가능성이 높지 않아 우발부채에 해당한다. 우발부채는 발생 가능성 조건을 충족하지 못해 재무제표에 부채로 인식되지는 않으나, 발생할 경우 회사의 영업과 재무상태에 큰 영향을 미칠 수 있는 중요한 정보이다. 따라서 주석을 통해 완전하고 정확하게 공시하는 것이 매우 중요하다. 상기 사례의 경우 다음과 같은 형식으로 공시한다면 투자자들에게 유용한 정보가 될 수 있을 것이다.

(예시)

제공한 기업	담보권자	담보제공내역	장부금액	제공사유
(주)나발전	한국광물자원공사	백지수표 1매	–	성공불 융자(1,000억 원) 담보
(주)다발전	A은행	매도가능금융자산	70억 원	차입금(50억 원) 담보
(주)라발전	B은행	토지, 건물	80억 원	차입금(100억 원) 담보

사례 7-2 공시 면제

토론을 위한 회계이슈 |

(주)하늘은 상기 소송과 관련된 정보를 어떻게 공시해야 하는가?

토론 K-IFRS 제1037호 문단 92에서는 극히 드문 경우에 충당부채, 우발부채, 우발자산과 관련하여 진행중인 상대방과의 분쟁에 현저하게 불리한 영향을 미칠 것으로 예상되는 경우에는 그에 관한 공시를 생략할 수 있으나, 다만 해당 분쟁의 전반적인 특성과 공시를 생략한 사실 및 사유는 공시하여야 한다고 규정하고 있다. 따라서 (주)하늘은 다음과 같이 공시할 수 있을 것이다.

특허권을 침해했다고 주장하며 1억 원의 배상을 청구한 경쟁 회사 (주)토지와의 소송이 진행되고 있습니다. 일반적으로는 기업회계기준서 제1037호 '충당부채, 우발부채, 우발자산'에 따라 공시를 해야 하는 정보지만 그 정보가 소송 결과에 현저하게 불리한 영향을 미칠 것으로 예상될 수 있기 때문에 공시하지 않았습니다. 회사의 이사들은 회사가 승소할 수 있을 것으로 보고 있습니다.

참고문헌

Andersen, B., & Fagerhaug, T. (2006). Root cause analysis : Simplified tools and techniques. American Society for Quality.

Bloom, B. S., Mesia, B. B., & Krathwohl, D. R. (1964). Taxonomy of educational objectives : The cognitive domain. New York, NY : David McKay.

Bonwell, C., & Eison, J. (1991). Active learning : Creating excitement in the classroom. Washington, DC : Jossey-Bass.

Haudan, J. (2008). The art of engagement : Bridging the gap between people and possibilities. Philadelphia, PA : McGraw Hill Professional.

International Association of Facilitators (2016). IAF core competencies.

Keller, J. M. (2010). Motivational design for learning and performance : The ARCS model approach. New York, NY : Springer.

한국회계기준원 FBT 교육전문위원회 집필진

위 원 장 송인만 교수(성균관대)
위　　원 한종수 교수(이화여대)
서지희 전무(삼정회계법인)
최현덕 팀장(한국회계기준원)
이웅희 책임연구원(한국회계기준원)
초　　빙 김태성 교수(인천대)
윤현택 이사(삼정회계법인)

원칙중심 K-IFRS 교육: 개념체계 기반 접근법(부채)

2016년 12월 10일 제1판 1쇄 인쇄
2016년 12월 15일 제1판 1쇄 발행

저　　자 한국회계기준원
발 행 인 권 영 섭
발 행 처 (주)신 영 사
경기도 파주시 심학산로 12(서패동)
등　　록 : 1988. 5. 2 / 제406-1988-000020호
전　　화 : 031-946-2894(代)
F A X : 031-946-0799
e-mail : sys28945@naver.com

저자와의 협의하에 인지생략

정가 **18,000**원
ISBN 978-89-5501-582-9